Kurt Österle

# Zen im Weg des Bogens



vianova
Verlag Via Nova

Kurt Österle

# ZEN IM WEG DES BOGENS

## Über die Kraft, aus der wir leben

vianova
Verlag Via Nova

1. Auflage 2016
**Verlag Via Nova, Alte Landstr. 12, 36100 Petersberg**
Telefon: (06 61) 6 29 73
Fax: (06 61) 96 79 560
E-Mail: info@verlag-vianova.de
Internet: www.verlag-vianova.de
Gestaltung des Buchtitels: MEDIA-Design Querbach, jochenquerbach@me.com
Umschlag: Guter Punkt, München
Fotos: Kurt KyuSei Österle, Singhofen; Jochen JakuDo Querbach, Kamp-Bornhofen
Satz: Sebastian Carl, Amerang
Druck und Verarbeitung: Appel und Klinger, 96277 Schneckenlohe



ISBN 978-3-86616-367-6

# Inhalt

# Einführung

Das Glück liegt im Loslassen,
Festhalten schafft Leid, kostet wertvolle Energie,
gleichgültig, ob schöne Erfahrungen oder Unglück festgehalten werden.
Sich einzuüben ins Loslassen schafft die sorglose Freiheit
und das unendliche Glück, die Dinge so zu nehmen
und mit ihnen zu leben, wie sie sind.

Keine Frage – die Übung mit dem Bogen hat mit Loslassen zu tun. Sobald wir jedoch dieses Wort näher betrachtend in uns aufnehmen, erkennen wir, dass sich Loslassen nicht allein auf das Bogenschießen bezieht, sondern unser ganzes Leben meint und niemals endet bis zu unserem letzten Atemzug. Also sprechen wir von einem Weg, mit Höhen und Tiefen, mit Lust und Frust, mit Freiheit und Bindung. Insofern könnte der Buchtitel auch lauten: *Zen in der Übung des Loslassens, beschrieben in der Praxis des Bogenschießens.*

Dabei ist es verblüffend zu sehen, dass die Bogenpraxis zwar etwas sehr Spezielles ist, die Erfahrungen jedoch ganz allgemein bzw. ganz dicht an unserem Leben sind, unser Leben widerspiegeln und wir uns in vielen Bereichen erkennen können, auch wenn wir noch nie einen Bogen in der Hand gehabt haben. Dies zu entdecken ist spannend, faszinierend und hilfreich. Die Kunst des Bogenschießens wird zur Lebenskunst, der spielerische und doch ernsthafte Umgang zum Modell für unseren Alltag und schließlich die Meisterung des Bogens zur Meisterung unseres Lebens.

Hinzu kommt Zen als Übung des Sitzens, (Zazen) einer von Indien über China und Japan zu uns gekommenen Form der Meditation, des schweigenden Sitzens mit besonderer Kraft, Herausforderung und Schönheit. Auch jetzt geht es um loslassen, und wir entdecken, was es alles loszulassen gibt, z.B.: den Kiefer, die Kniegelenke, Verspannungen im Rücken, Lebenseinstellungen, Glaubenssätze, Schuldzuweisungen, Erwartungen, Erfahrungen, Versagensängste, Lebensmuster, Gefühle, Vergangenes, Trauer, Freude, Verstorbene. So vieles gibt es loszulassen, um die sorglose Freiheit und unendliches Glück zu finden.

Ich erlebe, dass die Verbindung der beiden Übungswege, Zazen und Bogen, das Leben selbst spiegeln, denn sie verlaufen nicht neben unserem Alltag, sondern dringen ein und verändern ihn auf ganz natürliche und ungekünstelte Art und Weise. Dabei geht es um mehr als um Persönlichkeitsentwicklung, sondern um Lebensqualität.

Nach langen Jahren des Übens, nachdem ich schon eigene Erfahrungen gemacht hatte, entdeckte ich, dass die Inder, die Toasten sich im Bogenschießen geübt hatten, dass Isaak von Antiochien (gest. 460/461), ein syrischer christlicher Dichter, von der „Kunst des Bogenschießens" spricht, die in der „Wüste" erlernt wird, und dass an vielen Orten das Bogenschießen mit der Übung des Zazen verbunden wurde und auch die japanischen Bogen-Meister häufig gleichzeitig Zen-Meister waren.

# AUSGESTIEGEN, UM EINZUSTEIGEN

Da mein heutiger Weg von meiner Biographie nicht zu trennen ist, möchte ich Sie an meiner eigenen Entwicklung teilhaben lassen. Dabei kann es nicht ausbleiben, dass ich immer wieder von uns beiden, also von meiner Frau und von mir, erzähle. Das ist mir unangenehm, habe jedoch keine Möglichkeit gefunden, den Bogenweg sozusagen abgekoppelt von meinem Leben zu beschreiben. Das bedeutet auch, dass manche Passagen aus meinem ersten Buch *Wenn der Bogen zerbrochen ist, dann – schieß!* (Barth-Verlag, Frankfurt, 2004, vergriffen) erweitert wurden und Wiederholungen nicht ganz ausbleiben.

Mein Weg hat ganz woanders begonnen. Er führte mich über ein religiös-weltliches Leben in den Wald, dorthin ...

## Wo Fuchs und Has´ sich gute Nacht sagen

„Haus der Stille, Altbäckersmühle“ – steht als Einladung am Anfang des Waldweges und auf unserem kleinen Prospekt bzw. der Homepage. Wir, das sind meine Frau Ellen, ihr Dharma-Namen ist GenKi (Waldquelle), und Kurt, mein Dharma-Name ist KyuSei (bemüht sich um Klarheit).

Sie, liebe Leserin, lieber Leser, folgen nun über das Medium Buch unserer Einladung, und es ist meine Absicht, Sie auf alle Stationen des Übens und Lernens mitzunehmen. Ich lade Sie ein, mit mir den Bogenweg zu gehen, teilzunehmen an unseren Übungen und Erfahrungen, sodass unser Tun zu Ihrer

Erfahrung wird oder, fachspezifisch ausgedrückt, Sie den Bogen in die Hand bekommen und vom Pfeil getroffen werden, das meint, dass die Übung Sie anspricht, in der Tiefe anrührt, berührt und etwas verändert.

So machen wir uns miteinander auf den Weg zur Altbäckersmühle. Irgendwo im tiefsten Taunus zweigt eine Landstraße von der Bäderstraße ab, führt uns über einige kurvige Kilometer, bis wir an einer scharfen Kurve auf einen Schotterweg stoßen und ein Schild mit der Aufschrift „Haus der Stille, Altbäckersmühle“ uns die Gewissheit gibt, hier richtig zu sein. „An bemoosten und feucht glänzenden Felsen vorbei, rechts steil aufragend und links ebenso steil abfallend, windet sich der Weg durch den Wald – und als die Zweifel aufkommen, ob dieser Weg tatsächlich zu etwas führt und ob man hier je wieder herausfindet, als die Fragen in den Kopf kommen: Was will ich hier überhaupt? Warum habe ich mich auf dieses Abenteuer eingelassen? Was erwartet mich? Ist das, was vor mir liegt, genauso unsicher wie dieser scheinbar unsichere Schotterweg?, öffnet sich plötzlich das Tal, der Blick wird frei, und sie steht da, die Altbäckersmühle. Eine kleine, liebevoll hergerichtete ehemalige Wassermühle mit schwarz-weißem Fachwerk, bunten Fensterrahmen und Holzläden, bereits vor 300 Jahren im hessischen

Staatsarchiv erwähnt, im stillen Talgrund, mitten im Wald, fernab von allem Lärm und Straßenverkehr." Mit diesen Worten beschreibt der Rundfunkjournalist Klaus Hofmeister seinen Eindruck bei seinem ersten Besuch.

Gegenüber dem Mühlengebäude, dort, wo einst die Scheune und die Stallungen standen, ist leicht neues Fachwerk zu sehen, in die Gefache der ehemaligen Scheune eingebaute Fenster und ein kleiner Anbau lassen erkennen, dass hier Neues entstanden ist.

Aber dort, wo der Weg buchstäblich endet und der Eindruck entsteht, hier sei das Ende der Welt, begann für uns vor über 30 Jahren ein neues, abenteuerliches Leben in der Mühle und genau dort beginnt für die Übenden und auch für Sie, die Sie lesend bis hierher gekommen sind, der eigentliche Weg. Und so heißen wir, meine Frau und ich, Sie willkommen.

Damit Sie wissen, mit wem Sie es zu tun haben, hier kurz unsere Vita:

Ellen GenKi, Jahrgang 1941, Wirtschaftsleiterin, Ehefrau, Mutter zweier Buben, Studium der Sonderpädagogik, engagiert an einer Schule für körperlich und geistig behinderte Kinder.

Seit 25 Jahren ist sie Yoga-Übende und Yogalehrerin seit 1996 (HI und BDY/EYU), Fortbildung in Yoga der Energie 1999. Praxis der Zen-Meditation seit 25 Jahren, Übertragung des Dharma (Zenmeisterin) in der Linie von Kobun Chino Roshi, (Soto-Schule).

Kurt KyuSei, Jahrgang 1937, Großhandels- und Exportkaufmann, Studium der Theologie, tätig als Pfarrer in verschiedenen Gemeinden, dann als Pfarrer im Schuldienst. Gewisse politische Karriere als Bürgermeister und Abgeordneter.

Vor etwa 25 Jahren erste Erfahrungen mit dem Bogen, zeitgleich Zen-Schüler, Übertragung des Dharma (Zenmeister) in der Linie von Kobun Chino Roshi (Soto-Schule).

So wohnen wir in diesem idyllischen Tälchen, in dem wir alt geworden sind. Unsere Jungen, die unseren Wechsel in die Mühle mitgetragen und manchmal mit uns erlitten haben, wohnen längst nicht mehr bei den Eltern, haben ihren eigenen Weg im Leben und im Dharma gefunden, uns in unserem Tun verstehend und unterstützend.

## „Und jedem Anfang wohnt ein Zauber inne ...!"

*Hermann Hesse*

Der Wechsel in die alte/neue Behausung war ein krasser Einschnitt in unser Leben: heraus aus gutsituierten Verhältnissen mit drei Gehältern in eine Welt, mitten im Wald, lebend mit vielen Tieren, Selbstversorgung aus dem Biogarten, eigener Stromversorgung, eigenem Wasser, zentrale Holzheizung.

Was sich sehr idyllisch und romantisch liest, war in Wirklichkeit harte Arbeit, alternatives Leben findet jenseits von Eden statt: Verhandlungen mit Behörden und Handwerkern, Fortschritt und Rückschläge, aber auch Gelingen und spannende Erfahrungen. Unser Leben entwickelte sich zu einem einzigen Lern- und Übungsprogramm in Annehmen und Loslassen und dies immer wieder ganz konkret und praktisch im Umgang mit unseren Tieren, in der Verwirklichung und im Scheitern von Ideen, Illusionen und der Praxis des Alltags.

Was uns das Durchhaltevermögen gab – die Prognosen in den umliegenden Mühlen lagen bei drei Jahren – war der ernsthafte Wille nach einem Neuanfang für uns beide, war die Vision von einem unabhängigen, alternativen Leben, eingebunden in die Natur, unsere Sehnsucht nach Stille und Freiheit, nach Unmittelbarkeit, die Idee, gemeinsam an einem Projekt zu arbeiten. Tief in uns war auch der Wunsch, wegzukommen von einem nach außen, auf Karriere bedachten Leben hin zu größerer Echtheit und Wahrhaftigkeit. Es begann der abenteuerliche Weg zu uns selbst, nicht ahnend, wohin er uns führt, und gerade deshalb voller Zauber. *„Selbsterkenntnis ist ein Abenteuer, das in unerwartete Weiten und Tiefen führt...“*, sagt C.G. Jung.

Der Zauber ist geblieben bis zum heutigen Tag, gerade weil das Leben sich ganz anders entwickelt hat, als unsere Vorstellung war.

Rainer Maria Rilke drückt es so aus:

> Ich liebe dich, du sanftestes Gesetz,
> an dem wir reiften, da wir mit ihm rangen...
> (Die Gedichte. Insel Verlag, Ffm/Leipzig, 2006.)

Wir hatten eine Vision, nur an eines dachten wir niemals: an ein Haus mit einem Angebot an Seminaren und Kursen. Dahin mussten wir erst reifen, und manchmal fragen wir uns, ob es all diese Wege geben musste, um uns an den Punkt zu bringen, an dem wir heute stehen? Ist das *sanfte Gesetz* vielleicht das, was wir Führung nennen, und besteht die Kunst, ein Leben ohne Kampf zu führen, darin, dass wir offen sind für die Aufgaben, die uns vor die Füße gelegt werden? Gibt es einen Lebensplan, an dessen Verwirklichung wir zwar nicht unbeteiligt sind, bei dem es jedoch mehr darauf ankommt, sich führen zu lassen, statt kämpfend etwas erreichen zu wollen? Noch ahnten wir nicht, was Freunde von uns zum Einzug in ein Buch schrieben: „Ausgestiegen, um einzusteigen“ und was der Schriftsteller Friedrich Kunitzer, der mit seiner Frau in einem Nachbartal ähnlich einsam lebte wie wir, in seinem Buch *Menschen, Mühlen, Märchen,* (Kunitzer, Friedrich: Westkreuz-Verlag, Berlin/Bonn, 1983) schrieb, bevor wir uns kennen lernten: *Ein Pfarrer übernahm mit seiner Familie die Mühle, um Gott näher zu sein...!*

## Hinter dem Mond

Da stehen nun die Gäste im Hof, schauen sich um, etwas überrascht, dass der unsicher erscheinende Zuweg auf einen ganz stabilen Grund geführt hat. Und da die Abgeschiedenheit der Mühle für Großstädter geradezu überwältigend ist, kommt oft die Bemerkung: „Ihr lebt hinter dem Mond, wo Fuchs und Has´ sich gute Nacht sagen."

Nun, ob wir „hinter dem Mond" leben, da sind wir nicht so sicher, denn wenn damit gemeint ist, dass wir keine Ahnung vom Leben haben, so trifft das wahrlich nicht zu. Wenn damit allerdings gemeint ist, dass wir eine Vorstellung von einem Morgen haben, die nicht so ganz in diese Welt hinein zu passen scheint und deshalb oft als Traum bezeichnet wird, dann stimmt das durchaus.

Fuchs und Has', die sich einander gute Nacht sagen, das ist mehr als eine Fabel, mehr als ein Bild. Es ist eine Vision! Denn schließlich sind Fuchs und Hase Todfeinde. Was heißt das, einander „gute Nacht wünschen"? In dieser Geste drückt sich Vertrauen aus. Wer sich gute Nacht wünscht, liefert sich in gewisser Weise dem anderen aus. Begibt sich in die Schutzlosigkeit und teilt dies mit. Dieser Satz beschreibt eine Situation, ähnlich der, die wir im Alten Testament finden: „Die Wölfe werden bei den Lämmern wohnen", Jesaja 11, V6. Es ist die Rede vom Reich des Friedens und des Versöhntseins.

Ein Traum für die Zukunft? Nein, es geht um das Heute. Versöhnung und Frieden sind möglich. Davon bin ich zutiefst überzeugt. Das ist unsere Vision und davon wollen wir uns durch keine Rückschläge abhalten lassen. Voraussetzung jedoch ist konkrete Versöhnung und Frieden zuallererst mit mir selbst. Friedensarbeit muss in uns selbst beginnen. Wenn dies nicht der Fall ist, ist sie nichts anderes als leerer Aktivismus. Wie soll nach außen Frieden entstehen, wenn in uns selbst Unfrieden herrscht, wie soll Ordnung entstehen, wenn in uns selbst das Chaos regiert? Maha Ghosananda, ein kambodschanischer Mönch und Begründer der buddhistischen Friedensmärsche in Kambodscha, drückt das so aus: *„Um Frieden zu schaffen, müssen wir erst die Landminen in unserem eigenen Herzen entfernen, die uns am Friedenschaffen hindern: Hass, Gier und Täuschung."*

Fuchs und Hase – das bin ich, beides gleichzeitig. Es sind die berühmten zwei Seelen in meiner Brust. Sich mit sich selbst zu versöhnen, d. h. lernen, sich zu bejahen, lernen, sich zu lieben, sich anzunehmen. Wenn Fuchs und Has' sich in meinem Leben vertrauensvoll gute Nacht sagen, heißt dies, dass ich lerne, auch meinen Schatten anzunehmen, meine ungeliebten Seiten zu umarmen. (Thich Nhat Hanh: *Umarme deine Wut*. Theseus,Berlin, 2011.) Der Schatten, das sind Einstellungen, Verhaltensweisen, die mir unangenehm sind, ins Unbewusste verdrängte Elemente – aber dort doch aktiv. Und je mehr sie unterdrückt werden, desto mehr verkommen, verwildern sie zu Monstern. Sich damit zu versöhnen ist Arbeit mit mir selbst, an mir selbst, bedeutet, lernen, zu mir selbst zu stehen, nicht zu dem, wie ich gerne sein möchte, sondern wie ich tatsächlich und ungeschminkt bin, heißt, in den Spiegel zu schauen, der alles wiedergibt, Licht und Dunkel. Das ist alles andere als angenehm, aber nur so durchbrechen wir unsere Routine im Leugnen der Realität, unsere Meisterschaft im Üben von Ignoranz, „zerreißen den Mantel der Gleichgültigkeit" (Flugblatt „Weiße Rose, 1943), üben uns stattdessen im Hinschauen und erweitern unsere Perspektive. So gewinnt diese Übung eine immer tiefere Dimension, unser Blick weitet sich – und darum kommt sie auch nie zum Abschluss. Genau wie die Übung mit dem Bogen. Sie hat kein Ende, aber sie muss einen Anfang haben, hier und jetzt, in deinem Herzen und in deinem Konflikt. Darin liegt ihre Tiefe und ihre Dynamik.

Über die Erlebnisse, die der Buddha vor seiner Erleuchtung, also vor dem Aufgehen des Morgensterns, gehabt hat, gibt es sehr spannende Berichte. Er wurde durch Illusionen verschiedenster Art in Versuchung geführt, es erschienen ihm Ungeheuer und Dämonen, seine Sinne wurden angeregt durch Erscheinungen ... Und auf alles hatte er nur eine Antwort: „Das bin ich."

Unsere Reaktion auf unseren Frust, wenn etwas, das wir uns zu tun vorgenommen haben, nicht klappt, ist dieselbe wie unsere Antwort auf den Neid, die Wut, die Depression, die wir bei anderen entdecken: „Das bin ich!"

Denn von alledem bin ich nicht getrennt, das sind nicht „die anderen."

Der Weg Buddhas lehrt mich die Erfahrung von Einheit, Einheit mit den Bergen und Blumen, die mich umgeben ebenso, wie mit den Euthanasie- und Verbrennungsstätten in Hadamar und anderswo, mit Gewalt und Tod und lachenden Kinderaugen.

# Im Fluss des Lebens

Auch wenn wir meinen, der Hasenbach hinter unserem Haus sei immer derselbe, so stimmt das natürlich nicht. Nicht einmal sein Plätschern heute gleicht dem von gestern. Und das Wasser, das heute rauschend oder gemächlich an uns vorbeizieht, kommt nicht mehr zurück. Selbst das Bachbett verändert sich ständig.

So ist auch unser Leben. Es ist dauernd Veränderungen unterworfen. Von der Nutztierhaltung und dem Biogarten ist längst nichts mehr zu sehen. Unsere eigene Entwicklung ging weiter, und das bereits erwähnte „Gott näher sein“ sowie das „Einsteigen“ bekamen eine neue Bedeutung.

Ellens nächster Schritt ging in Richtung Yoga. Schon nach kurzer Zeit erkannte sie, dass das ihr Weg werden würde. Konsequent ging sie von Stufe zu Stufe, wurde in intensiver Ausbildung am Himalaya-Institut Yogalehrerin mit Abschluss beim BDY/EYU und weiteren Qualifikationen. So wurde sie eine leidenschaftliche, begeisterte und überzeugte Yogalehrerin. Das Yoga ergänzte sie bald durch Meditation.

Mich ließ das nicht unberührt, zumal ich durch die Begegnung mit den sogenannten „neuen Jugendreligionen“ eine Sehnsucht nach Tiefe und innerem Heilsein kennen gelernt hatte, die mir nicht fremd war. Ich erkannte Verletzungen, ohne die Fähigkeit der Kirchen, diese heilen zu können. Ich sah geistige Defizite, ohne eine Antwort geben zu können. Die Berufung jedoch auf die eigene Erfahrung, wie ich das aus der Mystik kannte, war nicht nur den Kirchen, sondern auch mir, unheimlich.

Es hat einige Zeit gebraucht, bis mir klar wurde, dass es in jedem Menschen ein „Gottesbild“ gibt, das entstanden ist aufgrund seines Seins vor der Geburt, seiner Sozialisation, seiner Lebenserfahrung. Selbst der sogenannte Atheist hat ein Gottesbild, wenn auch verneinend. Wenn dadurch ein „persönlicher Hausaltar“ reift, ist das nicht das Problem. Das Problem entsteht erst, wenn er als absolut und für alle gültig erklärt wird. Wenn die Wahrheit verabsolutiert wird, werden um der vermeintlichen Wahrheit willen Kriege geführt – im Großen wie im Kleinen.

Eine schöne Geschichte von Krishna Murti beschreibt das so:

„Sie erinnern sich vielleicht an die Geschichte, wie der Teufel und einer seiner Freunde eines Tages die Straße entlanggingen. Sie sehen vor sich einen Mann, der sich bückt und etwas vom Boden aufhebt, es betrachtet und dann in seine Tasche steckt. Der Freund fragt den Teufel: »Was hat der Mann da aufgehoben?« »Er hat ein Stück von der Wahrheit aufgehoben«, sagt der Teufel. »Das ist aber ein sehr schlechtes Geschäft für dich«, sagt sein Freund. »Oh, durchaus nicht«, antwortet der Teufel, »ich werde ihm vorschlagen, sie zu organisieren.«

„Organisieren" heißt, sie, die Wahrheit, dogmatisieren, institutionalisieren, mit den uns bekannten Resultaten.

Ich vergleiche die Wahrheit gerne mit einer riesigen Kugel: Jeder Mensch, der auf dem Weg der Wahrheit ist, schaut mit seinen Augen – aber eben nur mit *seinen* – und aus seinem Blickwinkel auf diese Wahrheit. Mancher hat einen größeren Abstand, der andere ist näher – und auch der Standpunkt ist niemals derselbe, sondern kann sich von Tag zu Tag verschieben. Ab und zu überschneiden sich die Winkel, mit denen ich und andere auf die Wahrheit schauen, dann fühle ich mich mit anderen Menschen sehr verbunden. Doch häufig gibt es auch keinerlei Berührungspunkte, und ich muss alleine weitergehen. Ist deshalb die Wahrheit beliebig? Bestimmt nicht, sie ist nur nicht als absolut zu formulieren. Nur die Grundrichtung aller Menschen, die sich zur Wahrheit hin orientieren, ist dieselbe. Es geht nicht in erster Linie darum, die Wahrheit zu finden, sondern es geht darum, wahrhaftig zu sein. Das Bemühen um Wahrhaftigkeit bringt uns der Wahrheit ein wenig näher. So sagte der Kirchenvater Augustinus: „Liebe, und dann tue, was du willst", wobei wir ahnen, dass selbst das, was für den einen Liebe ist, für den anderen durchaus einen negativen Beigeschmack haben kann. Dies anzuerkennen bewahrt mich vor Vorurteilen, Verurteilungen und damit vor Ausgrenzung anderer, schließt aber Alleinsein nicht aus. Wenn wir zu einem vernünftigen Miteinander kommen wollen, brauchen wir die Bereitschaft, mit Widersprüchen zu leben, sozusagen eine „Widerspruchstoleranz", die bereit ist, Vielfalt auszuhalten und meinen Beitrag zu einer Deeskalation zu leisten.

## Auf der Suche

Ich hatte noch keine klare Vorstellung von dem, was ich wollte, wusste nur, was ich *nicht* wollte: Ich wollte keine Träumereien und Phantasiereisen, keine Nabelschau im Sinne purer Selbstbeschäftigung, kein spirituelles Abheben ,verbunden mit der Unfähigkeit, mein Leben zu meistern, keine Trancezustände und keine Begegnung mit parapsychologischen Phänomenen. Von den Propheten des Alten Testaments und von Jesus dem Heiler hatte ich gelernt, dass Glaube kein Privatvergnügen und Gott kein Privatbesitz ist, sondern eine Herausforderung, Verantwortung zu übernehmen, Freiheit zu leben und Widerstand zu leisten. Ich wusste aus bisheriger Erfahrung: Religion ist untrennbar mit dem Leben verbunden. Im Vollzug des Lebens ereignet sich Religion – das Leben ist Religion. Gott zu verehren, ohne ihn zu verinnerlichen und ihn im Leben zu verkörpern, wird in der Bibel als Gotteslästerung gebrandmarkt.

Viele Angebote, die mir auf meiner Suche begegneten – auf diesem unüberschaubaren Markt der esoterischen Möglichkeiten –, hielten meinen Kriterien nicht stand und waren so für mich inakzeptabel.

Schließlich führte mich mein Weg zum Zen-Buddhismus. Auch meine Frau schloss sich an, und es begann für uns eine spannende gemeinsame Zeit. Bis heute gehen wir beide den Zen-Weg, unsere Erfahrungen jedoch sind ganz unterschiedlich. Das ist hilfreich für uns und für die Menschen, die wir begleiten.

Was mich an Zen elektrisiert, fasziniert, berührt, überzeugt und begeistert hat und bis heute trägt, sind folgende Merkmale:

Es ist ein alter, lebendig gebliebener Weg: überzeugende Lehrerinnen und Lehrer, seine Nüchternheit, Klarheit und Weltoffenheit, seine Toleranz aus der Tiefe, Freiheit ohne Dogmen, „offene Weite, nichts von heilig!"

Diese Gedanken waren am Anfang natürlich mehr Ahnungen als Erkenntnisse, denn wie die meisten Menschen durchlebte auch ich zunächst drei Phasen auf meinem Zen-Weg:

Die erste Phase, die schon sehr früh begann, war das „Hören mit dem Ohr". Das bedeutet für uns Westler das „Lesen mit dem Auge!"

Sind wir von den Ideen beeindruckt, fühlen wir uns angesprochen, dann erreichen wir die zweite Phase, das „Nachsinnen im Herzen!", eine Erfahrung, die sich unserem logischen, analytischen Denken entzieht, ohne deshalb unvernünftig zu sein.

Nun folgt die dritte Phase, das „Üben mit dem Körper", das Zazen, Sitzen im Zen. Das ist in der Regel die schwierigste Phase, weil dieses Sitzen für uns körperlich ungewohnt ist und wir, auch wenn wir nicht im Lotus sitzen, oft heftige körperliche Schmerzen erleiden. Aber es sind nicht allein die Schmerzen. Es ist auch die Herausforderung, wirklich still zu sitzen, d. h., sich nicht zu bewegen in aufrechter Haltung und diese zu bewahren. Ein wahrhaftiger spiritueller Weg verläuft immer zum Körper, ist „Imkörpererfahrung". Im Körper verbinden wir uns mit dem Leben, mit unseren Gefühlen, schlicht mit unserem Jetzt. Nur so können wir erwachen.

Wenn dieser Schritt als unwichtig betrachtet wird oder wenn wir ihm ausweichen, verlagert sich unsere Übung vom Bauch oder dem Herzen ins Gehirn und lässt allerlei großartige philosophische Spekulationen entstehen, die den Eindruck erwecken, als wüssten wir im Zen ganz gut Bescheid, die uns aber von der eigentlichen Übung wegführen, dort erstarren – und nichts verändern. Mit Zen hat das dann rein gar nichts zu tun.

## Erste Erfahrungen und Vertiefung des Weges

Lange Zeit habe ich – wie viele andere auch – aus Büchern gelernt und mit großer Disziplin tagtäglich Zazen geübt. Wir, meine Frau und ich, übten gemeinsam, machten individuelle Erfahrungen, wir erlebten Einführungen in Zen, ohne dass sich daraus eine Perspektive entwickelt hätte. Dies änderte sich durch die Begegnung mit dem heutigen Zen-Meister Rolf Drosten. Meine Frau und ich wurden Schüler und Zen entwickelte sich zu einer verbindlichen Lebenspraxis.

Brauchen wir einen Lehrer? Wozu haben wir einen? Jemand sagte einmal sinngemäß: „Der Lehrer schafft uns Probleme, die wir ohne ihn nicht hätten." Tatsächlich haben wir alles, was wir brauchen in uns. Aber um es zu entdecken, bedarf es manchmal eines Menschen, der uns ermutigt, uns mit der ihm eigenen Kraft, erworben in jahrelanger Übung, und mit dem Zeugnis, das sein eigenes Leben, sein eigenes Üben darstellt, zuruft: „Hör nicht auf! Mach weiter! Hör niemals auf! Vertiefe deine Erfahrung!“

Der Zen-Lehrer ist kein Guru, er ist auch nicht unfehlbar. Er reißt sich den Heiligenschein, den die Schülerinnen und Schüler ihm gerne aufsetzen möchten, selbst vom Kopf, weil er weiß, dass diese Art von Verehrung in einer Enttäuschung enden muss. Irgendwann findet sich ein Wort, eine Verhaltensweise, die zu der enttäuschten Aussage führt: „Das hätte ich aber nicht gedacht!“ Grund, Inhalt und Ziel der Verehrung ist der Dharma, die Lehre des Buddha, die freilich über die Lehrerin oder den Lehrer vermittelt wird. Was ich von ihm erwarten darf, ist sein ehrliches Bemühen, den Weg konsequent zu gehen – und was unabdingbar ist, ist sein Vorsprung an meditativer Erfahrung und Kraft. Das Ziel einer Schüler-Lehrer-Beziehung ist nicht Abhängigkeit, sondern die Unterstützung bei dem Bemühen, spirituell erwachsen, also sein eigener Meister zu werden.

Wenn wir für uns allein üben, passiert es leicht, dass wir uns ein selbstgebautes Konzept von Zen aneignen, dass wir uns die „Rosinen“ vom Zen-Kuchen nehmen, uns in eine private Glückseligkeit, spirituelle Bequemlichkeit und damit in eine neue Täuschung begeben. So entsteht aus unserer Übungspraxis keine wirkliche Veränderung.

Eine Vertrauensbeziehung zu einem Lehrer/Lehrerin ist eine wichtige Voraussetzung für Heilung. Viele unserer Ängste und Leiden, durch die wir uns verschlossen und von uns selbst isoliert haben, haben ihre Ursache in der Vergangenheit. Einen Lehrer zu haben bedeutet zuzulassen, dass es jemanden gibt, der unsere tiefsten Ängste und finstersten Abgründe sieht und sie liebevoll annimmt. Aus dieser Erfahrung lernen wir, uns selbst anzunehmen und zu einer liebevollen Akzeptanz und Berührung unseres eigenen Lebens zu gelangen.

Immer wenn in unserem Herzen etwas zum Klingen kommt, eine Stimme sagt: „Ja, das ist es, das ist die Wahrheit“, dann sind wir unserem Lehrer begegnet. Das kann eine bestimmte Person sein. Dann ist das unser menschlicher Lehrer/Lehrerin, und wir können ein offizielles Schüler-Lehrer-Verhältnis aufbauen. Aber jeder Grashalm, jeder Vogelsang, jede Schnecke, die 30 Millionen Jahre alten Felsen neben unserer Scheune können mein Lehrer werden, können mir helfen, mich selbst zu entdecken, mein wahres Wesen sichtbar werden zu lassen. Es ist schon immer da – und doch bin ich meilenweit davon entfernt.

Manche glauben, dass ihnen mit dem Schülersein ihre tägliche Übungspraxis leichter fällt. Selbstverständlich gibt es durch das Schülersein eine starke energetische Verbindung, eine hilfreiche Kraft, die mich tragen und bestärken kann. Letztlich aber liegt es ganz allein an mir, ob ich mich regelmäßig, d. h. täglich und möglichst zu einer bestimmten Uhrzeit, auf das Kissen oder Stühlchen setze. Und niemand kann mir den inneren Kampf abnehmen, niemand außer ich selbst muss mit den tausend Ausreden umgehen lernen, die „der kleine Mann" oder „die kleine Frau" mir immer wieder ins Ohr flüstert. Mal geht es mir so gut, dass ich nicht zu üben brauche, mal geht es mir so schlecht, dass ich nicht üben kann usw., usw., usw. Es ist unglaublich, wie erfinderisch wir sind, wenn es darum geht, einen scheinbar plausiblen Grund zu finden, um uns der Übungspraxis zu entziehen, obwohl wir jedes Mal mit Freude und Dankbarkeit feststellen können, wie gut sie uns tut und wie wichtig sie ist für das Wachsen von Geduld und Gelassenheit. Der Anfang ist relativ leicht, das Dranbleiben oft hart, vor allem dann, wenn es darum geht, einfach weiterzumachen, ohne nach Ergebnissen zu fragen. Irgendwann war ich die Diskussionen mit mir selbst – „Soll ich heute üben oder nicht?" – leid und beschloss, diesen nervigen Dialog nicht mehr zu führen. Ich entschied, meine Zazen-Übung mit der gleichen Selbstverständlichkeit zu tun, mit der ich meine Zähne putze. Dabei überlege ich mir schließlich auch nicht dauernd, wie gesund das ist. Ich tue es einfach, basta. Diese Einstellung half mir sehr. Und die Übung als eine Selbstverständlichkeit zu sehen hat ihren Wert keineswegs gemindert.

## Das Haus bekommt ein Dach

Viele Jahre war ich Schüler bei Ehrwürden Rolf Drosten mit teilweise fünf bis sechs Sesshin pro Jahr. Zu dieser Zeit, also vor über 20 Jahren, begannen wir damit, eigene Veranstaltungen anzubieten: Yoga durch meine Frau, Bogenschießen und Wochenenden der Stille durch mich.

Später wechselten wir die Traditionslinie und wurden 1998 in der großen Soto-Schule, in der Linie des japanischen Meisters Kobun Chino Otogawa Roshi, aufgenommen, erhielten dort die Übertragung des Dharma und wurden zu Zen-Priestern ordiniert.

Das waren wichtige Ereignisse, denn sie gaben uns den Rückhalt für unsere weitere Arbeit, die ein klares Profil bekam und der Örtlichkeit ihren Charakter gab. Heute gibt es ein kleines Zen-Zentrum, bestehend aus dem Dojo (Glossar), einem Tagesraum und entsprechenden Sanitäranlagen, der Anlage für den Bogenweg, einem Meditationsweg um den Teich und einem großen Seminar- und Yogaraum und Übernachtungsmöglichkeiten für 20 Personen in EZ und DZ.

Leserinnen und Leser, die mit der Zen-Praxis nicht vertraut sind, wundern sich wahrscheinlich über meine genaue Beschreibung des Traditionsweges. Einer der Gründe, warum Zen über 2000 Jahre so lebendig geblieben ist, liegt in der respektvollen Wahrnehmung dieser lebendigen Tradition, der Übertragung von „meinem Herzen zu deinem Herzen".

Die Beachtung der Traditionslinie ist wichtig für den Suchenden und ein wesentliches Kriterium zur Beantwortung der Frage: Welcher Linie, welchem Sangha, welchem Lehrer/ Lehrerin soll ich mich anschließen?

Die Berufung auf die Tradition, auf große Meister, bei denen gelernt wurde, allein jedoch genügt nicht. Ich meine, es müssen zwei wesentliche Kriterien hinzukommen:

Wird das, was die lehrenden Personen vermitteln, von ihnen selbst glaubhaft, überzeugend gelebt? Nicht im Sinne von Vollkommenheit, aber das ernsthafte Bemühen sollte deutlich erkennbar sein – auch in Bezug auf einen ethischen Lebenswandel.

Schließlich geht es um die Frage, ob das, was dort gelehrt und gelebt wird zur Befreiung von Leid in einem umfassenden, ganzheitlichen Sinn führt.

Sind diese Kriterien erfüllt, ist es nur eine Frage der „Chemie", ob ich mich zu einer Schülerschaft entschließe.

## I have arrived! – Bin ich angekommen? Oder: Was ist Zen?

Vor einiger Zeit kam ich in ein Meditationshaus, in dessen Eingangsbereich ein Schild hing mit der Aufschrift: „I have arrived". Ja, dachte ich. Stimmt! Jetzt bin ich da. 800 Kilometer Autobahnfahrt lagen hinter mir, rechts und links meine Taschen, mein Bettzeug. Es hat jedoch fast drei Tage gedauert, bis ich wirklich angekommen war. Wir schleppen unsere Rucksäcke der Vergangenheit und unsere Koffer der Zukunft oft sehr lange mit uns herum; und wenn gesagt wird, man solle in einen Meditationsraum keine Taschen mitnehmen und seine Schuhe ausziehen, dann hat das eine wichtige symbolische Bedeutung. Häufig bedarf es einer größeren Zeitspanne, bis wir „ankommen". Denn „ankommen" meint: keine Vergangenheit, keine Zukunft, meint, einfach nur da sein, in diesem Augenblick. Es dauert oft lange, bis wir auf unseren Weg gelangen, bis wir den Vorschlag, den das Leben uns macht, verstehen und – endlich! – irgendwann ankommen.

Als der Film von Doris Dörrie „Erleuchtung garantiert“ in den deutschen Kinos lief, schauten wir uns diesen an. Im ersten Teil des Films fragte ich mich immer wieder, ob ich überhaupt im richtigen Kino sei, denn von Wegsuche, Innerlichkeit oder gar Erleuchtung war weder etwas zu sehen noch zu hören. Es dauerte unendlich lange, bis die beiden Hauptdarsteller schließlich mit buchstäblich leeren Händen im Kloster ankamen.

Erst langsam wurde mir klar: Genau so ist es! Es war ein langer Prozess, bis ich an den Punkt kam, der mich sagen ließ: So will ich nicht weiter leben. Oder um es positiv zu formulieren und mit den Worten des „verlorenen Sohnes“ im Neuen Testament (Evangelium Lukas 15, V18) zu sprechen: „Ich will mich aufmachen ...“ Meist müssen erst viele unterschiedliche Ereignisse in unserem Leben eintreten, müssen zahlreiche Hoffnungen zerbrechen, Grenzerfahrungen unser Lebensbild erschüttern, Fragen sich unausweichlich in den Weg stellen, Hindernisse unüberwindbar werden – bis endlich der Wille da ist und die Entschlossenheit und die Verzweiflung, die Not und unsere Sehnsucht nach Heil so groß sind, dass wir uns aufmachen, dass wir lernen, etwas zu tun.

Von dieser wilden Entschlossenheit, die nötig ist, um unseren Heilungsprozess in Gang zu setzen, zeugt die Geschichte von Gautama Buddha, der sich nach vielen entbehrungsreichen Jahren des Suchens unter den berühmten *Ficus religiosa,* einen Bodhi-Baum, setzte mit den Worten:

> Mag mein Körper hier auf diesem Platz vertrocknen, mögen mir Haut, Knochen und Fleisch hinschwinden – bevor ich nicht die in vielen Weltaltern schwer zu erlangende Erleuchtung erreicht habe, werde ich mich nicht von diesem Sitz regen.

Wenn wir an jenen Punkt gelangen, an dem uns klar wird, dass unserem Leben etwas Substanzielles fehlt, dann kann der nächste Schritt eine lange Reise werden, deren Ziel wir nicht kennen und die nicht nur deshalb abenteuerlich ist. Die Beschränkung unseres Blickes auf den nächsten Schritt ist eine ziemliche Herausforderung, denn viel lieber wäre uns eine Methode, die uns einen Scheinwerfer in die Hand gibt, mit dem wir den Rest unseres Lebens ausleuchten können. Diese Hoffnung auf einen „Scheinwerfer" mag nicht wenige Menschen dazu veranlassen, sich der Astrologie zuzuwenden. Doch die Illustration auf einer Weihnachtskarte veranschaulicht, worauf es auf unserem Lebensweg ankommt. Sie zeigt Maria und Joseph mit dem Kind auf der Flucht vor Herodes. Joseph führt den Esel. Er hat nichts als seinen Traum, seine Vision und eine kleine Laterne, die immer nur den nächsten Schritt ausleuchtet ... Wir brauchen Entschlossenheit und den Willen, dran zu bleiben. Das sind zwei wichtige Pfeiler, um uns eines Tages auf den Weg des Dharma (s. Glossar) zu begeben.

Die Frage „Was ist Zen?" ist so alt wie die Übung selbst. Und ich will Ihnen zunächst ein paar klassische Antworten geben, um diese dann in meine Antwort zu übertragen.

Ich erwähnte bereits Bodhidharma, den großen Zen-Patriarchen. Auf die Frage des Kaisers: „Welches ist die höchste Wahrheit?", antwortete er: „Offene Weite – nichts von heilig."

Joshu, einer der bekanntesten Zen-Meister aus China, wurde gefragt: „Welchen Sinn hat es, dass der Patriarch (Bodhidharma, d. Verf.) aus dem Westen kam?" Joshu antwortete: „Die Eiche im Vorgarten."

Zu diesem Joshu kam eines Tages ein Mönch und bat um Unterweisung. Joshu fragte: „Hast du schon gefrühstückt?" Als der Mönch bejahte, sagte Joshu: „Dann wasche deine Essschale."

Hinter diesen und vielen ähnlichen Fragen steht immer die eine Frage: Was ist die Bedeutung des Zen? Was ist der Sinn meines Lebens?

Die Meister weichen dieser Frage keineswegs aus – auch wenn es so scheinen mag. Sie beantworten sie aber auch nicht. Die Antworten gleichen vielmehr dem berühmten ausgestreckten Finger, der auf den Mond zeigt. Wir können über diesen merkwürdigen Antworten grübeln, dann sind wir am Finger hängen geblieben ... Oder wir können erwachen zu dem, wohin der Finger zeigt, aber dies ist nicht in Worten zu finden.

Was den Antworten gemeinsam ist, ist der Hinweis auf den Augenblick, auf *diesen* Moment. Zen ist nichts anderes als die wache Erfahrung des voll gelebten Augenblicks, in dem alles von uns abfällt, wir also ganz leer sind – oder „prall gefüllt mit Leerheit".

Damit wird klar, dass Zen keine Meditation im üblichen Sinne ist, sondern eine Übung, Zen-Übung. Meditation wird als „sinnende Betrachtung“ beschrieben, Zen aber ist gegenstandsfrei. Das heißt, es gibt keinen Gegenstand im Sinne eines Wortes, Textes, eines Bildes o. Ä., das sinnend zu betrachten wäre. Genau das zeigen die Antworten der Zen-Meister, darauf deutet der ausgestreckte Finger. Es ist immer der Weg von der Zerstreuung zur Sammlung, von philosophischen oder religiös-philosophischen Fragen, z. B. nach dem Sinn des Lebens, hin zum Sein. Oder um es anders zu beschreiben: Zen ist nicht zu verstehen, sondern zu üben. Der Augenblick ist nicht zu verstehen, sondern zu erleben. Es geht nicht darum, die Frage nach dem Sinn des Lebens beantworten zu können, sondern es geht darum, zu lernen, das Leben zu leben.

Der Weg, um von außen nach innen zu kommen, führt über das stille, möglichst unbewegte Sitzen, verbunden mit der Beobachtung des Atems. Die klassische Form der Übung in der Soto-Tradition wird Shikantaza, wörtlich „nichts als treffend sitzen“, genannt. Dies ist nach Dogen Zenji (Glossar) „die höchste oder reinste Form des Zazen, das Zazen, wie es alle Buddhas der Vergangenheit geübt haben“ (*Das Lexikon des Zen*. Wilhelm Goldmann Verlag, München, 1996) Es geht um das hellwache Verweilen in einem Zustand, der frei ist von Wollen und Wünschen, immer mehr frei wird von Ich-Bezogenheit. Wir können nicht vermeiden, dass Gedanken kommen, denn so, wie unser Herz weiter arbeitet oder unsere Lunge, unsere Nerven, so auch unser Gehirn. Es arbeitet, solange wir leben. Es werden immer Gedanken an die Vergangenheit oder Zukunft, Gefühle wie Trauer, Wut, Resignation, Bewusstsein für Schmerzen körperlicher und psychischer Art vorhanden sein. Worum es geht, zeigt eine kleine Episode:

> Ein Schüler fragte seinen Meister, wie er meditieren solle.
> Der Meister antwortete: „Es ist so: Wenn ein vergangener Gedanke aufgehört hat und ein zukünftiger Gedanke noch nicht entstanden ist, gibt es da nicht eine Lücke?“ – „Ja“, sagte der Schüler.
> „Nun gut, verlängere sie! Das ist Meditation.“
> (Aus Geschichten-Netzwerk, Juli 2015)

Der Umgang mit allem, was kommt, könnte z. B. folgendermaßen, verlaufen:

1. Ich schaue mir alles an: Wichtiges, Unwichtiges, Schönes, Widerliches.
2. Ich gebe dem, was kommt, einen Namen. Also: Gestern, Morgen, Wut, Enttäuschung usw.
3. Ich beginne einen kurzen Dialog: „Ah, da bist du wieder ... Ich kenne dich doch ...“
4. Ich kehre zurück zu meiner Übung, zur Beobachtung meines Atems, und stelle fest, dass der Gedanke sich aufgelöst hat wie eine Wolke am Himmel.

Beachten Sie bitte: Häufig sind wir von unseren Gedanken regelrecht umklammert, wir kreisen, ziehen dabei die Furchen immer tiefer, sind unfähig, uns zu lösen ... Der Gedanke wird zum Monster, das uns festhält, an uns zerrt. Durch den Dialog schaffen wir Abstand, bekommen eine Haltung der Souveränität, sind nicht mehr Opfer, sondern Gestalter dieses Augenblicks.

Was ist gemeint mit dem „Zurückkehren zur Beobachtung meines Atems“? Der Buddha empfiehlt, uns des Atems bewusst zu sein. Also: kurzer Einatem, langer Einatem usw.

In dieser Bewusstmachung des Atems gibt es keine Bewertung, sondern nur die nüchterne Feststellung dessen, was ist – allerdings mit der großen innewohnenden Chance einer Veränderung, die wie von selbst geschehen kann. Die Wolke verzieht sich. Dieser Vorgang jedoch, der sich dauernd wiederholen möchte, birgt in sich eine verwandelnde, transformierende Kraft. Das Finden und Bejahen des jetzt gelebten Augenblicks wird zu einer Übung, die mir hilft, mein Leben zu akzeptieren, wie es gerade ist – aber nicht im Sinne von Resignation. Im Gegenteil! Im Aufgeben des Widerstandes gegen etwas, das mir nicht gefällt, konzentrieren sich alle meine Kräfte auf das, was im Augenblick zur Gestaltung meines Lebens ansteht.

Diese Weise zu üben nennen wir den Zen-Weg. Dabei ist wichtig, dass wir aus diesem Weg nicht etwas machen im Sinne eines Gegenstandes, eines Objektes, dass wir diesen Weg also nicht materialisieren.

In einem wunderschönen Text von Kabir, (Haus St. Benedikt, Textsammlung) heißt es:

Zu welchem Ufer willst du gelangen, mein Herz?
Es gibt keinen Weg und niemand, der dir vorangeht.
Was heißt schon Kommen und Gehen?
An jenem Ufer kein Boot und kein Fährmann, das Boot zu verankern.
Da gibt es weder Himmel noch Erde,
weder Zeit noch Ding, kein Ufer keine Küste.
Bedenke es wohl, mein Herz!
Gehe nicht anderswohin.

Wenn ich im Folgenden das Wort „Weg“ verwende, meine ich damit eine bestimmte Methode, eine bestimmte Art des Übens, so wie dies bereits kurz beschrieben wurde. Aus dieser Übung erwächst eine besondere Haltung, eine Geisteshaltung. Darum wird Buddhismus auch nicht als Religion in unserem westlichen Sinn definiert, sondern als Geistesschulung. Die Schulung ist die Übung. Was daraus wachsen kann, ist die geistige, innere Haltung, die Form. Menschen des Weges müssen also gehen. Ohne das Gehen ist ein Weg nichts anderes als eine merkwürdige Aufschüttung von Schotter, Lehm o. Ä. Nur durch das Gehen wird der Weg zum Weg. Den Zen-Weg gehen heißt, den Weg zum Gipfel zu wählen und zu wissen, dass jeder Schritt des Weges der Gipfel ist, denn der gelebte Augenblick ist der Weg – und wenn dieser Augenblick in seiner ganzen Fülle, seiner Schönheit wie seiner Hässlichkeit, erlebt wird, werde ich selbst zum Weg. Ist der Weg das Ziel? Ja, sicher. Aber auch „das Ziel ist der Weg.“

Gerne möchte ich die kleine Geschichte, die uns jetzt in ihrer konkreten Umsetzung beschäftigt hat, auf unsere Bogenübung übertragen. Was heißt beim Bogenschießen der Satz: *Verlängere die Lücke?* Beim Zazen heißt das, sei ganz bei dem, was jetzt ist, und das ist das Fließen des Atems und das Frei werden von allen weiteren Gedanken. Und beim Bogen? Der Augenblick des gelebten Jetzt ist der Schritt, der jetzt fällig ist in der Koordination mit dem Atem. Sonst nichts! Und genau das ist die Herausforderung, denn es schleichen sich unglaublich schnell Gedanken ein und schieben sich zwischen unser Bewusstsein und unser Tun. „Wir erinnern uns so gerne an die Zukunft!“ Das will sagen, an den nächsten Schritt oder an das Ergebnis auf der Scheibe. Die Herausforderung besteht darin, ganz und gar präsent zu sein. Auch hier gilt:„Das Ziel ist der Weg!“ Wenn uns eine Übung nicht wirklich gelingt, hat dies häufig in diesem Unvermögen seinen Grund, bei der Übung mit dem Bogen und bei der großen Übung, die wir das Leben nennen.

## Glückseligkeit von Augenblick zu Augenblick

Wie ist dies möglich? Die Brücke zur Glückseligkeit ist die Übung der Achtsamkeit/Aufmerksamkeit. Achtsamkeit wird oft als Betulichkeit missverstanden. Aber darum geht es nicht. Es geht um das klare Bewusstsein im Augenblick, und zwar ohne Interpretation, ohne Beurteilung. Es geht um das reine Annehmen. Buddha wurde einmal gebeten, seine Lehre in einem Wort zusammenzufassen. Er antwortete: „Bewusstheit". Das mag Ihnen erst mal sehr wenig erscheinen – also erzähle ich Ihnen zunächst eine kleine Geschichte:

> Eines Tages sagte ein Mann aus dem Volk zu Zen-Meister Ikkyu: „Meister, wollt ihr mir bitte einige Grundregeln der höchsten Weisheit aufschreiben?" Ikkyu griff sofort zum Pinsel und schrieb: „Aufmerksamkeit". „Ist das alles?", fragte der Mann. „Wollt Ihr nicht noch etwas hinzufügen? Ikkyu schrieb daraufhin zweimal hintereinander: „Aufmerksamkeit, Aufmerksamkeit." „Nun", meinte der Mann ziemlich gereizt, „ich sehe wirklich nicht viel Tiefes oder Geistreiches in dem, was Ihr gerade geschrieben habt." Daraufhin schrieb Ikkyu das gleiche Wort dreimal hintereinander: „Aufmerksamkeit, Aufmerksamkeit, Aufmerksamkeit." Halb verärgert begehrte der Mann zu wissen: „Was bedeutet dieses Wort ‚Aufmerksamkeit'? Und Ikkyu antwortete sanft: „Aufmerksamkeit bedeutet Aufmerksamkeit."
> (Bottini, Oliver: Das Grosse O.W.Barth Buch des Zen, Scherz Verlag, Bern, 2002.)

Diese Form der Übung bezieht sich nicht nur auf unsere Sitz-Meditation. Sie wird auch intensiv trainiert bei der Bogen-Übung mit ihren verschiedenen Stationen. Achtsamkeit meint darüber hinaus sämtliche alltäglichen Situationen, ganz gleich, ob wichtig oder weniger wichtig. Sie vermuten sicherlich: Wenn das alles sein soll, dann muss doch etwas ganz Tiefes, Großartiges dahinter sein. Aber es gibt nichts dahinter! Es geht um die kleinen alltäglichen Dinge des Lebens. So wird ein Zen-Mönch vom Meister gefragt: „Wo hast du deinen Regenschirm abgestellt?" Ja, wo und wie stehen deine Schuhe, dein Stuhl, auf dem du gerade gesessen hast? Wie hast du gerade zugehört? Versuchen Sie, einmal nur eine Stunde lang in dieser Aufmerksamkeit zu leben, und Sie werden feststellen, wie sich Ihr Leben verändert. Es wird reicher, klarer, lebendiger. Kurz: Achtsamkeit bringt reine Lebensqualität in Form von Tiefe, Schönheit, Menschlichkeit. Konkret heißt das: Unsere Konzentrationskraft wird gesteigert, unser Erinnerungsvermögen wird sich verbessern, die Wahrnehmung unserer Umwelt wird intensiver. „Jetzt sehe ich zum ersten Mal, wie wundervoll die Blume blüht!" Aber auch das Schmerzsignal unseres Körpers nehmen wir wahr, die brutale Überforderung meines Herzens oder die Verspannung unserer Muskeln ebenso wie die Schmerzensschreie einer durch uns Menschen gequälten Welt. Aber seien Sie nicht enttäuscht, wenn das nicht auf Anhieb klappt. Theoretisch sieht das ganz leicht aus. Aber praktisch ist nichts schwieriger als das. Zählen Sie einmal bis fünf, ohne an etwas anderes zu denken. Das ist richtige Schwerstarbeit, weil der Geist sich weigert, ganz und gar in der Gegenwart zu sein.

## „Alles in uns schweige …"

Der Text dieses Kirchenliedes ist mir aus frühester Kindheit bekannt, aber niemand sagte mir, was Schweigen ist und wie es zu praktizieren ist.

Es gibt zwei Arten von Schweigen: ein abgestumpftes, apathisches, liebloses oder beleidigtes Schweigen bzw. ein Schweigen zwischen Menschen, die sich, aus welchen Gründen auch immer, nichts (mehr) zu sagen haben.

Diese Form des Schweigens ist nicht gemeint, sondern ein Nichtreden als asketische Übung. Im Zen geht es um ein Schweigen mit dem Mund, mit den Augen, mit den Gesten. Schweigen meint Zurücknehmen aller Auffälligkeiten: Kleidung, Parfüm, alles Haschen nach Effekten. Aber das ist äußerlich. Schweigen meint noch mehr: Zur-Ruhe-Kommen des Geistes, Ende der inneren Dialoge, Ende auch des „Ich will aber …". Nach einiger

Zeit des Übens merken wir, wie wertvoll dieses Schweigen ist. Wie schön, keine Kommentare abgeben zu müssen. Niemand erwartet etwas von mir. Und – ich habe den ungestörten Raum für meine Tränen, meinen Schmerz und für mein Glück.

Wie konsequent ich dieses Schweigen während eines Sesshin verstehe, mache ich gerne an einer kleinen Geschichte deutlich:

Ich war bei einem japanischen Meister, und er servierte Grünen Tee. Dabei erklärte er uns: „Dieser Tee wird übergossen bei 65 Grad. Nicht 66 und auch nicht 64, sondern 65." Erst später wurde mir klar: Er hat uns nicht nur etwas über das Aufbrühen von Grüntee erzählt. So ist es mit dem Schweigen. 65 Grad!!! Ein wenig reden ist nicht mehr schweigen.

Anfänglich kann es sein, dass wir uns sehr einsam fühlen. Wir wünschen Gruppendiskussionen, Austausch mit Mitübenden. Das ist im Zen unüblich und wäre für unseren inneren Prozess nicht hilfreich. Es geht nicht um die anderen, sondern in dieser Phase ausschließlich um mich, um den in Gang gesetzten inneren Prozess – und alles, was dabei hinderlich ist, wollen wir beiseitelassen. Eine große Hilfe, um den Prozess zu fördern, ist das Einzelgespräch, das *Dokusan (*s. Glossar*),* mit der Lehrerin bzw. dem Lehrer. Es ist die Gelegenheit, um alle Fragen, Gefühle, Erfahrungen an- und auszusprechen. Und Übende tun gut daran, oft diese Gelegenheit zu nutzen.

Und die mit uns Übenden? Je intensiver wir bei uns selbst sind, desto unmittelbarer sind wir verbunden mit den anderen. Bin ich bei der Übung bei meinen Sorgen, meinen Geschäften, dann bin ich wirklich einsam und werde verspannt, müde, vielleicht aggressiv von meinem Kissen aufstehen. Bin ich jedoch ganz bei meiner Übung, bin ich mit all denen verbunden, die es gleichfalls sind. Wenn jedes Ego sich auflöst, ist unser Einssein mit allem perfekt.

Nun haben Sie ein wenig erfahren über Zen, über das Sein im Augenblick, über Achtsamkeit und über Schweigen. Sie haben erfahren, dass es darum geht, dies im stillen Sitzen einzuüben. Vielleicht haben Sie sogar den Versuch gemacht und sich einfach aufrecht auf einen Stuhl gesetzt und 5 Minuten lang zugeschaut, wie die Gedanken kamen und gingen. Vielleicht haben Sie ein wenig Stille erfahren und diese genießen können. Vielleicht ist auch der Wunsch entstanden, diese innere Stille zu verlängern, sie gleichsam hineinzunehmen, sie mitzunehmen, sie nicht abbrechen zu lassen, wenn das Telefon energisch ruft, der PC Sie ärgert, die Kinder toben oder die Hausarbeit Sie langweilt. Gibt es, so fragen Sie, eine Übungsform, bei der wir den Alltagssituationen noch näher sind als beim Sitzen oder bei der wir ihnen auf andere Weise begegnen? Gibt es eine Übungsform, bei der ich ganz nach außen gehen muss und doch ganz bei mir bleiben kann? Die Übungsform selbst als Aktion, während ich doch ganz in der Mitte versammelt bin, aus ihr heraus handele – gefordert durch Handlungen und doch ganz im Frieden? Eine Übung, die mich unmittelbar auf den Alltag und seine Anforderungen vorbereitet? Gibt es eine Übung, die mir hilft, nach meiner täglichen Sitzrunde nicht sofort wieder in den üblichen Alltagstrott zu fallen, die mir hilft, mich in allen meinen „Schwächen“ wahrzunehmen, bis zum „Keller“ meines Leidens vorzustoßen? Mir ist klar geworden, dass die Einbeziehung des Körpers bedeutsam ist, um sich auf die Schliche zu kommen. Mit Körper meine ich nicht nur die Welt unserer Gefühle, unserer Sprache usw., sondern auch und gerade die Gestaltwerdung, die Bewegungen und die Grenzerfahrungen, die bei der Begegnung mit unserem Körper unumgänglich sind und die mich in Krisensituationen stürzen können.

Das Bogenschießen hat sich für mich – und viele meiner Schülerinnen und Schüler – zu einer Übung entwickelt, die mich ganzheitlich fordert, bei der ich keine Chance habe, etwas wegzuschieben, zu vertuschen, zu beschönigen, bei der ich lernen darf, mich einzuüben in einen wunderbaren inneren Frieden, der unabhängig ist von äußerem Erleben. Aus der partiellen Übung mit dem Bogen ist mehr geworden:

# DER WEG DES BOGENS

An einem Samstag vor dem regelmäßigen Schießen sagte ich bei einem kurzen „Wort in den Tag“:

> „Lasst euer Schießen wie Zazen sein und euer Zazen wie Schießen. Nehmt dies als Übungsaufgabe für den ganzen Tag. Wenn ihr mich fragt, wie ihr das machen sollt, werde ich es euch nicht sagen. Wenn ihr euch aber der Aufgabe hingebt, wird eure Übung an Tiefe gewinnen und zu einer Quelle der Kraft und des Friedens werden.“

Verabschiedet habe ich die Gruppe mit: „Lasst euer Leben Zazen sein und Zazen euer Leben.“

Angeregt durch eine Erfahrung in der Mühle, erinnerte ich mich an meine Kindheit, in der Bogenbauen und Bogenschießen ein normales Spiel war. Darauf griff ich zurück, übte allein und im Verein mit einem westlichen Sportbogen.

## Haben oder Sein?

In dieser Zeit begann ich auch meine Zen-Übung – und wie der „Zufall“ es so will, „fielen“ mir zwei Bücher in die Hand, die meinen Weg mit dem Bogen veränderten: Erich Fromms „Haben oder Sein“ und Eugen Herrigels „Zen in der Kunst des Bogenschießens“.

Die Praxis des Zen und die gedankliche Bereicherung durch diese beiden Bücher zeigten mir, dass meine Freizeitbeschäftigung mit Pfeil und Bogen nach demselben Muster ablief wie mein übriges Leben. Die Stressfaktoren

Ehrgeiz, Ungeduld, Stolz, Eifersucht, Neid u. Ä. waren genauso lebendig, sie besetzten und hetzten mich, waren die unnachgiebigen Baumeister meines Handelns. Abhängigkeit vom Erfolg und Angst, beide sind schlechte Begleiter und schlechte Berater. Sie machen uns zu bemitleidenswerten, armen Geschöpfen und verschließen uns den wahren Reichtum des Lebens, nämlich die gelassene Heiterkeit.

Ich bin weit davon entfernt zu meinen, dass es allen Bogenschützen so ergeht. Aber aus zahlreichen Gesprächen weiß ich, dass dies bei sehr vielen Freizeitschützen zutrifft, von Profis ganz zu schweigen.

Und wie ergeht es Nicht-Bogenschützen? Sind die Grundmuster nicht vergleichbar?

Bei Erich Fromm entdeckte ich eine Existenzform, die frei ist von Erfolg oder Misserfolg, frei von Angst und Neid: gegründet im Sein, leben aus dem Sein, nicht Autorität *haben*, sondern Autorität *sein*. Das war faszinierend und richtungsweisend.

In Eugen Herrigels Buch begegnete mir immer wieder der Begriff „Absichtslosigkeit“ – und eine Ahnung sagte mir, dass dies mit Ichlosigkeit und Freiheit zu tun hat, ja Freiheit *ist*. Oder negativ formuliert: Mein Habenwollen, meine Gier, stand der Freude, der Freiheit, dem Frieden im Weg, blockierte nicht nur jeden inneren Fortschritt, denn Habenwollen macht ungeduldig, hart, oft auch ungerecht.

Absichtslosigkeit war also gefragt. Aber bringt mich der Wille, absichtslos zu sein, nicht auf dieselbe ehrgeizige Schiene, also auf die Schiene des Habenwollens, nur unter anderen Vorzeichen? Zeigt sich mein Ich, schön sauber, spirituell verpackt, unter dem Mantel der Absichtslosigkeit? Also ging es darum, zu lernen, auch die Absichtslosigkeit loszulassen. Das war eine erschreckende Vorstellung, und Begriffe wie: *„das absichtslose Gespanntsein“* verstärkten in mir das Gefühl, in einen Abgrund zu stürzen. Gleichzeitig wurde mir aber eine wichtige Spur gewiesen: „Gespanntsein“ bedeutet im Zusammenhang mit Bogenschießen also Sein in der Anspannung des Bogens. Das Stürzen in den Abgrund ist letztlich der Sturz ins reine und unverfälschte Sein – und das nicht nur in der Stille des Sitzens, sondern in der vollen Aktivität der Bogenübung. Das Bild eines jungen Mönchs, von dem ich gelesen hatte, der täglich zwei bis drei Stunden aus kurzer Entfernung einfach in einen Sandhaufen schießt, zeigte mir, worum es ging: Konzentration, Präzision, absichtsloses Gespanntsein.

Absichtslosigkeit – die Bereitschaft, den Bogen meiner bisherigen Konzepte zerbrechen zu lassen, reines Sein, nicht auf ein Ergebnis schielen, frei von jeglicher Effekthascherei – ist der immer neue Versuch, ganz und gar im Tun des Augenblicks aufzugehen. Es ist die Identifikation des Bewusstseins mit dem augenblicklichen Tun ohne Wollen oder Wünschen. „Sein" heißt orientiert sein an der Handlung. In dem Augenblick, in dem ich auf ein Ergebnis schiele, ist meine Konzentration geteilt. Konzentration heißt, den Focus immer mehr zu verengen, um „auf den Punkt" zu kommen. Ein berühmter Spruch beim Bogenschießen lautet: *„Triff die Maus im Fell des Bären und triff die Laus im Fell der Maus!"* Diese zunehmende Beschränkung auf das Wesentliche wird getrübt durch meine Absicht, treffen zu wollen, etwas erreichen zu wollen. Dabei macht es keinen Unterschied, ob ich mit diesem Erreichen hohe Ziele anstrebe oder einfachen Antrieben folge. Nur wenn das Bewusstsein ganz und gar auf das gegenwärtige Tun gerichtet ist, entstehen Ruhe und Freiheit von jeder Selbstbezogenheit, bin ich bar aller Absicht. *„Die rechte Kunst ist zwecklos, absichtslos"*, meint Awa, Herrigels Bogenmeister. (Herrigel, Eugen: *Zen in der Kunst des Bogenschießens.* O.W.Barth Verlag, 1990.)

## Innen und Außen

Ich betrat völliges Neuland. Nicht nur weil ich meine technischen Hilfsmittel, um besser zu treffen, abschraubte. Die wirkliche Veränderung betraf meine Geisteshaltung.

Das folgende Zitat brachte mich weiter auf meiner Suche:

> „Weit davon entfernt, in dem Schüler vorzeitig den Künstler wecken zu wollen, hält es der Lehrer für seine erste Aufgabe, aus ihm einen Könner zu machen, der das Handwerkliche souverän beherrscht …, um erst im Laufe der Jahre die Erfahrung zu machen, dass Formen, die er vollkommen beherrscht, nicht mehr bedrücken, sondern befreien."
> (Herrigel, Eugen: Zen in der Kunst des Bogenschiessens. s.o.)

Zunächst hatte ich das Gefühl, als seien Technik und innerer Prozess zwei Elemente, die sich gegenseitig ausschließen. Erst langsam erfuhr ich, dass äußere Form und innere Form zusammengehören.

Nur die Offenheit für beides im Sinne von „sowohl ... als auch" birgt die Chance zu tiefgreifender Veränderung und ermöglicht gleichzeitig die volle Präsenz meiner Kräfte im Außen. „Sowohl ... als auch" meint nicht Zusammen*zählen* beider Faktoren, sondern das Zusammen*wirken*, aus dem – wie von selbst – ein neuer Mensch entsteht. Nach intensiver und disziplinierter Übungspraxis verändert sich die äußere Form. Dies ist eine logische Konsequenz der Veränderung der inneren Form. Der innere Wachstumsprozess erlaubt ein Überschreiten der äußeren Form. Die wahre Bedeutsamkeit kommt meinem inneren Werden zu. Es bedarf jedoch der beständigen Übung in der äußeren Form – bis wir Meister sind, alle Formen hinter uns lassen und aus dem Sein heraus richtig handeln.

Unmittelbar an unserem Bogen-Übungsplatz gibt es eine kleine Felsengrotte, in der eine etwa 50 Zentimeter große, getöpferte Statue sitzt. Es handelt sich dabei um den berühmten Hotei, den dicken, lachenden Buddha. Er sitzt, wie er sitzt – und lacht! Er hat Formen und Zen und alles das hinter sich gelassen, ist absolut befreit von alledem. Manchmal beneide ich ihn um diese Freiheit. Gleichzeitig ist mir bewusst: Ich brauche noch die Form. Die äußere, möglichst gute Form beim Schießen und die Form beim Sitzen. Die Einhaltung der äußeren Form ist mir Hilfe, um mehr und mehr meine innere Form zu finden. So verneige ich mich voller Hochachtung und Hingabe vor dieser Statue und ihrer Belehrung.

Innen und Außen gehören zusammen. Wird beides ausgewogen praktiziert, sind wir in der Mitte. Eine Überbetonung der einen oder anderen Seite bringt mich aus dem Gleichgewicht. Ein Entweder-oder macht lebensuntüchtig oder lässt mich in einen schädlichen Aktionismus verfallen. Aus Erich Fromms „Haben oder Sein" wird ein „Haben *und* Sein". Wenn ich dieses ernsthaft lebe und übe, wird aus Erich Fromms „Haben" ein anderes „Haben" und aus seinem „Sein" ein anderes „Sein". „Haben" im Sinne des Zen ist frei von Gier, frei von Aggression und Blindheit, lebt aus dem „Sein", ist verwurzelt, in sich ruhend. „Sein" ist nicht unbedingt die Realisierung eines Armuts-

ideals, dessen Verwirklichung nur wenigen vorbehalten ist. Erich Fromm unterscheidet zwischen Eigentum, das dem Gebrauch dient, also „funktional“ ist, und dem Besitz, der dem sozialen Status des Egos dient, einer sich verselbständigenden reinen Gier, aggressiv und unverantwortlich.

Wenn ich die Begriffe aus der Bogenübung, Technik für außen und Prozess für innen, nehme und auf unsere persönliche und gesellschaftliche Situation übertrage, komme ich zu dem Ergebnis, dass wir längst die Balance verloren haben.

Ich bin überzeugt, dass wir die riesigen Herausforderungen der nächsten Jahre nur bewältigen werden, wenn wir als Einzelne wie auch als Gesellschaft, als verantwortliche Politiker und Politikerinnen, als Arbeitgeber oder Lohnabhängige, Rentner oder Hausfrauen, als Banker oder Aktionäre, Eltern oder Lehrer, lernen und uns mit großen Eifer darum bemühen, eine innere und äußere Balance zu finden. Und da wir unser Innen derart vernachlässigt haben, dass eine totale Entgleisung nicht zu übersehen ist, muss die innere Entwicklung, d. h. eine grundlegende geistige Erneuerung unserer ganzen Gesellschaft, oberste Priorität haben. Karl Rahner (1904-1984): „Der Christ der Zukunft wird ein Mystiker sein oder er wird nicht mehr sein.“ (zitiert aus EBS – 4 Heft, 2010) Abgewandelt möchte ich sagen: Der westliche Mensch der Zukunft wird ein erneuertes, ein spirituelles Bewusstsein haben, oder er wird nicht überleben. Es geht um ein Handeln in Klarheit, die uns hilft, unser Wissen umzusetzen in konkretes Tun. Es geht also nicht darum, Errungenschaften des Westens, z.B. ein solider Wohlstand, soziale Gesetzgebungen, Sozialeinrichtungen oder die soziale Marktwirtschaft, madig zu machen oder gar abzuschaffen, um östliche Verhältnisse einzurichten, sondern es geht darum, östliche Weisheit und Erfahrung in unsere Gesellschaft zu integrieren.

Ein Blick in Entwicklungen der letzten Jahre stimmt mich optimistisch. Als Beispiele nenne ich die Energiewende, der kontinuierlich steigende Verbrauch von Bionahrung, Biobaumaterial usw., Rauchverbot in Gaststätten, steigender Konsum von Fairtrade-Waren.

Durch die Beschäftigung mit dem Bogen, dem Innen und Außen, der Form und der Nichtform habe ich Grundsätzliches für mein Leben entdeckt. Zen bzw. der Bogenweg ist nicht getrennt vom Leben. Im Gegenteil. Der Zen-Meister Joshu meint: „*Der alltägliche Weg ist der Weg*“. Die Weisheit des Zen liegt in der Offenheit für den Augenblick. Es handelt sich nicht um verborgene Weisheiten, nicht darum, höhere Erkenntnisse zu erlangen, sondern darum, uns selbst „auf den Fersen“ zu bleiben bei unserem Reden, Hören, Entscheiden.

So kann ich sagen: „Nimm den Bogen in die Hand und begegne dem ‚Alltäglichen' bzw. das ‚Alltägliche' wird dir begegnen.“ Damit habe ich eine Möglichkeit gefunden, die Herausforderung des Lebens als eine Kunst zu begreifen, mich selbst nicht als Opfer von Schicksalsschlägen, sondern als Künstler zu verstehen, dessen Aufgabe in jedem Augenblick darin besteht, die Sehne so zu spannen, dass der Pfeil frei und ungehindert fliegen kann. Jede zu gering gespannte Sehne lässt den Pfeil kraftlos zu Boden fallen, jeder überspannte Bogen muss brechen, jede nicht kultivierte Energie lässt den Pfeil unkontrolliert sein Ziel verfehlen. Die Einbeziehung der spirituellen Dimension in unser Leben verändert unser Sein. Der Begriff Sünde, der uns allen bekannt ist, meint in seiner ursprünglichen Bedeutung nicht ein einzelnes Fehlverhalten, sondern muss mit „Trennung“ übersetzt werden. Dieses Getrenntsein ist Ursache unserer Kraftlosigkeit und Ziellosigkeit. Sich auf den Weg zu begeben bedeutet, sich zu öffnen, damit das, was trennt, in einem langen Prozess beseitigt wird.

Jeder Augenblick ist meine Chance zur Gestaltung des Lebensbildes, das sich entwickelt. Dieses Gespräch, dieser Streit, diese Stille ist die Möglichkeit, mich unverfälscht einzubringen und damit etwas zu bewirken.

Es geht also um Persönlichkeitsentwicklung, aber nicht im Sinn der heute oft praktizierten Interpretation von „Selbstverwirklichung“, die darauf zielt, alle Eigenschaften auszuleben. Das dient eher einer Vergrößerung, einer Steigerung des Selbstbildes. Der Buddha setzt als Fernziel der Persönlichkeitsentwicklung das Heilsein. Entwicklung heißt: Ent-Wicklung im buchstäblichen Sinn, das Verwickelte, Verworrene, Unklare, Ängstigende auflösen. Dies geschieht durch Klarheit und Stille.

Diese Vorstellungen mögen uns zunächst Angst machen – und tatsächlich gehört Mut dazu, ein Feld zu beschreiten, das für uns Neuland ist. Aber wenn das Leben uns ruft durch Einsichten, durch Erfahrungen, wenn es uns einen Vorschlag macht, dann sollten wir nicht nach einem bequemen und gesicherten Weg Ausschau halten, sondern sind reif, auch Unbequemes zu wagen.

Das ist sicherlich oftmals schmerzlich und mühsam. In der Pali-Sprache gibt es den Begriff „kamma-patha". Das lässt sich übersetzen mit „Wirkensbahnen", „Wirkensfährten", „Wirkenswege" oder „Wirkensweisen". Das Wort „Wirkensbahnen" bringt sehr schön zum Ausdruck, wie wir mit unserem ständigen Wirken in Gedanken, Worten und Taten Trampelpfade treten bzw. uns in Furchen bewegen oder eingefahrene Gleise benutzen – im Guten wie auch im Schlechten –, von denen wir äußerst schwer loskommen. (Schäfer, Fritz: *Der Buddha sprach nicht nur für Mönche und Nonnen*. Kristkeitz Verlag, Heidelberg, 2002.)

Doch ist der Schritt denn wirklich so neu? Oft geschieht es, dass Menschen, die zum ersten Mal in unser Dojo kommen und eine Zeremonie mit anschließendem Zazen erleben, uns sagen: „Der Rahmen ist mir zwar neu und auch völlig fremd, aber tief in meinem Innern ist mir das alles sehr vertraut. Ich erlebe zwar das Befremdliche, habe aber gleichzeitig den Eindruck, nach Hause zu kommen." Wird damit bestätigt, was Andrew Newberg in seinem Buch „Der gedachte Gott", (Piper Verlag, 2008) feststellt? Er kommt auf Grund von Experimenten zu dem Schluss, dass religiöse Erfahrung zur lebensnotwendigen Grundausstattung des Menschen gehört. Religiöses Leben ist – nach seiner Vorstellung – ein menschliches Merkmal, so unverzichtbar wie Liebe, Hass, Hunger, Sexualität.

Die wissenschaftliche Korrektheit dieser Aussage kann ich nicht überprüfen, neige jedoch aufgrund meiner Erfahrungen zu der Annahme, dass wir alle in uns eine mystische Seite haben, bei manchen Menschen und zu manchen Zeiten tief verborgen, verschüttet. Wenn wir beginnen, dieses kleine, verkümmerte Pflänzchen zu pflegen, d. h. in kleinen Schritten Mystik zu leben, begeben wir uns in einen Raum, der wir sind, bringen also etwas zusammen, von dem wir zwar nie wirklich getrennt waren – aber getrennt gelebt haben.

„Müssen wir uns nicht ... zuallererst auf den Segen des Anfangs beziehen, also nicht auf die Erbsünde, sondern auf den Ursegen? Und ist es nicht gerade die mystische Erfahrung, die uns an die Schöpfung und den guten Ursprung verweist?" (Sölle, Dorothe: *Mystik und Widerstand*. Kreuz Verlag, 1997.) Wie soll ein Leben gelingen, an dessen Anfang, gleichsam als

Fundament, die „Erbsünde“ beherrschend ist? Wie wäre es, würden wir dem Segen, der Liebe als Fundament unseres Lebens eine Chance geben? Lassen Sie uns auf dieses Fundament bauen.

Was wir benötigen, ist die Sichtbarmachung eines Weges, der den Willen in uns wachsen lässt, diesen voller Vertrauen zu gehen und allen Widrigkeiten zum Trotz unbeirrt den nächsten Schritt zu tun. So möchte ich das Sprichwort: „Wo ein Wille ist, da ist ein Weg“ umwandeln und sage: „Wo ein Weg ist, da ist ein Wille.“

## Trampelpfade

Doch kommen wir, liebe Leserin, lieber Leser, wieder zurück zu den Anfängen meines Weges mit dem Bogen. Wenn es darum geht, den Standort meines Bogenweges zu beschreiben, so orientierte ich mich, zu dieser Zeit, was den Bogen betrifft, an unserer westlichen Tradition, im Hinblick auf den geistigen Hintergrund an meiner eigenen Zen-Erfahrung.

Ich übte mit einem Lang- bzw. Recurve-Bogen ohne technische Hilfsmittel viele Jahre allein im Tal – und ich möchte diese Phase deshalb nicht als Weg, sondern höchstens als Trampelpfad bezeichnen, der ganz langsam erkennbar wurde.

Immer wieder gibt es in unserem Leben Situationen, wo wir an einer Weggabelung stehen. Da gibt es vielleicht einen breiten und von vielen Menschen begangenen Weg, der eine klare Richtung zeigt, und daneben einen kleinen, schmalen Pfad, kaum als Weg sichtbar, nur wenige Meter einsehbar. Wohin gehe ich? Ich habe mich für die unbekannte schmale Spur entschieden, nicht wissend, wohin diese Spur mich führt und ob ich eines Tages überhaupt irgendwo ankomme. Ein paar aufgeschichtete Strohballen dienten als „Scheibe“. Es war oft mühsam und frustrierend, und ich spürte eine fast unerträgliche Spannung zwischen „*das Handwerkliche souverän beherrschen*“ und dem Bemühen um Absichtslosigkeit. Erst mit viel Geduld und nach zahlreichen demütigenden Ergebnissen wurde es mehr und mehr zu meiner eigenen Erfahrung, dass nur der souveräne Umgang mit den stufenweisen Abläufen des Schießens jenen Freiraum herstellt, ganz offen und doch ganz im Jetzt zu sein – und damit in meiner Mitte.

Wie stets, wenn Neues, Unbekanntes begonnen wird, traf ich auch auf Unverständnis. Gespräche mit Freizeitschützen, aber auch mit professionellen Leistungssportlern, die täglich zwischen sechs und zehn Stunden übten, zeigten mir, dass man zwar Verständnis hatte für die Meditation, in die das Schießen eingebunden war, und überhaupt für den meditativen Aspekt, man verstand dies jedoch immer als mentale Vorbereitung zum Schießen, als Mittel zum Zweck also. Für meine Aussage, dass wir Zazen üben, um Zazen zu üben, und schießen, um zu schießen, dass das einzige Ziel das Zazen bzw. das Schießen sei und sich die beiden Übungen ergänzten und zu großer Schönheit führten, erntete ich verständnisloses Kopfschütteln. Wie soll man auch ohne Erfahrung einen Zensatz verstehen, der lautet: „*Ich spüle Geschirr, weil ich Geschirr spüle.*"

Es gab auch kritische Einwände von der Zen-Seite, die Zen einzig und allein auf das Zazen einengen wollten. Zwei Zen-Meister, selbst Bogenschützen, machten mir Mut. Es waren der ehrwürdige Kobun Chino Roshi sowie Ryun Un Tai San Osho, der voller Überzeugung sinngemäß meinte: „Jede Person, die längere Zeit Zazen übt, sollte einige Zeit bogenschießen, um sich selbst im wahrsten Wesen zu entdecken."

Sehr klar formuliert Shunryu Suzuki:

> „Wenn ihr begreift, was echte Übung ist, dann kann Bogenschießen oder eine andere Aktivität Zen sein. Wenn ihr aber das Bogenschießen nicht in seinem wahren Sinne zu üben versteht, dann mögt ihr noch so hart trainieren – was ihr erlangt, ist nicht mehr als Technik. Es wird euch nicht durch und durch helfen. Vielleicht könnt ihr sogar ins Schwarze treffen, ohne es zu versuchen, aber ohne einen Bogen und einen Pfeil vermögt ihr gar nichts. Wenn ihr begreift, worum es bei der Übung geht, wird das Bogenschießen auch dann für euch eine Hilfe sein, wenn ihr gerade keinen Pfeil und Bogen in der Hand habt."
>
> Suzuki, Shunryu: Zen Geist – Anfänger Geist. Herder Verlag, Freiburg, 2012.)

Das war Ermutigung pur! Das Bogenschießen in seinem klar vorgegebenen ästhetischen Übungsablauf ist eingebunden in einen strukturierten zeremoniellen Verlauf, dessen korrekte Einhaltung unsere unmittelbare geistige Verfassung wiedergibt. Jeder Augenblick ist der leibhaft zu erfahrende und damit sichtbar gewordene Vollzug, der Ausdruck meines Mich-Einlassens, ist dauernde Herausforderung und Chance zur Seinswerdung. Dies zu beschreiben ist kaum möglich, und so sagte ein seit Jahrzehnten geübter Bogenschütze vor einiger Zeit zu mir: „So langsam ahne ich, worum es hier überhaupt geht." Übersetzt heißt das: Ich weiß es immer noch nicht, vielleicht werde ich es nie genau wissen, der Bogenweg bleibt meine Lebensaufgabe, meine Lebenspraxis, mit der ich niemals fertig werde.

Dabei sind einige Faktoren bedeutsam, die den Übenden ganz allmählich zum Künstler reifen lassen.

## Der Wille zum Tun

Während meines Studiums im Fach „Predigtlehre" ermahnte uns unser alter Dozent immer wieder mit dem Satz: „Sie brauchen den Willen zur Predigt." So ist es auch beim Bogenschießen. Statt Wille könnten wir auch von Entschlossenheit, Leidenschaft sprechen. Wenn wir kaputt sind, müde, können wir uns in diesem Gefühl niederlassen und darauf warten, dass sich etwas verändert. Dies ist so, als stellten wir eine leere Autobatterie ab in der Erwartung, dass sie sich von alleine wieder füllt. Auch wenn zwanzig leere Autobatterien nebeneinander stehen, geschieht nichts. Erst wenn wir uns mit Entschlossenheit auf den Weg begeben, jeder für sich und dann ansteckend für alle, kommen wir heraus aus der Tiefe, Dunkelheit und Schwäche und es entstehen Klarheit und Kraft. Unsere Art zu gehen, zu stehen, die Art, wie wir uns verbeugen, drückt diese Energie aus, mit der Körper und Geist, Außen und Innen sich vereinigen.

## Das Einbringen von Ki

Entscheidend für die Qualität unserer Übung ist der freie Fluss der psychosomatischen Energie, chinesisch Chi, japanisch Ki. Gemeint ist die Wirkkraft der Natur, die Lebenskraft, die den natürlichen Rhythmus von Werden, Erhalten und Vergehen bestimmt. Der Körper als Teil der Natur kann Gefäß des Ki sein. Nach taoistischer Vorstellung wird dieses Chi mit dem

Atem in Körper und Geist „transportiert“, und zwar in die Körpermitte, den Hara, und von dort überall dorthin geleitet, wo diese Kraft benötigt wird. Chi wird damit zur Quelle der Bewegungen, der körperlichen Aktivität, geistiger Tätigkeit, aber auch Quelle unserer Entwicklung, unseres Wachstum. Dies geschieht jedoch nur, wenn es zu einem freien Fließen kommen kann, d. h., wenn der Körper als Bewegungsapparat statisch und dynamisch in Harmonie ist. Gemeint ist damit, dass unsere Übung nicht gegen unseren Körperaufbau gerichtet ist, sondern im Einklang mit ihm funktioniert.

Das klingt einleuchtend und ist es auch – in der Praxis jedoch recht schwierig. Denn es bedeutet, eingeübte fehlerhafte Bewegungskoordinationen aufzugeben. Gekrümmte Haltungen, unnatürliche Haltungen, wie sie oft bei Langbogenschützen zu sehen sind, verhalten sich zu dem Fluss des Ki kontraproduktiv. Aber auch unsere Sitzhaltungen, z. B. am PC, unsere Haltung beim Warten auf die Straßenbahn, sollten wir einmal überprüfen. Wir werden mit Erschrecken feststellen, wie wenig wir der Natürlichkeit unseres Körpers entsprechen, wie verspannt und verkrampft oder gebeugt wir sind. Oft braucht es Monate oder sogar Jahre geduldigen Übens, bis wir Veränderungen in unserem Körper feststellen können, bis Körper und Geist völlig entspannt sind, ohne schlaff zu sein, ruhig, aber wachsam, gelassen, aber nicht cool.

Doch nicht nur falsche Körperhaltungen hindern den Ki-Fluss. Auch unsere inneren Vorstellungen, unsere Emotionen können Hindernisse sein. Gemeint sind unsere Visionen und Ideen, unsere Illusionen, unser Neid... Gedanken an Erfolg sowie Angst vor Misserfolg machen uns unbeweglich, bilden einen „Energie-Panzer“, der uns starr macht, verspannt und verkrampft sein lässt und den wir erst erkennen müssen, um uns von ihm zu befreien. So sind manche Übende nur schwer dazu zu bringen, ihre Körperhaltung, ihre Kopfhaltung u.Ä. zu verändern, aus Angst, schlechtere Ergebnisse zu erzielen.

Der dritte Grund unseres Ki-Defizits ist eine mangelhafte bzw. falsche Atmung. Sie ist zum einen Folge unserer unnatürlichen Körperhaltung: Wenn wir in uns zusammengefallen sind, Schultern nach vorne geneigt, ist unser Atem flach, endet im oberen Brustbereich. Aber auch unsere Geisteshaltung führt zu Kurzatmigkeit. So verhindert z. B. Angst, aber auch Wut den Atemfluss. Wir werden uns später in einem eigenen Kapitel mit diesem wichtigen Teil unserer Übung intensiv befassen.

## Wer nur schießt, um zu treffen, geht den einfacheren Weg

Der Prozess einer Veränderung kann schmerzhaft sein. Selbsterkenntnis tut weh, und so sehr wir manchmal bewusst, manchmal unbewusst leiden in unserer Situation, so schwer fällt es uns doch, Eingefahrenes zu verlassen. Veränderung hat mit Sterben zu tun. Altes muss sterben, denn nur so kann Neues wachsen. Das ist Lebenskunst. Und die erfordert Mut.

Uns auf diesen Prozess einzulassen bedeutet: Der abgeschossene Pfeil trifft den Schützen selbst. Aber der Schütze hält dem stand und ist bereit, den nächsten Pfeil als Chance und Herausforderung anzunehmen.

Alles ist „gleich-gültig", sage ich oft und will damit davor bewahren, unsere Übung einzuteilen in Wichtiges, weniger Wichtiges und Unwichtiges. Nur indem wir diese Unterscheidungen überschreiten, kann sich eine Energie entwickeln, die den gesamten Ablauf des Übens als fließend, harmonisch, befriedigend, leicht, kraftvoll und gelungen erleben lässt – und zwar gänzlich unabhängig vom erzielten Ergebnis an der Scheibe. Diese Art des Schießens geht weit über den gekonnten technischen Ablauf hinaus und ist auch durch noch so gut eintrainierte Technik nicht erreichbar. Sie ist Ausdruck der Verbindung von gekonntem Außen und energiegeladenem, klarem Bewusstsein. Eine auf diese Weise ausgeführte Übung hat ihren Wert an sich – selbst dann, wenn sie durch irgendwelche Umstände nicht zum Ende gebracht wird und der Abschuss des Pfeiles ausbleibt.

Wenn wir frei geworden sind von Ichbezogenheit, Eifersucht, frei von Entschuldigungen, wenn unser Pfeil das Ziel verfehlt, wenn wir wahrhaftig und geduldig zu dem stehen, was die Scheibe gnadenlos zeigt, dann wird unser Handeln geprägt sein von Würde, Anmut und Gelassenheit. Dann sind wir auf dem Weg zu wahrer Meisterschaft, der niemals endet. Dann gibt es keinen Schützen mehr, keinen Bogen, keinen Pfeil und keine Scheibe. Aus dem instinktiven Schießen wird ein intuitives Schießen, daraus entwickelt sich ein meditatives Schießen und führt schließlich zum

Zen-Bogenschießen. Ich werde versuchen in einem späteren Kapitel auf die Unterschiede des Schießens einzugehen. Ziel unseres Übens ist der Zen-Spruch: *Wenn der Bogen zerbrochen ist und du keine Pfeile hast, dann schieß – schieß mit deinem ganzen Sein.* Wenn das Bemühen, dieses Sein zu entdecken, fehlt, sind wir nichts weiter als „ein merkwürdiger Bogenschützenverein"!

Das Ziel unserer Übung liegt nicht auf einer äußerlich messbaren Erfolgsebene, auch nicht darin, den Körper zu trainieren, sondern es geht um Schulung unseres Geistes, hin zu einem neuen Bewusstsein.

Und so sieht der Tagesplan während eines Bogen-Sesshin aus:

| | |
|---|---|
| 05.30 Uhr | Wecken |
| 06.00 Uhr | Morgenzeremonie, Zazen, Einzelgespräch |
| 08.00 Uhr | Frühstück |
| 08.45 Uhr | Samu (Arbeitsexerzitium) |
| 09.45 Uhr | Teepause |
| 10.15 Uhr | Bogen-Übung |
| 12.30 Uhr | Mittagessen |
| 13.00 Uhr | Pause |
| 15.30 Uhr | Kaffee/Tee |
| 16.00 Uhr | Zazen |
| 16.15 Uhr | Teisho (Lehrdarlegung) |
| 17.00 Uhr | Bogen-Übung |
| 18.00 Uhr | Abendessen |
| 18.45 Uhr | Pause |
| 19.30 Uhr | Teezeremonie, Zazen, Einzelgespräch |
| 21:15 Uhr | Ende und Nachtruhe |

## Das „Wolkentor", das Tor zur Ichlosigkeit

Ein schmaler befestigter Pfad, etwa 200m, führt – der Strömung des Baches folgend – zum Bogen-Übungsplatz. Als ich diesen Weg vor einiger Zeit mit einem Studienfreund ging, um ihm unsere Anlage zu zeigen, meinte er ärgerlich: „Das ist aber ein blöder Weg. Konntest du den nicht etwas breiter machen, damit man nebeneinander gehen und sich unterhalten kann? Oder … (nun nachdenklich geworden) ist ‚nebeneinander und unterhalten' gar nicht erwünscht?"

„Ja, so ist es", sagte ich, „das ist nicht erwünscht!"

Und so geht jeder für sich allein diesen tatsächlich schmalen Weg.

Unser Weg führt uns zum Dojo, dem „Wolkentor". Dieses nach vorne zum Pfeilfanghaus hin offene Holzgebäude – ausgestattet mit einem Eisenofen, um den wir im Winter sitzen, um uns warm zu halten – hat seinen Namen von Yün-men Wenyan, (japanisch Unmon 864-949), dem Meister vom Wolkentor-Berg in China. Er war einer der großen Meister des Chan

(Zen). *„Über Zen reden ist wie einem toten Gaul Medizin verabreichen"*, so lautet eine wichtige Maxime Yün-mens. Für uns Übende im Wolkentor heißt das: Es gibt nichts zu reden, nichts zu diskutieren. Denn durch Worte, die aus unserem Ich gespeist werden, das nach Liebe und Reichtum, Macht und Glück dürstet und Leid erfährt, das sich hartnäckig behauptet und doch transformiert werden muss, finden wir keine Befreiung. So stehen wir uns selbst im Weg.

Der Name unseres Übungsplatzes hat nicht nur mit dem Zen-Meister Yün-men zu tun. Die „Wolke" ist im Zen eine Metapher für Ichlosigkeit. Eine Wolke verändert sich dauernd. Mal erscheint sie bedrohlich, den ganzen Himmel verdeckend, mal bewegt sie sich ganz leicht mit dem Wind, zeigt sich in bizarren Formen und unterschiedlichen Farben, lässt teilweise die Sonne ahnen oder gibt ein Stück weit den Himmel frei, oder sie löst sich völlig auf und wir schauen in die Unendlichkeit des Raumes.

So auch unser Ich, mal gebärdet es sich heftig, nimmt uns völlig die Sicht. Unser Ehrgeiz macht uns blind für uns selbst und taub für die Schreie einer geschundenen Welt. Aber – und das ist die gute Nachricht – unser Ich ist, wie unser Gehirn eine Baustelle. Wenn nicht daran gearbeitet wird, verkommt sie in kurzer Zeit zu einer Bauruine, wenn wir jedoch daran arbeiten, wächst Neues, gibt es Entwicklung.

So wird das Wolkentor buchstäblich zu einem Tor, zu einer Einladung, uns selbst zu begegnen, und gibt uns die Chance, uns aus unserer Egobezogenheit zu befreien.

Auf einem kleinen Bild im Wolkentor steht das buddhistische Sprichwort. „Der Pfeil in der Mitte ist das Ergebnis von eintausend Fehlschüssen". Damit war der Lehrer aber nicht zufrieden, denn er schrieb darunter: *„Jeder Schuss ein Schuss, wo sind da Fehlschüsse?"*

Auch ein anderer bereits vertrauter Spruch begegnet uns wieder, macht nachdenklich: *„Wenn der Bogen zerbrochen ist und du keine Pfeile hast – dann schieß! Schieß mit deinem ganzen Sein"!* Was heißt „wo sind da Fehlschüsse"? Was bedeutet, „ohne Bogen und ohne Pfeil, aber mit dem Sein schießen"? Ist das der Weg? Diese Sätze sowie die kleine Statue, die mit Blumen und einer Kerze geschmückt in einer Ecke steht, verstärken nachdrücklich das Empfinden, hier nicht auf einem Schießstand, sondern in einem Dojo zu sein.

Das Dojo ist ein Ort, an dem die Begegnung mit uns selbst in besonderer Weise gelehrt und gefördert wird. Die Übenden begegnen einander mit Würde und Respekt, ungeachtet des Alters und ohne Rücksicht auf den sozialen Status, der sonst im Leben eine so große Rolle spielt. Hier begegne ich meinem Gegenüber als dem Wesen, das er ist. Das schafft Verbundenheit und den weiten Raum, in dem wir atmen können. Verhalten, Kleidung, Schuhe spiegeln die Hochachtung gegenüber den Mitübenden, gegenüber dem Ort und dem Lehrer wider. Unauffälligkeit, Klarheit und Ruhe in den Übungen sowie Zentriertheit während der Pausen deuten hin auf das angemessene Verhalten. Auch hier gilt die im Dojo übliche „Kleiderordnung", d. h. dunkle bis schwarze Kleidung.

Im Buddhistischen Spruchkalender wird zum 1. Mai 2003 folgender Text zitiert: „Praktiziere die Lehren Buddhas; du wirst es nicht bedauern! Wasche jetzt deine Füße und setze dich neben ihn." (Verse von Visakha Therigatha) Natürlich ging es einst beim Füßewaschen darum, den Straßenschmutz vom Barfußgehen abzuwaschen. Symbolisch bedeutet es aber auch, den inneren Schmutz von gestern abzuwaschen, um als „unbeschriebenes Blatt" diesen Augenblick der Belehrung zu erleben. Mit dieser Handlung bringe ich zudem meine Achtung, meinen Respekt gegenüber der Übung zum Ausdruck und gebe ihr eine besondere Würde, nehme sie heraus aus dem Alltäglichen und darf die Erfahrung machen, dass die Würde, die ich gebe, unmittelbar auf mich zurückfällt. Ich bin Gebender und werde dadurch immer auch Empfangender.

Im Grunde bietet jeder Ort an jedem Tag eine Möglichkeit des Lernens. Insofern ist mein Meditationsplatz zu Hause ebenso ein Dojo wie der ganze Kosmos – ein Ort der Erleuchtung. Dojo im eigentlichen Sinne meint also eben jenen Ort, an dem mir die Herausforderung und die Chance des Lebens gebündelt begegnen, an dem ich lernen darf in der Gewissheit und dem Vertrauen, dass diese Erfahrungen sich auf mein übriges Leben übertragen, sich integrieren.

## Zwischen den Bergen, ganz ohne Schranken

Das ist der Text einer Kalligraphie, die Ehrwürden Ryu Un Tai San nach seinem ersten Besuch in unserem Hause gefertigt hat: *Wolkentor – zwischen den Bergen, ganz ohne Schranken.*

In seinem einmaligen intuitiven Erfassen hat er damit den geographischen Rahmen – das enge Tal mit den rechts und links steil aufragenden Bergen sowie die schrankenlose Weite des Himmels – ausdrucksstark und poetisch beschrieben. Dieses Erscheinungsbild der Natur offenbart sich gleichwohl jedem Besucher des Tales. Gleichzeitig aber hat Ehrwürden Ryu Un Tai San in Worte gefasst, womit jede/jeder Übende konfrontiert wird: die rituellen Formen, die Zeremonien, die als Einschränkung, als Beschränkung meiner „persönlichen Freiheit", wie eingezwängt „zwischen den Bergen" erlebt wird.

Die Formen sind oft die erste Hürde, die sich unserem Ich in den Weg stellt. Und es dauert häufig recht lang, bis wir in dem formellen Rahmen die Freiheit „ganz ohne Schranken" entdecken und darin leben wollen.

Die ältesten Darstellungen menschlicher Wesen, rund um den Erdball, zeigen diese in Gesten, die wir als Rituale bezeichnen können und die bei aller kulturellen Unterschiedlichkeit gemeinsame Grundzüge aufweisen. Sie zeigen uns, dass Rituale zu dem archetypischen Material, also zu Erfahrungen gehören, die weit in die Vergangenheit zurückreichen und allen Menschen gemeinsam sind.

Heute rufen Zeremonien, Ängste, negative Assoziationen hervor: Unser fast zwanghafter Versuch, für alles eine Erklärung haben zu müssen, auch negative religiöse Erfahrungen, unser spontaner Widerstand gegen etwas, was ein Priester, Heiliger, Weiser oder Lehrer uns sagt, unsere Sorge vor Entindividualisierung verstärken den inneren Widerstand, nicht „im Gleichschritt marsch" laufen zu müssen. Hinzu kommt, dass wir Westler uns oft in einem sehr engen Rahmen in der Arbeitswelt und einem überfüllten Tagesplan in der Familie bewegen müssen. All dies erschwert uns den Zugang zu den Formen.

Gleichzeitig gibt es in uns eine große Sehnsucht nach festen Bezugs- und

Orientierungspunkten, nach Formen, in die wir uns einbringen können und in denen wir vorbehaltlos angenommen sind. Je mehr sich alle Strukturen in unserem Leben auflösen, je unverbindlicher der Rahmen wird, in dem wir leben, umso drängender wird die Sehnsucht nach Verbindlichkeit.

Je ungeordneter unser Alltag verläuft und je ungeordneter wir uns innerlich empfinden, umso intensiver wird unsere Sehnsucht nach Ordnung.

Je schnelllebiger wir unsere Zeit erfahren, umso größer ist der Wunsch nach Augenblicken der Zeitlosigkeit.

So registrieren wir in uns einerseits Abwehr gegen Rituale und gleichzeitig eine große Sehnsucht nach Verbindlichkeit, Ordnung und Ruhe.

Vielleicht helfen Ihnen ein paar erklärende Gedanken:

Wir sind bereit, uns von der Gültigkeit eines Rituals überzeugen zu lassen, wenn wir den ursprünglichen Sinn, gewissermaßen seinen einleuchtenden Ursprung, nachvollziehen können:

Wir vollziehen eine Verbeugung, also ein Gassho (s. Glossar), wenn man uns sagt, dass diese Geste ein Zeichen von Wertschätzung ist, eine Harmonisierung von rechter und linker Gehirnhälfte, oder dass sie unserer Sammlung dient.

Ohne weiteres können wir nachvollziehen, dass Rituale gemeinschaftsstiftend sind. Jede Gemeinschaft, ob bei Tisch oder im Sportverein, braucht einen Konsens, auf den sie sich einlassen und mit dem sie sich identifizieren kann. Wir verstehen, dass aus dieser gemeinsamen Übung eine große Energie entstehen kann. Jedem Einzelnen ist damit die Chance gegeben, sich als Glied des Ganzen einzubringen und seinen Beitrag zu einem guten Gelingen zu leisten.

Rituale sind Vereinbarungen und verschaffen uns, wenn wir sie erst einmal kennen gelernt und verinnerlicht haben, wenn wir sie gemeinsam praktizieren, ein hohes Maß an Sicherheit in unserem Verhalten, helfen uns, zur Ruhe zu kommen. Sie bilden einen Rahmen der Verlässlichkeit, in dem wir uns völlig frei bewegen können und in dem Begegnung möglich ist – im Reden und im Schweigen. Augenblickliche Gefühle – Lust oder Unlust, Freude oder Trauer – können regelrecht Mauern darstellen, zwischen denen wir uns einbetoniert haben. Rituale liefern eine gute Gelegenheit, diese Mauern zu überschreiten. Der Rahmen kann uns helfen, unsere ausgeprägten inneren Strukturen ohne Angst zu verlassen und uns völlig frei dem hinzugeben, was im Moment ist. In der berühmten Koan-Sammlung, dem Mumonkan, Fall 16, sagt Meister Yün-men: „Seht! Diese Welt ist unermesslich und weit. Warum legt ihr (gemeint sind die Mönche, d. Verf. ) beim Glockenschlag euer *siebenstreifiges Gewand an?*" (Zenkei, Shibayama: *Zu den Quellen des Zen.* Wilhelm Heyne Verlag, München, 1974.)Die unermessliche und weite Welt steht für die Tausenden von Verhaltensmöglichkeiten, die uns zur Verfügung stehen. Aber: Wenn die Klangschale ertönt, stehe ich auf! Die Sonne strahlt in ihrer ganzen Pracht, die Grünanlage, der Wald lädt ein zum Spaziergang, aber wenn der Han (s. Glossar) bedient wird, gehe ich ins Dojo zur Übung oder mache mich auf den Weg zum Wolkentor.

An diesem Beispiel wird deutlich, dass der gesamte Ablauf während eines traditionellen Sesshin durch einen strukturierten Tagesablauf geprägt ist. Immer gibt es klare Regeln, in denen der Einzelne keine Wahl hat, nach Gutdünken Zeit, Form und Ort der Übung auszusuchen. Es dauert lange, bis wir gelernt haben, dass Freiheit bedeutet, innerhalb der Regeln uns frei zu bewegen, d.h. „ins Dojo" zu gehen. Erst wenn wir uns einige Zeit dem Rhythmus überlassen, spüren wir, wie viel „Ungeordnetes" wir mitgebracht haben und wie die klare „Ordnung" bewirkt, dass wir uns auch innerlich „ordnen" können.

Es wäre leicht möglich, weitere einleuchtende Gründe für die Notwendigkeit von Ritualen und Gesten zu liefern. Damit aber verbleiben wir nicht nur im Äußerlichen und rationalen Rahmen, sondern sind mit all diesen Deutungsversuchen – so verständlich sie auch sein mögen – in eine „Falle" gelaufen ... Wir hängen an etwas Bestimmtem, machen aus der Bedeutung ein Dogma, sind gedanklich fixiert auf eine bestimmte Erwartung oder Befürchtung und sind deshalb nicht frei und offen für das, was dieser Augenblick, diese Geste mir schenken möchte.

Auf die Frage „Was bedeuten die Rituale?" antworte ich: „Sie haben keine Bedeutung. Ich verbeuge mich, weil ich mich verbeuge. Ich tue es einfach, das ist alles." Oft wird diese Antwort als ironisch und deplatziert empfunden. Dennoch trifft sie genau den Punkt, das Zentrum des Zen – weil es nichts zu erreichen gibt!

Die „offene Weite" des Zen gibt einem Ritual keine dogmatische Bedeutung, lässt keinen Raum für theoretische, philosophische Interpretationen, lässt nicht zu, dass sich unser Ich an etwas klammert. In diesem durch Übung entstehenden „leeren" Raum – frei von allen Deutungen – erschließt sich die Geste: Sie erfüllt sich in der Unmittelbarkeit des Tuns. Dies gilt für alle Rituale, gleich ob Verbeugung, Niederwerfung, Rezitation, Klangschale, Gehen, Stehen, der formale Ablauf der Mahlzeiten, das Entzünden von Räucherstäbchen, der gesamte Verlauf unserer Bogen-Übung. Gerade die Offenheit des Rituals schafft die Möglichkeit, berührt zu werden, plötzlich und oft überraschend. Dieses Geräusch, diese Bewegung, dieser Geruch... ist alles, was in diesem Moment existiert. Das ganze Universum ist erfüllt davon – oder es ist schweigsam und leer. Es ist ein Punkt, an dem die Zeit stillsteht, an dem die Zeitlosigkeit hereinbricht in den Augenblick.

Rituale sind im Zen „bedeutungslos", und gerade dadurch werden sie bedeutsam und wichtig. Zeremonien leben von und durch die Direktheit und Unmittelbarkeit ihrer Wahrnehmung. Sie erstarren durch dogmatische „Erhöhung" und werden zu leeren Hülsen durch gedankenlosen Automatismus. Beides führt zur Trennung vom eigentlichen Ereignis. Durch diese Direktheit unterscheiden sich Rituale von Gewohnheiten. Eine Gewohnheit verläuft ohne Bewusstsein, ein Ritual vollbringen wir mit wachem, bewusstem Geist.Es kommt also nicht in erster Linie darauf an, *was* wir tun, sondern *wie* wir es tun. Dennoch wäre es falsch, die Rituale als beliebig zu betrachten. Jeder, der meint, eigene neue Bräuche, Zeichen, Symbole schaffen zu müssen, weiß nichts von der tragenden Kraft dessen, was in langer übender Erfahrung gewachsen ist. Indem wir uns auf die Rituale einlassen, stellen wir uns in eine Tradition hinein, die in Jahrtausenden gewachsen ist. Die Tradition wurde von bewusst lebenden Menschen an bewusst lebende Menschen vermittelt. Wenn ich aufgefordert werde, mich zur Scheibe zu verbeugen, dann tue ich es, wie es der tat und tut, der mich dazu anleitet. Wenn ich den *Dokusan-Raum* (s. Glossar) betrete und mich niederwerfe, weiß ich, dass der, vor dem ich mich niederwerfe, es genauso getan hat und immer wieder tun wird. Rituale gehören zu dem großen Strom des Lebens, kommen von weit, weit her, fließen weiter – ohne Anfang und ohne Ende, ein Strom, der in diesem Augenblick in verdichteter Form mir begegnet, mir die Möglichkeit gibt, mich von ihm tragen, reinigen und heilen und ordnen zu lassen. Bei unserer Schüleraufnahmezeremonie heißt es: *„Die Übermittlung dieser Regeln steht erleuchtend über den Zeiten und sie wird in diesem Augenblick offenbar."* Worte, die, wie oft ich sie auch spreche, mich tief in meinem Inneren berühren. Und wer morgens in der Frühe 108 Niederwerfungen macht, wird als neuer Mensch, entleert, gereinigt in den Tag gehen. Und so rezitieren wir in unseren Sesshins regelmäßig Sutrentexte aus der Soto-Tradition. Damit können wir uns miteinander einschwingen, erleben uns wie einen Strom, der uns alle erreichen kann, Blockaden löst, uns durchlässig werden lässt.

Die Wiederholungen von Texten, Gesten, Schritten, Tönen geben uns die Chance, uns nicht nur zu entleeren, sondern sie helfen uns auch, die Leerheit, das Nichts körperlich zu erfassen, es zu erleben.

Wenn wir eine Handlung also bewusst, achtsam, tun, verändert sich etwas in unserem Unbewussten: Aus Chaos wird Ordnung, aus Ichzentriertheit wird Offenheit für das Leben, aus Irritation entsteht Klarheit. Indem wir die Übungen mit wachem Geist ausführen, indem wir versuchen, ihnen eine gute Form zu geben, formen sie uns. Das gilt sowohl für unsere Übungen während eines Sesshin, als auch für unsere häusliche Praxis.

So dienen Rituale der Vertiefung unseres religiösen Geistes und helfen uns, seine Energie mit allen unseren Sinnen zu erfassen, sie körperlich zu erleben und damit in alle Lebensbereiche fließen zu lassen. Wie wir mit jeder neu gepflanzten Blume das Buddhaland verschönern, so helfen wir mit unserer Geste, Buddha-Natur aufleuchten zu lassen. Licht an sich ist für uns unsichtbar. Es wird für uns sichtbar in Farben. So sind unsere rituellen Gesten wie Buntfenster, durch die die Sonne scheinen kann und die sie wundervoll zum Strahlen bringt. Aber die Fenster sind nicht die Sonne selbst; denn ohne diese sind sie blass, düster. Dazu eine süße Geschichte: *Ein Junge steht mit seiner Mutter vor einem Dom und betrachtet die großen, hohen Fenster, die von außen grau und wenig ansprechend wirken, obwohl die Sonne auf sie scheint. Der Junge ist wenig beeindruckt. Die Mutter geht mit ihm in die Kirche und der Junge ist angesprochen von den bunten Fenstern, durch die die Sonne scheint und die dadurch in wunderbaren Farben aufleuchten. „Wer sind diese Personen in den Fenstern?“, fragt er. „Das sind Heilige“, meint die Mutter. Darauf der Junge: „Dann sind Heilige, Menschen, durch die die Sonne scheint!“* So wie die Rezitationen ein Spiegelbild, Buntfenster sein können, die in ihren Farben etwas aufleuchten lassen, so möchte auch unser Leben etwas spiegeln von jener

Klarheit, die wir Buddha-Natur oder göttlich nennen. Darum legen wir großen Wert darauf, dass die Abläufe klar, harmonisch und einladend sind. Dies gelingt um so mehr, wenn es dem Leiter des Dojo und den Dharmahelfern möglich ist, ihr Ich zurückzunehmen und nur zu sein, in diesem Augenblick. Darum ist es auch nicht hilfreich, sondern eher störend und Ausdruck eines unbewältigten Ichs, wenn einzelne Glieder einer Gemeinschaft glauben, ihre eigene Form in den Formen leben zu wollen.

Wer über einen längeren Zeitraum hinweg den Bogenweg geht, kommt fast von selbst dazu, sich vor dem Bogen zu verbeugen, bevor er in die Hand genommen oder aus der Hand gegeben wird. Dies ist Ausdruck von Respekt, Dankbarkeit, Verehrung gegenüber dem Medium Bogen, das mich begleitet auf diesem nie endenden Weg des Lernens und Reifens. Mit dieser Verneigung vollbringen wir dieselbe Geste, mit der wir vor den Altar treten oder eine Räucherschale, ein Räucherstäbchen in die Hand nehmen. Wer den Han bedient, beginnt mit einer Verneigung und schließt damit.

So kommen wir am Ende unserer Betrachtung über Rituale zu der Erkenntnis, dass es darauf ankommt, das, was wir tun, einfach mit ganzer Hingabe zu tun, ohne einen Gedanken an Nutzen. „Sich verneigen ist eine sehr ernste Praxis. Ihr sollt bereit sein, Euch sogar in Eurem letzten Augenblick zu verneigen… Indem wir uns verneigen, geben wir unser Selbst auf. Unser Selbst aufzugeben bedeutet, unsere dualistischen Vorstellungen aufzugeben. So besteht zwischen Zazen-Praxis und Verneigen kein Unterschied. Gewöhnlich bedeutet das Verneigen, dass wir unsere Verehrung zum Ausdruck bringen gegenüber etwas, das mehr Verehrung verdient als wir selbst. Doch wenn Ihr Euch vor Buddha verneigt, solltet Ihr Euch keine Vorstellung von Buddha machen, sondern einfach eins werden mit ihm; seid Ihr doch schon Buddha selbst! Wenn Ihr eins werdet mit Buddha, eins mit allem, was existiert, dann findet Ihr die wahre Bedeutung des Seins. Wenn Ihr alle Eure dualistischen Vorstellungen vergesst, dann wird alles zu Eurem Lehrer und alles kann Gegenstand Eurer Verehrung sein.“ (Suzuki, Shunryu: *Zen-Geist Anfänger Geist. s.o.*)

Was würde geschehen, was würde sich in unserem Leben verändern, könnten wir mit dieser Einstellung alle sogenannten wichtigen und unwichtigen Gerätschaften behandeln? In den ersten Jahren meines Übens mit einem Lehrer bat mich dieser, ihn bei längeren Strecken zu begleiten und ihn zu chauffieren. Wenn wir ein Ziel erreicht hatten, streichelte er das Auto, bedankte sich sozusagen für die problemlose Fahrt. Diese Geste hat mich sehr beeindruckt, auch wenn ich fand, dass ein lobendes Wort auch mir gutgetan hätte.

Wir ahnen, dass Rituale einen Raum schaffen können, in dem wir uns selbst und der Welt um uns herum neu begegnen können. Sie sind wie ein Kunstwerk. Es ist zwar vorgegeben, völlig klar in seinen Strukturen – und entsteht doch von Augenblick zu Augenblick ganz neu im Tun; und jedes Glied der Gemeinschaft ist an diesem geheimnisvollen, kreativen Prozess beteiligt. Ob dies in Schönheit und Harmonie gelingt, hängt ab von der Kraft, der Liebe und Hingabe, mit der sich jedes einbringt.

## Der Gong ruft

Auch unsere Bogen-Übung hat einen klaren, vorgegebenen Rahmen. Die Gruppe steht bereit in der Öffnung des Wolkentors in einer Reihe, den Bogen in der Bogenhand, die Pfeile in der anderen und wartet auf das Signal zum Beginn.

Nach dem Ruf durch den Gong führt der Weg in Richtung Pfeilfanghaus bzw. Zielscheibe. Die Zielgerade wird unterbrochen durch eine Drehung in Richtung Lehrer, dann geht es weiter in Richtung Scheibe, es erfolgen die Schussabgabe und der Rückweg zum Wolkentor.

Das hört sich erst mal ganz einfach an. Es gibt jedoch eine Menge Haken und Ösen, die unsere ganze Aufmerksamkeit erfordern und nur ein einziges Ziel haben, uns einzuüben in die Achtsamkeit.

Schon ruhig an einem Ort zu stehen und geduldig auf das Signal des Gongs zu warten, ist eine riesige Herausforderung, nicht selten kann man das heftige Pochen des Herzens an der Halsschlagader sehen. Eine übende Person beschrieb ihre Erfahrung so:

„Mit meiner Ungeduld hat es wohl zu tun, mit Unruhe, Aufgeregtheit, dass ich nicht warte, bis der Gong ertönt, sondern schon vorher zu laufen beginne. Der Lehrer jedoch ist unerbittlich: ‚Wer zu spät kommt, den bestraft das Leben, und wer zu früh kommt, wird zurückgeschickt', sagt er mit freundlichem Lächeln. Ich spüre, dass er mich mit dieser Zurückweisung nicht schikanieren will. Aber er erinnert mich daran, dass ich nicht achtsam war, und will mir helfen, mich in Achtsamkeit zu üben. Überhaupt: Einfühlsamkeit und Konsequenz sind zwei Merkmale des Übungsstiles im Dojo.

Mir wird klar: Das ‚Nichtwartenkönnen' zeigt etwas Grundsätzliches. Ich muss lernen, den richtigen Augenblick abzuwarten, bevor ich beginne. Meine Aufgabe und meine innere Bereitschaft müssen gereift sein. Erst dann darf ich loslegen. ‚Wer zu früh kommt, wird zurückgeschickt!' Ja, wer hat das noch nicht erlebt, dass das Leben einen zurückgepfiffen hat, nicht immer so freundlich wie hier am Übungsort, sondern heftig, brutal, schmerzhaft. Ich verstehe: Zen im Weg des Bogens heißt: warten lernen! Und wenn ich mit dem linken Fuß – nicht mit dem rechten und auch nicht mal so oder so – den ersten Schritt tue, erlebe ich mich wie in manchen Lebenssituationen, wenn mir Neues begegnet. Obwohl ich weiß, dass ich überhaupt nichts zu gewinnen und nichts zu verlieren habe, spüre ich meinen Ehrgeiz, sitzt mir meine Perfektion im Nacken, spüre ich in meinen kurzen Atemzügen die Angst zu versagen, geboren aus manchen Enttäuschungen und Fehlschlägen. Die Erfahrungen meines ganzen Lebens sind plötzlich gebündelt präsent.

‚Tu den nächsten Schritt, geh weiter!', fordert mich der Lehrer auf.

Also bewege ich meinen linken Fuß, dann den rechten, dann den linken und gehe, gehe! Und mit diesem Gehen darf ich Neues betreten, darf Altes mit jedem Schritt zurücklassen. Manchmal holt mich Vergangenes wieder ein, aber ich gehe weiter. Mit jedem folgenden Schritt richte ich mich ein wenig mehr auf, werde in meiner Haltung klarer, aufrichtiger, mutiger, entschlossener ... und ich spüre sehr deutlich, dass sich durch meine äußere Aufrichtung auch innerlich etwas richtet."

## Das schwächste Glied in der Reihe

Beim Gehen ist genauestens darauf zu achten, dass die ganze Gruppe in einer Linie geht – und diese exakte Linie auch beibehält, wenn sie sich schließlich mit einem choreographisch geordneten Schwenker nach rechts in Richtung Lehrer wendet und dort gesammelt stehen bleibt. Übende und Lehrer verbeugen sich zueinander und mit einer erneuten Rechtsdrehung gehen wir in gerader Linie Richtung Scheibe, um uns dort erneut zu verbeugen.

Wir legen großen Wert auf die gerade Linie, die wir, nebeneinandergehend, als Gruppe einhalten wollen. Manchmal müssen wir das mehrmals üben, bis es harmonisch wird.

Warum eigentlich dieses Bemühen um Korrektheit?

„Als der Gong rief, bewegte sich die Gruppe nach vorne. Nur eine stark gehbehinderte Frau hatte keine Chance mitzukommen. Verzweifelt bemühte sie sich, ohne Erfolg. Und keinem in der Gruppe fiel das auf. Jeder war ganz bei sich!!! Beschäftigt mit seinem Gehen, den Kopf vielleicht schon bei der Aufgabe, jeder ging mit Scheuklappen, den ‚Blick auf den eigenen Bauchnabel gerichtet, seinen Weg."

Mit diesen Worten wird deutlich, dass es um ein grundlegendes Problem der Meditation geht, das Meditierenden oft zu Recht zum Vorwurf gemacht wird: Sie seien nur mit sich selbst beschäftigt, verlören den Blick für die nächste Umgebung und für das Ganze. Achtsamkeit wird zur Bauchnabelschau, wenn sie nicht vonMitgefühl begleitet wird. Jeder muss lernen, auf sich zu achten und gleichzeitig den Blick für die ganze Linie nicht zu verlieren. ‚Bin ich ein Bremsklotz, weil ich zu langsam gehe? Presche ich davon und berücksichtige nicht die Möglichkeiten anderer? Hat das schwächste Glied in unserer Kette eine Chance? Gebe ich dem anderen überhaupt Raum neben mir?'

Das schwächste Glied in der Reihe ist der Maßstab! Wenigstens im Dojo wollen wir uns an dieser Maxime orientieren. Ob sie sich auf unsere Gesellschaft übertragen lässt?

Kehren wir nun zurück auf den Übungsplatz. Gehen Sie mit mir die folgenden Schritte: Die Übenden stehen etwa 10 Meter von der Scheibe entfernt und verbeugen sich. Es ist gar nicht so leicht, sich vor einem „toten Gegenstand" wie einer Scheibe zu verneigen. Wir setzen unsere Pfeile entweder auf eine spezielle Schießscheibe, auf einen ausgestopften großen Sack oder in die 2,5 Meter hohe Sandaufschüttung in unserem Pfeilfanghaus.

Eine Frau erklärt, sie bitte bei dieser Verbeugung um einen guten Schuss, und wenn sich alle am Ende der Übung erneut verbeugten, drücke sie damit ihren Dank aus.

„Was machst du, wenn dein Schuss danebengeht?“, frage ich. – Ja, was machen wir mit all den Schüssen, die in unserem Leben schon danebengegangen sind? Wie gehen wir damit um? Ist nicht diese Einteilung in gut und schlecht, in Dank und Bitte – und, damit verbunden, in Hoffnung und Verzweiflung – die Quelle unendlichen Leides?

Mit unserer Übung wollen wir dieses leidvolle Spiel nicht verstärken, sondern einen Weg finden zu größerer Harmonie und zu Unabhängigkeit von augenblicklichen Erfahrungen. Also verbeugen wir uns vor der neuen Aufgabe, um uns auf diese Weise zu sammeln – und am Ende schauen wir uns das Bild auf der Scheibe an und lernen, „JA“ zu sagen. Dabei spüren wir genau, wie leicht uns dieses Ja fällt, wenn wir eine schöne „Gruppe“ geschossen haben, und wie groß der Widerstand gegen das Ja ist, wenn das Ergebnis nicht unserer Erwartung entspricht und stattdessen die Angst auf neues „Versagen“ nach uns greift.

Zu diesem Bild gibt es eine schöne Geschichte aus einem Kalenderblatt: *Es war einmal ein König, der durch eine kleine Stadt zog und überall Anzeichen sah, die darauf deuteten, dass jemand in der Stadt ein Meister in der Kunst des Bogenschießens war. An Bäumen, Hecken, Zäunen und Mauern waren konzentrische Kreise aufgemalt und genau in der Mitte all dieser Kreise war das Loch eines Pfeils. Der König fragte, wer denn der meisterliche Bogenschütze sei. Man zeigte ihm einen zehnjährigen Jungen. „Das ist wirklich unglaublich", sagte der König. „Wie ist es denn möglich, dass du solch ein fantastischer Bogenschütze bist?" „Das ist ganz einfach", lautete die Antwort des Jungen, „Zuerst schieße ich und dann male ich einen Kreis"*. Natürlich können wir jetzt schmunzelnd sagen: „Pfiffiges Kerlchen!" Aber wir ahnen, dass es um etwas ganz Tiefes geht, nämlich zu lernen, einverstanden zu sein mit dem, was ist und wie es ist. Sich verneigen heißt auch, anschauen, was ist, heißt lernen, anzunehmen, was ist, und daraus zu lernen. Weder das Gefühl der Freude und des Stolzes noch das der Enttäuschung und Angst wird durch unser Ja verdrängt, aber wir werden mehr und mehr mit unserem Anspruch, unserer Angst und unserem Stolz vertraut und lernen, dies alles zuzulassen. Unsere Verneigung vor der Scheibe drückt dieses Ja aus, schließt den Vorgang ab, ist Zeichen unseres Einswerdens mit Buddha.

Und so legen wir voller Vertrauen den nächsten Pfeil auf. Er hat keine Vergangenheit und er ist nicht belastet von der Zukunft – er ist ganz neu, frisch wie ein unbeschriebenes Blatt.

Ein Koan beschreibt sehr schön diesen Moment:

> Eines Tages sagte Meister Unmon zu seinen Schülern:
> „Wenn ihr einem Menschen nach drei Tagen wieder begegnet, dann könnt ihr nicht sicher sein, denselben Menschen zu sehen.
> Und wie steht es um euch?"
> Niemand antwortete. Da sprach der Meister: „Zehntausend" und ging.

Dieses Koan erinnert an den bekannten Satz des Philosophen Heraklit: „Du kannst nicht zweimal in denselben Fluss steigen." Wenn wir an unserem kleinen Hasenbach stehen, erleben wir das dauernd. Das Wasser ist anders, das Bachbett und ich selbst, der ich am Ufer stehe. Von Sekunde zu Sekunde verändert sich alles. „Zehntausend“ sagt Unmon und meint damit einfach unendlich, unbegrenzt, und doch ist es immer Wasser, Fluss, Bachbett, bin ich dieses menschliche Wesen, keine Sekunde ist wiederholbar. Jeder Augenblick ist neu, eine neue Schöpfung, eine neue Möglichkeit, unverwechselbar, und doch manifestiert sich in jeder Sekunde das menschliche Wesen, Buddha-Natur in Vollkommenheit. Manchmal leicht anzunehmen, wunderbar oder auch schwierig. Das Wesen ist immer vollendet. So auch unser Pfeil. So wie kein Atem wiederholbar ist, so ist auch jeder Pfeil unser „erster“ Pfeil, der Schuss unwiederholbar, in sich vollkommen, unabhängig vom Ergebnis an der Scheibe.

## Befangen in Dualität

Vor einiger Zeit war ein Pastoralreferent mit Kommunionkindern bei uns. „Stilleübungen und Bogenschießen“ war das Thema. Ich fand das mutig, ein Experiment. Und so übten wir auch mit dieser Kindergruppe die Rituale, freilich in vereinfachter Form. Für die Kinder war das alles kein Problem. Wenn es darum ging, sich zu verbeugen, verbeugten sie sich, wenn es darum ging, zu gehen, dann gingen sie.

Auch der Pastoralreferent beteiligte sich an der Bogenübung. Als er an der Reihe war, sich vor der Scheibe zu verbeugen, blieb er steif stehen und wollte direkt zur Übung kommen. Aber er hatte nicht mit der Wachheit der Kinder gerechnet. Die beobachteten sein „Fehlverhalten“, und ein Mädchen rief laut: „Herr ..., Sie haben sich nicht verbeugt!“, worauf dieser erwiderte: „Ich verbeuge mich nur vor Jesus!“ „Und, ist er hier nicht?“, fragte ich zurück. Betretenes Schweigen ...

Ja, ist er hier nicht? Ist nicht jede Schnecke, jeder Grashalm eine Manifestation des Wesens, des Göttlichen – niemals von ihm getrennt? –, um es im christlichen Vokabular zu benennen? Ist dieses Wesen, dieses Unbenennbare begrenzt auf Altar und Tabernakel? So teilen wir unsere Welt ein in heilig und sündig, in eine „Achse des Guten“ und eine „Achse des Bösen“. Damit schaffen wir eine unüberbrückbare Trennung – und aufgrund dieser Trennung werden immer wieder „Heilige Kriege“ gerechtfertigt. Diese Trennung hat ihre tiefste Ursache in einem Eingottglauben, dem Monotheismus. Das Christentum und der Islam sind mit ihren Missionsfeldzügen grausame Beispiele dieser Vorstellung und erschreckende Zeugnisse dafür, dass religiös motivierte Fanatiker besonders gefährlich sind. Dies gilt uneingeschränkt bis in unsere Tage.

Jede Aufteilung grenzt ein: „Sie/er gehört zu uns!", und schließt aus, grenzt ab, teilt auf: in schwarz und weiß, normal und unnormal, in Verbrecher und anständige Menschen. Doch tatsächlich sind die Grenzen fließend, und das eine liegt ganz dicht neben dem anderen. Ohne nivellieren zu wollen, aber ist es wirklich unsere Anständigkeit, die uns davor bewahrt hat, nicht im Gefängnis zu sitzen? Meinen entsetzten Schülern sagte ich manchmal „Dass ich nicht im Gefängnis sitze, habe ich nur dem Glück zu verdanken, nicht meiner Sauberkeit." Und ich erzähle die Geschichte eines Nachbarn, der am späten Samstagnachmittag müde von seinem Betrieb nach Hause fuhr. Am Schreibtisch hatte er noch schnell zwei, drei Kognak getrunken. Als ihn auf der Autobahn ein Sekundenschlaf übermannte, erwischte er ein auf dem Seitenstreifen parkendes Auto. Drei Menschen starben.

Heute, weiß ich, würde mir wegen Alkohols so etwas nicht passieren. Aber hätte es mir damals, als die Alkoholgrenze noch etwas höher lag, nicht auch passieren können? Hatte ich nicht einfach Glück? Es ist kein schönes Gefühl, aber ich spüre deutlich: Auch ich bin der Alkoholkonsument, der Kriminelle, der Gewalttäter, bin Adolf Hitler ..., denn all diese Potenziale sind auch in mir. Dass ich sie nicht lebe – leben muss – verdanke ich vielen, sehr vielen guten Einflüssen und Umständen. Ein Grund zu Überheblichkeit und distanzierter Verurteilung besteht nicht. Allenfalls zu unendlicher Dankbarkeit gegenüber dem Leben.

Natürlich gibt es auf der objektiven Ebene aufbauendes und krankmachendes, heilsames und zerstörerisches Tun. Es kann nicht darum gehen, dieses zu negieren oder Kindesmisshandlung zu verharmlosen. Im Gegenteil. Die Zen-Übung schärft meine Sinne, meine Wahrnehmung wird sensibilisiert. Die Schärfung der Sinne wiederum bewirkt eine Bewusstwerdung meiner eigenen Schwäche und Verletzbarkeit, aber auch meines eigenen zerstörerischen Potenzials. Und so fühle ich mich verbunden mit dem Opfer wie mit dem Täter.

Intensive Zen-Übung führt uns noch weiter. Sie sagt uns nicht nur etwas über unsere Opferrolle oder über unser Aggressionspotenzial. In dieser

Wahrnehmung sind wir immer noch getrennt, bleiben in der Dualität des Ich und Du. Zen überschreitet diese Dualismen, führt uns in die Einheit allen Seins, öffnet die Augen für das Ungeborene und darum nie Sterbende. Daher möchte ich hier noch einmal unterstreichen: Jedes Wesen – nicht nur das Wesen Mensch – ist eine vollendete Manifestation des Seins. Dies ist die Erfahrung aller Mystikerinnen und aller Mystiker. In „diesem Antlitz vor unserer Geburt",wie Zen sagt, gibt es keine Schuld, nichts Verdammungswürdiges und keine Schuldzuweisung, ein objektiv schwer nachvollziehbarer Gedanke. Wer jedoch diese Erfahrung macht, ist wirklich „wieder geboren", erlebt sich als neuer Mensch, der nicht getrennt ist von den strahlenden Augen des Kindes, seinem Vertrauen oder dem Frühjahrsgesang des Vogels. Dies ist Heiterkeit, Freude. Leben jenseits von Schuld ist Seligkeit.

Ellen und ich waren vor bald dreißig Jahren auf einer politischen Pilgerreise in der damaligen Sowjetunion. Bei einem der vielen Kontakte sollte unsere staatliche Übersetzerin das Wort „selig" im Zusammenhang mit den Seligpreisungen aus der Bergpredigt übersetzen. Das machte ihr sichtlich Mühe. Unsere russischen Freunde versuchten, dieses Wort zu umschreiben, und schließlich übersetzte sie mit „geküsst". Wir waren überwältig, denn das besagt doch nichts anderes als „glücklich", „angenommen", „umarmt". Dieses tiefe „Angenommensein", „selig", sagt Jesus denen zu, die „Leid tragen" (Evangelium Matthäus 5, V 4).

„Leid tragen" kann auch heißen: Der einem anderen zugefügte Schmerz wird mein Schmerz, die Verletzung aller Wesen wird meine Verletzung, die Misshandlung geschieht an mir. Die Tränen des Opfers sind meine Tränen, die Verzweiflung des Täters ist meine Verzweiflung. Aber auch dies gilt: Seine Unfähigkeit zur Reue, zur Trauer ist auch meine Unfähigkeit. Das Verharren in einem Netz der Rache ist auch mein Netz. Seine Schuldzuweisungen zeigen eine Seite, die auch ich besitze.

In vielen Traditionen wird von diesem Einssein gesprochen und es wird in solchen Texten deutlich, dass es nicht um ein theoretisches Wissen, nicht um ein naturwissenschaftliches Erkennen, sondern um tiefe Erfahrung geht. Ein eindrucksvolles Bild spiegelt folgender Text: „Die Schöpfung ist vereinigt, wir sind keine »Minorität«, wenn wir eins sind mit den Gräsern, den Sternen und dem Wind.

> Wir sind eine Minoritätengruppe, wenn wir uns von unseren Verwandten in der Schöpfung lossagen und uns einbilden, die Wege der Schöpfung gehörten irgendeinem Ding, das man »Indianer« nennt.“
> (Otto, Maria: Worte sind Spuren. Herder Verlag, Freiburg, 2002.)

Das klingt nicht nur erschreckend, das ist es auch. Aber haben wir eine andere Wahl? „Zen, weil wir Menschen sind“, ohne Panzer und dickes Fell zum Selbstschutz, weil wir unser Rückgrat verloren haben. Zen ist ein Abenteuer, wir brauchen Courage, um uns darauf einzulassen und unser Rückgrat zurückzugewinnen.

Von dieser Einheit allen Seins leuchtet etwas auf in der katholischen Messe. Wer einmal einen Priester dabei beobachtet hat, mit welcher Sorgfalt und Hingabe er auf das gewandelte Brot als Leib Christi und den gewandelten Wein als Blut Christi achtet, ist beeindruckt. Dieser achtsame Umgang bezeugt „die Vergöttlichung“ dieser Materie, ist Manifestation des Göttlichen, die durch die Wandlung verwirklicht wurde.

Dies ist wunderschön – und gleichzeitig so problematisch ... Denn es gibt auch die Ausgrenzung. Es gibt gewandelte und ungewandelte Materie. Diese Unterscheidung bleibt nicht nur innerhalb des dualistischen Weltbildes, sondern verschärft dieses noch, indem es religiös erhöht wird. So verwundert es nicht, dass gerade dieses Sakrament, nach der Tradition von Jesus gestiftet als Symbol der Einheit des Leibes Christi, nicht nur in der Geschichte der Kirchen, sondern bis in unsere Tage hinein zum Zankapfel der religiösen Dogmatiker wird. Dabei wäre es so einfach. Wenn wir einmal unseren tiefsten Wesenskern erkannt haben, ist es nicht mehr möglich, solche Trennungen zu akzeptieren. Die „Göttlichkeit“ bezieht sich nicht nur auf Brot und Wein. Sie gilt in allen Formen des Lebens und mündet in eine tiefe Ehrfurcht vor diesem Leben.

# Dominium terrae

Eine derartige ausgrenzende innere Haltung – sich nicht zuletzt in dem „Ich verbeuge mich nur vor Jesus!“ des Pastoralreferenten ausdrückend – hat auch katastrophale Umweltsünden zur Folge. Wie anders wäre unser Verhältnis zur Natur, die uns umgibt, würden wir uns häufiger in Ehrfurcht und Hingabe vor ihr verneigen …

Was uns Menschen dringend nottut, sind Verneigungen, mit denen wir unsere Liebe und Verehrung zum Ausdruck bringen. Mit solchen äußeren Gesten verändert sich unser inneres Sein um 180 Grad, denn wir hören auf, unser Leben nach unserem Eigenwillen zu gestalten, und lernen, es einzubinden in eine große Ordnung, in das große kosmische Gesetz, das jedem Leben eine Aufgabe zugedacht hat.

Die Indianer und viele Naturvölker hörten im Murmeln des Baches wie im Rauschen der Blätter die Stimmen ihrer Ahnen. Damit war die Natur geheiligt und geschützt. Eine religiöse Schranke bewahrte den Bach vor Verschmutzung und den Baum vor gieriger Zerstörung.

Vor einiger Zeit wurde ich von einem Umweltbeauftragten einer Evangelischen Landeskirche aufgefordert, ein Statement zum buddhistischen Verständnis der Schöpfung abzugeben. Also beschrieb ich das Bild eines buddhistischen Mönchs, der sich auf Wanderschaft befindet: Er trägt einen Stab bei sich, an dessen oberem Ende drei Metallringe angebracht sind. Bei jedem Schritt, bei jeder Bewegung klappern diese Ringe. Damit sollen Tiere gewarnt werden, sie sollen sich wegbewegen, um nicht zertreten zu werden.

Wir mögen zunächst über diese Naivität lächeln. Es vergeht uns jedoch schnell, wenn wir ein Zitat aus der biblischen Schöpfungsgeschichte danebenstellen: „…füllet die Erde und machet sie euch untertan und herrschet über die Fische im Meer … und über alles Getier, das auf Erden *kriecht*.“ (1. Buch Mose 1, V. 28). Es geht also um das dominium terrae und seine Wirkungsgeschichte für die Welt. Natürlich enthielt dieser Herrschaftsauftrag keine despotischen Züge im Umgang des Menschen mit der Natur. Die Aufforderung, über die Tiere zu herrschen, bedeutet lediglich, dass der Mensch wie ein verantwortungsvoller König das Zusammenleben der

Tiere, den Bestand der Pflanzenwelt, die Intaktheit des Bodens und die Reinheit des Wassers ordnen und schützen soll. Ein anschauliches Beispiel ist das Sabbatjahr für den Ackerboden. „...aber im 7. Jahr soll das Land seinen großen Sabbat dem Herrn feiern, darin du dein Feld nicht besäen noch deinen Weinberg beschneiden sollst.“ *(3. Buch Mose, Kap.25, V. 4)* Das Sabbatjahr verhindert die Ausbeutung des Bodens und gibt die Möglichkeit zur Regenerierung.

Der Herrschaftsauftrag an den Menschen schließt selbstverständlich auch die Gattung Mensch ein und ordnet das Verhältnis untereinander. Selbst das berühmt-berüchtigte und oft missbrauchte „Auge um Auge, Zahn um Zahn“ (3. Buch Mose 24, V 20) verbietet jeden Missbrauch von Rache, jede Willkür, möchte das Handeln aus Angst und Hass im Sinne von „ein Auge um zwei Augen“ verhindern. Aber, wenn wir uns ein Auge nach dem andern ausschlagen, sind wir am Ende alle blind, oder? Ganz spannend in diesem Zusammenhang ist auch das ausdrückliche Gebot „Es soll einerlei Recht unter euch sein, dem Fremdling wie dem Einheimischen“. (3. Buch Mose 24, V 22) sowie der besondere Schutz, den Witwen und Waisen genießen. Diese wenigen Beispiele machen deutlich: Das dominium terrae ist, richtig verstanden, eine Folge der Gottebenbildlichkeit und erfährt darin seine Bindung und Ausrichtung.

Seine Auslegung hatte allerdings verheerende Auswirkungen, und es kann überhaupt keine Frage sein, dass in ihm auch ein Grund für die gegenwärtige Umweltkrise liegt. Der Mensch wurde darin – missverständlich – zum uneingeschränkten Herrscher erklärt; und sein Auftrag bedeutet eben nicht nur Schutz für den Schwächeren, sondern ist ein Unterwerfungsauftrag mit einer auf den Menschen beschränkten Ethik. „Du hast ihn (den Menschen d. Verf.) wenig niedriger gemacht denn Gott ... Du hast ihn zum Herrn gemacht über deiner Hände Werk, alles hast du unter seine Füße getan: Schafe und Ochsen allzumal, dazu auch die wilden Tiere, die Vögel unter dem Himmel und die Fische im Meer und was im Meer geht.“ *(Psalm 8, 6ff.)*

Entsprechend schmetterten wir als junge christliche Pfadfinder: „Ja, wir sind die Herren der Welt ...“ und ahnten nicht, dass diese biblischen Leitbilder zur Legitimation für eine gnadenlose Ausbeutung der Natur wurden, dass in diesem Denken Millionen Tiere bestialischen Tierversuchen geopfert werden und der Mensch sich als Wesen versteht, dessen eigenes Wohl und Wehe das oberste Prinzip seines Handelns ist. Die Tiere aber gelten als seelenlose Geschöpfe, d. h., sie gelten als empfindungslos, werden zu Objekten der Verwertung zum Wohlergehen des Menschen. Massentierhaltung, Verseuchung der Böden und des Grundwassers sind nur angedeutete grausame Folgen. Wir sind noch weit entfernt von der Umsetzung der Vorstellung von Immanuel Kant, der meint: *„Wesen dürfen nicht als Mittel zur Maximierung der Interessen aller betrachtet werden."*

Wie schwer tun wir uns bis heute mit einem konsequent gelebten Tierschutz, und wir müssen an dieser Stelle nicht noch viel weiter gehen, wenn wir unsere Verantwortung allen Wesen gegenüber ernst nehmen und ihnen mit Respekt begegnen wollen? Genau betrachtet geht auch der Tierschutz immer noch davon aus, dass wir, die Menschen, also die Primaten der Schöpfung, andere Geschöpfe zu schützen haben. Müssen wir nicht an den Punkt kommen, wo wir nicht mehr von Tierschutz, sondern von dem Recht der Tiere sprechen? Tierrecht als ethische Weiterentwicklung von Tierschutz?

Beim buddhistischen Mönch klappern nur die Metallringe. Bei uns müssten die Alarmglocken ohrenbetäubend schrillen, damit wir endlich aufwachen.

Zen kann uns die Augen und unser Herz öffnen, denn wir „sehen nur mit dem Herzen gut" (Der Kleine Prinz). Zen lässt uns erwachen – und als Erwachte begegnen wir dieser Welt.

Buddha sagt, das Meer habe nur einen einzigen Geschmack, den des Salzes. Und seine Lehre habe nur einen einzigen Sinn, und zwar, das Leid zu überwinden. Also gehört es zu den Aufgaben aller BuddhistInnen, Leid zu reduzieren bzw. zu überwinden. Nehmen wir dies ernst, dann führt uns unser Weg an all die Orte, an denen – neben dem überall vorhandenen Leid *(dukkha)* – sowohl das Ausmaß wie auch die Bündelung des Leidens weit über das Durchschnittliche hinausragen: Kriegsschauplätze, Flüchtlingslager, Nervenheilanstalten, Frauenhäuser, Gefängnisse, Tierfabriken, Versuchslabors, Schlachthäuser …

Wirkliche Mystik führt in die Politik. Damit meine ich nicht unbedingt Parteipolitik – obwohl auch dort ein paar Mystiker nicht schlecht wären –, mit Politik meine ich alle Bereiche unserer Gesellschaft. Es bedarf Menschen, deren Augen nicht blind geworden sind durch ihre Gier nach Macht und Einfluss und die handeln aus Verbundenheit mit allen Wesen. Es braucht Menschen, die ihre Stimme erheben gegen die zunehmende Kluft zwischen Arm und Reich, gegen die Verschmutzung unseres Grundwassers durch Kunstdünger und Gülle aus den Tierfabriken. (Deutschland steht, was die Qualität des Grundwassers betrifft, EU-weit an zweitletzter Stelle, nur noch überboten von Malta.)

Johann Baptist Metz hat ein Buch geschrieben mit dem Titel: „Mystik der offenen Augen. Wenn Spiritualität aufbricht". (Metz, Baptist: Herder Verlag, Freiburg, 2001.) Er macht deutlich, dass Mystiker nicht Mystiker sind ausschließlich im Sinne einer spirituellen Selbsterfahrung, *sondern im Sinne einer spirituellen Solidaritätserfahrung. Sie sind vor allem Mystiker mit offenen Augen. Ihre Mystik ist keine antlitzlose Naturmystik. Sie ist vielmehr eine antlitzsuchende Mystik, die vorweg in die Begegnung mit den leidenden Anderen, mit dem Antlitz der Unglücklichen und Opfer führt. Sie gehorcht in erster Linie der Autorität der Leidenden.*

Doch kehren wir wieder auf den Weg zurück, auf den der Gong uns gerufen hat. Wir verneigen uns gemeinsam vor der Scheibe und damit vor dem Ziel. Mit unserer Verneigung erweisen wir dem Ziel unseren Respekt und geben ihm seine Würde. Die Gemeinsamkeit in der Verbeugung ist wichtig: Manchmal verneigen wir uns gemeinsam – jedes für sich allein! Diese Übung ist dann sehr uneinheitlich, sehr dem ICH verhaftet. Daran nicht zu arbeiten hieße, jedes bleibt allein, und eine Energie, die jedes berührt und trägt, kann sich nicht entwickeln. Im praktischen Vollzug ist es daher hilfreich, wenn eine Person, die in der Mitte der Gruppenlinie steht, mit einer langsamen und nach außen kaum erkennbaren Verbeugung beginnt und damit alle einlädt, sich mit zu verbeugen. Wenn wir achtsam und wach sind, kann dies in Einheit gelingen und unsere Übung ist nicht nur wunderschön, sondern auch stärkend und tragend. Sowohl unser gemeinsames Gehen als auch die gemeinsame Verbeugung bieten die Chance, Gemeinschaft zu bilden. Erst wenn wir erfahren, dass unsere gemeinsame Übung, sowohl beim Zazen als auch bei der Bogenübung, uns bereichert, werden wir zu einer menschlichen Gemeinschaft. Eine wichtige Voraussetzung dafür ist der Rahmen, der uns hilft, Ängste abzubauen. In allen menschlichen Gemeinschaften, in denen Angst dominiert, entsteht Isolation, Mangel an Lebens- und Schaffensfreude, Uneffektivität und kein wirkliches Wachsen. Ohne Druck zu üben und zu reifen, ist eine wichtige Voraussetzung für Entwicklung. Das gilt für Familien, Vereine, Parteien und für einen Staat.

Nun treten wir zurück und definieren damit die Distanz, aus der wir unsere Pfeile abschießen wollen. Dabei hat sich unsere kleine Gruppe auf die ganze Breite des Übungsplatzes verteilt, nicht nur, weil wir Platz brauchen. Wichtiger dabei ist folgende Erfahrung: Bis zur Verbeugung waren wir eine Gruppe, miteinander verantwortlich für ein gutes Gelingen dieser Übung. Jetzt aber hat sich die Formation der Gruppe verbreitert – nun ist jeder ganz für sich allein, ganz allein gefordert, ganz allein verantwortlich. Wo der Pfeil ankommt, ist allein meine Sache, meine Verantwortlichkeit. So übe ich für mich allein und bin doch nicht allein!

# ZU NEUEN UFERN

Bevor ich die neue Wegstrecke beschreibe möchte ich Ihnen einen Auszug aus einem Lehrvortrag präsentieren, den meine Frau GenKi vor einiger Zeit gehalten hat. Sie beschreibt darin einige Situationen, die sehr genau meine Gefühle beschreiben, mit denen der Neuanfang verbunden war, beschreibt die Brüche, die Ängste, aber auch das Glück einer neuen Vision.

**Kein Wasser, kein Mond**
Als die Nonne Chiyono Zen studierte,
war sie lange Zeit unfähig,
die Früchte ihres Bemühens zu ernten.
Schließlich, in einer Mondnacht,
holte sie Wasser in einem alten Eimer,
der mit Bambus zusammengebunden war.
Der Bambus riss, und der Boden fiel aus dem Eimer,
und in diesem Augenblick wurde Chiyono befreit!

Zur Erinnerung schrieb sie ein Gedicht:
Auf manche Weise versuchte ich,
den alten Eimer zu bewahren,
weil der Bambusstrick zerschlissen war
und nahe am Reißen,
bis zuletzt der Boden herausfiel.
Kein Wasser mehr im Eimer!
Kein Mond mehr im Wasser!
(Reps, Paul: Ohne Worte – ohne Schweigen.
O.W. Barth Verlag, München, 8. Auflage 1991.)

**Hier der Vortrag:**
Die Nonne konnte keine Früchte ihres Bemühens ernten. Das heißt nicht, dass es keine Früchte gab, aber etwas hinderte sie, sie zu sehen und zu ernten.

Wir spüren ihre Unzufriedenheit und können sie vielleicht nachfühlen. Vielleicht sind uns solche Gedanken nicht ganz fremd.

In einer schönen Mondnacht holte sie Wasser in einem alten Eimer, den sie pflegte und bewahrte.

Es scheint, dass es in ihrem Leben etwas gab, das wir nicht kennen, wofür jedoch der alte Eimer ein Symbol ist. Anstatt sich von ihm zu verabschieden, hegte und pflegte sie ihn. Mit einem Bambusstrick, der ebenfalls zerschlissen war, band sie den Eimer zusammen.

Als sie ihn in dieser Nacht benutzte, brach der Bambus, der Boden fiel heraus, der Eimer war nutzlos geworden.

Interessant ist die Reaktion der Nonne. Sie hätte wütend oder traurig werden können. Sie hätte auch den nutzlosen Versuch machen können, den alten Eimer nochmals aufzupäppeln. Statt dessen aber erlebte sie in diesem Moment die große Befreiung. Kein Wasser mehr im Eimer! Kein Mond mehr im Wasser! Wunderbar! Schlagartig gingen ihr die Augen auf. Sie erkannte ihr Problem, sie erkannte den Grund ihrer Blindheit und ihrer Unfähigkeit, die Früchte ihres Mühens zu ernten. Da gab es keinen Grund zu Trauer, Wut, Enttäuschung. Da war Befreiung und Glück

So kommt die Geschichte heute zu uns und fragt uns nach unseren alten Eimern, an denen wir hängen, fragt uns nach den alten Hüten, die uns nicht mehr wirklich schützen, nach den alten Schuhen, die längst ausgelatscht sind und die uns nicht mehr wirklich nach vorne bringen, nach alten Gewohnheiten und Mustern, die längst nicht mehr taugen, nach „Sprüchen“, die nicht mehr treffen, nach Zielen, die schon längst zu groß, zu klein oder überholt sind, nach Vorstellungen über uns oder über andere Menschen, die vom Leben überholt wurden, die wir aber immer noch hegen und pflegen. Fragt nach Dogmen, an denen wir hängen, die aber längst kein Wasser mehr geben, fragt nach Altem, längst tot, das wir aber konservieren, um es zu erhalten. Lässt uns die Sehnsucht nach Neuem spüren, aber wir sind nicht bereit, das Alte loszulassen. Aber das Neue, das Leben setzt sich durch, geben wir ihm eine Chance. Da habe ich ein

Zitat gefunden, das ganz gut passt: „Es kommt nicht darauf an, mit dem Kopf durch die Wand zu gehen, sondern mit den Augen die Tür zu finden."

Machen wir uns auf eine Entdeckungsreise nach „unserem alten Eimer." Das kann sehr spannend sein, sehr ernüchternd, aber auch befreiend.

Chiyono erlebt die Leere als die große Befreiung. Nehmen wir ihr Beispiel als Ermutigung für unseren Weg.

Vielleicht wird dieses ganz schön ausgedrückt in einem Zitat, das unser Lehrer Tai San vor ca. 15 Jahren in meine kleine Rakusu-Tasche geschrieben hat:

„Ich habe die Pflaumenblüten des Südens und des Nordens gesehen. Bis meine Schläfenhaare weiß geworden – wenn die frischen Blüten total verschwunden sind, bleibt nur das Wahre zurück – und dies ist grad die Zeit, da die Pflaumen junge Früchte tragen."

Viele Jahre haben wir so geübt, mit den uns bekannten Recurve- und Langbogen. Und wie leicht zu erkennen ist, haben wir damit wunderbare Erfahrungen gemacht. Aber wie so oft im Leben. Wir glauben, wir wären an einem Endpunkt angekommen, hätten ein Ziel erreicht, da geht plötzlich eine Türe auf, die bisher noch gar nicht in unserem Blickfeld war. Auf der Türe stand:

„Begegnung mit dem Indischen Bogenschießen." Bevor jedoch diese Form meine neue Praxis werden konnte, gab es Erfahrungen, die sich in dem Koan bzw. dem Teisho finden: Zwar wünschte ich Veränderung, wünschte neue Erfahrungen, sicher auch neue Ergebnisse, Früchte, sonst wäre ich nicht nach Indien gefahren, aber als es konkret wurde, war ich nicht bereit und unfähig, mich dem Neuen wirklich zu öffnen. Vielleicht mussten meine Erfahrungen so brutal sein wie das Zerbrechen des Eimers der Nonne, um zu neuen Erfahrungen zu kommen. Vielleicht war wirkliches „Auferstehen" erst möglich, als ich wirklich am Boden lag und meine Pfeile brutal gegen eine Betonwand schlugen, ohne dass mir jemand geholfen hat.

Musste ich buchstäblich mit leeren Händen dastehen, blamiert, gedemütigt, um wirkliches Neuland zu betreten? Es dauerte eine ganze Zeit, bis ich erkannte, dass meine Reise eine Chance war, Altes zurückzulassen, musste die Leere erleben, um darin die Fülle zu entdecken.

Sind Sie, liebe Leserin, lieber Leser, neugierig geworden? Dann lade ich Sie ein, mich nach Indien zu begleiten.

Wenn ich die neuen Erfahrungen auf einen Nenner bringen möchte, dann komme ich zu folgender Aussage:

Ziel aller Wege ist, die eigene Mitte
zu finden und aus ihr heraus zu handeln.

Auch wenn mir die Wahrheit dieses Satzes aus unserer bisherigen Übung nicht unbekannt war, so erschloss sich mir in Indien doch eine neue, tiefere Dimension und ich ahnte deutlicher, dass die Mitte geprägt ist von Harmonie, Versöhnung, Frieden und dass dies zu tun hat mit Körper und Geist.

## Der Bogen als Brücke

Viele alte Brücken sind in der Form eines Bogens gebaut. Viele Hauseingänge an alten Bauernhöfen und Weingütern zeigen oft eindrucksvolle Torbögen. Auch der Eingang in unsere Mühle hat ein solches Torhaus. Unser Logo haben wir diesem Modell nachempfunden, denn die Kurve zeigt den Winkel meines ersten hölzernen, handgefertigten Langbogens.

Der Bogen verbindet, als Brücke ein Ufer, einen Stadtteil mit dem anderen, als Torbogen ein Gebäude mit dem anderen.

Die verbindende Kraft des Bogens durfte ich in einem ganz anderen Rahmen erleben.

Als ich mich im Frühjahr 2006 für das Seminar „Dhanurveda in Südindien“, ausgeschrieben von Hendrik Wiethase, anmeldete, ahnte ich nicht, was diese Reise wirklich beinhaltet und langfristig in mir in Bewegung setzen könnte.

Als langjähriger Recurve- und Langbogenschütze interessierte mich das Klassische Indische Bogenschießen, das mir andeutungsweise über das von Hendrik Wiethase herausgebrachte Buch „Dhanurveda“ bekannt war.

Unsere kleine Reisegruppe – wir waren nur drei Teilnehmer, flog am 16. September über Dubai nach Cochin in Kerala, Südindien, und von dort in einer 5-stündigen, abenteuerlichen Autofahrt nach Kalicut, einer Stadt mit ca. 700 000 Einwohnern, direkt am Arabischen Meer.

Der Empfang im Hindusthan Kalari Sanga war von großer Herzlichkeit und Wärme und die nächsten sieben Tage verbrachten wir eingebunden in die Großfamilie der Kalari-Gemeinschaft, die uns liebevoll begleitete und um unser körperliches Wohl besorgt war. Die Gebäude liegen abseits vom Verkehr in einer kleinen Seitenstraße, mitten in einem Palmenwald und manche Dauergeräusche erinnerten an Urwald, das Heulen der Hunde an Wolfsrudel.

Das Hindusthan Kalari Sanga würden wir Zentrum nennen, in dem Kalari Payattu, die uralten kriegerischen Kampfkünste, traditionell gepflegt und praktisch geübt werden. Schwertkunst, Messer- und Säbelfechten, Stockfechten u.a. Die Tradition ist ganzheitlich. Hohe Flexibilität und Geschmeidigkeit des menschlichen Körpers mit unglaublich schnellen Reaktionen. Während der Übung haben die Augen besondere Bedeutung. Es heißt, dass der „vollständige Körper die Augen wird." Eine wichtige Rolle spielen die ayurvedischen Ganzkörpermassagen sowie ein ausgewogenes ayurvedisches Essen (wir sollten es schätzen lernen, denn niemand in unserer Reisegruppe hatte Probleme mit der indischen Reisebegleitung, dem Durchfall) und einer ganz selbstverständlichen täglichen Meditationspraxis, die unserem Tag Struktur und Stille gab.

Der Raum, in dem geübt wird, hat eine Tiefe von 6 Fuß, eine Länge von 42 Fuß und eine Breite von 21 Fuß mit angehobenem Dach.

Zum richtigen Verständnis muss man wissen, dass es in Indien eine reiche und jahrtausendealte Bogentradition gab, mit überwiegend Bambusbogen. Weil die Inder hervorragende Schützen waren, wurde von den Engländern das Bogenschießen untersagt, was zur Folge hatte, dass die Tradition, bis auf winzig kleine Zellen, ausstarb. Dieses Schicksal ereilte auch den Kalari Sangam, in den in früherer Zeit die Kampfkunst Bogenschießen selbstverständlich integriert war. Damit kam es zu der spannenden Situation, dass ein Europäer, nämlich Hendrik, der sich seit Jahren sowohl theoretisch als auch praktisch mit dem indischen Bogenschießen befasst, eine Kultur in den Kalari Sangam zurückbrachte, die dort unbekannt geworden war. Die übende Gruppe bestand also aus den Kalaris, für die Bogenschießen völlig fremd war, und unserer Dreiergruppe, die bisher eine andere Übungsform praktizierte. Eine wirklich spannende Angelegenheit mit unbekanntem Ausgang.

Wieder einmal sollte sich der Bogen als wundervolle, faszinierende, verbindende Brücke erweisen. Überhaupt ist mir in diesen Tagen die Kraft dieses Mediums neu bewusst geworden. Daran ist überhaupt nichts Mystisches, und doch geht die Wirkung über das normal Erfassbare hinaus. Wenn wir den Bogen in der Hand halten, zeigt sich uns das Symbol einer Brücke und mit jedem Pfeil betreten wir ein neues Ufer. Wir verlassen einen Ort und wissen oft nicht, was uns am anderen Ufer erwartet bzw. was Pfeil und Bogen mit uns machen. Die Übung mit den Kalaris war ein Experiment. Das gemeinsame Bemühen mit dem Bogen schuf jedoch einen Raum der Offenheit, der Freude, der Neugier und der Bereitschaft zu lernen, dass kein Platz war für Gefühle der Unterlegenheit oder Vorurteile.

Wie neu und wichtig unser Dortsein war, zeigte sich in der Tatsache, dass 2 Fernsehteams Aufnahmen machten und zu guten Sendezeiten ausstrahlten. Auch eine Zeitung brachte einen Artikel mit Bild.

Den Bogen als Brücke durfte ich auch ganz persönlich erleben. Da ich schon seit vielen Jahren mit dem Bogen übe und in unserem Zen-Zentrum, der Altbäckersmühle, den Bogenweg lehre, hat sich ein bestimmter Schießstil herausgebildet, der wesentlich geprägt ist, durch meine frühere Übungspraxis, also ein klarer, feststehender Ablauf der Übung, sehr statisch, wenig dynamisch. Beim Rechtshänder wird zuerst der linke Arm nach vorne und oben gebracht, dann mit der rechten Hand der Weg zum Mundwinkel. Beim klassischen indischen Bogenschießen erfolgt die Öffnung des Bogens parallel, d.h., die aufzuwendende Kraft verteilt sich auf beide Trapezmuskel gleichzeitig. Hinzu kommen sehr unterschiedliche Übungspositionen: stehend mit dynamischem Auszug, ein Knie nach vorne geneigt oder ein Fuß kniend bzw. aus dem Lotossitz schießend. Bei allen Übungsformen ein stabiler Anker. Die größte Herausforderung war für mich, den eingefahrenen Rechtshänder, die Aufgabe nun auch links bzw. mal rechts und mal links zu schießen. Das war völliges Neuland und obwohl ich beim Beginn der Reise ahnte, dass Neues auf mich zukommen wird, war die konkrete Durchführung sowohl körperlich, vor allem aber mental, nicht einfach, denn da gab es den bisher Lehrenden, der sich als schlechter Schüler erwies. Zwei Tage dauerte der innere Kampf, bis ich meine Hände öffnen, meinen Körper bewegen, meinen tiefen Atem spüren konnte und Freude einkehrte in mein Gemüt. Ich wurde auch jetzt kein guter Schüler und immer, wenn ich vor einer Gruppe mit „KyuSei – Zen-master“ vorgestellt wurde und man selbstverständlich einen guten Schützen erwartete, spürte ich, wie die Angst des Versagens in der neuen Übungsform in mir hochkroch. Noch heute, Jahre nach dieser Erfahrung, spüre ich, wie schwer es ist, alte Gewohnheitsmuster zu verlassen. Immer wieder erwische ich mich dabei, an der alten Form zu hängen, obwohl mein Verstand, in der Zwischenzeit auch meine Erfahrung, mir sagt, wie wundervoll die neuen Übungen sind. Es bestätigt sich, was die Neurobiologen uns sagen, dass gemachte Erfahrungen als neuronale Verhaltensmuster in unserem Gehirn verankert sind. Wie Gerald Hüther ausführt, werden sie dort zu immer breiteren Straßen oder zu fest betonierten Autobahnen, und es bedarf einer neuen Erfahrung in Form einer persönlichen Krise, um davon wegzukommen. Als ich völlig verzweifelt, mich mit dem Gedanken trug, aufzugeben und mir einfach Indien anzuschauen, und der Leiter, wenig einfühlsam und sehr unpädagogisch zu mir sagte: „Du hast bisher auch alles falsch gemacht!“, ist ein weiteres Mal „mein Bogen zerbrochen“, und ich verdanke es meiner Frau, die mir am Telefon immer wieder sagte: „Mach weiter, es ist gut, was du lernst“!, dass ich bereit war, den Bogen wieder in die Hand zu nehmen und zu schießen.

Hilfreich war auch, was im Shodoka (s. Glossar)steht: „Falsch ist nicht falsch und richtig ist nicht richtig, weich ab davon um Haaresbreite und du verfehlst es um tausend Meilen“. Falsch ist wertend, bewertend, verurteilend, ist rückwärts gewandt. Aber auch richtig ist Bewerten. Wenn wir also unsere Übung, unser Leben in die Kategorien von falsch und richtig einteilen, sind wir nicht wirklich frei und offen für die Erfahrung des Augenblicks, denn nur er zählt, nur er ist das Leben jetzt in seiner ganzen Schönheit, auch in der Herausforderung. Damit ist die bisherige Form nicht falsch, sondern nur anders, vielleicht körperlich mich anders fordernd, vielleicht schmerzhaft, vielleicht dynamischer, ganzheitlicher, vielleicht heilsamer, vielleicht...

Durch meine Erfahrung mit dem Bogen und durch die Übung im Yoga war mir die Einbeziehung des Körpers nicht neu. In Indien wurde dieser Aspekt noch viel klarer. Ich erlebte körperlich, hautnah die Schönheit und die Hindernisse, aber auch, dass wir bei unserer Übung den Körper nicht ausklammern können und dürfen, sondern ganz ernst damit machen müssen, was es heißt: „Körper und Geist sind vollkommen eins“. Das war eine große Ermutigung, tat einfach gut, war tragend und führte immer mehr zur Mitte.

Es war wirklich das Verlassen des gewohnten Ufers, das Beschreiten der Bogenbrücke, nicht wissend, wie das andere Ufer aussieht. Wie werde ich am Ende der Brücke aussehen, was wird aus meinem Schießen werden? Aber ich ging weiter, zunächst ängstlich, dann mit immer mehr Vertrauen, Mut und Freude und der Faszination, die von der Übung ausging. Ich ahnte, wie die Rechts- und Linksübung mich immer mehr zur Mitte kommen lässt, erlebte, wie die unterschiedlichen Positionen eine ungeahnte Dynamik, und eine wundervolle Flexibilität in die Übung bringen. Natürlich kannte ich, insbesondere bei Jagd- und Feldbogen bzw. Langbogenschützen, sehr unterschiedliche Körperhaltungen, viele jedoch tun – durch starke Vorwärtsneigungen – dem Körper auf Dauer überhaupt nicht gut und verhindern einen fließenden Atem, weil der Brustbereich eingeengt wird. Bei allen indischen Positionen bleibt der Oberkörper total aufgerichtet, der Brustbereich geöffnet, der Atem fließend, die Entspannung fühlbar.

Vieles wurde in Frage gestellt, musste ganz neu betrachtet und umgesetzt werden, anderes fand eine wundervolle Bestätigung: so die bereits beschriebene Praxis unseres Hauses, Zen-Meditation mit Bogenübung zu verbinden und damit eine Einheit herzustellen von meditativer Praxis und der Übung mit dem Bogen.

Was mir von China und Japan bekannt war, erlebte ich nun leibhaftig in Indien. Wenn der Guru des Hauses am Morgen „Meditation“ rief, dann versammelten wir uns mit einem hinduistischen Priester zur Meditation. In dem Übungsraum stand ein kleiner Altar und es war selbstverständlich, dass dieser Raum mit einer religiösen Geste betreten wurde. Das war so natürlich, nicht aufgesetzt und es war deutlich zu spüren, dass dies keine Modeerscheinung war, sondern ihren Ursprung hat in jahrtausendelanger lebendiger Praxis und Schönheit.

So gab es beides: Infragestellung meiner Bogenübung und Bestätigung des Rahmens, wie er entstanden ist und wie wir ihn lebten.

Die Tage in Kalicut vergingen schnell. Gegen Schluss unternahmen wir einen Ausflug in ein hoch in den Bergen gelegenes Dorf, in dem einer der letzten Bogenschützen dieser Region lebt. Inmitten von Reisfeldern, Palmenhainen, Kaffee- und Teeplantagen lagen weit auseinander einige Häuser mit einem kleinen Dorfplatz, auf dem wir mit vermutlich allen Einwohnern, Kindern, Jugendlichen, Erwachsenen, Greisen, übten, sie mit unseren mitgebrachten Reiterbogen, wir mit ihren handgefertigten Bambusbogen. Das war für uns alle eine wunderschöne Erfahrung. Wir waren eine große Gemeinschaft geworden, der Bogen war die Brücke.

Noch hatte ich keine Vorstellung, was diese Erfahrungen für mich konkret bedeuteten, als wir nach Hause flogen, aber ich ahnte, dass eine „neue Zeit", in unserer Bogensangha anbrechen wird, auch wenn ich noch keine Vorstellung hatte, wie das konkret aussehen konnte. Vor allem war die alles entscheidende Frage, ob unsere Schülerinnen und Schüler bereit waren, einen neuen Weg mit all seinen Herausforderungen mitzugehen.

## Zum Ursprung der Lebendigkeit

> Finde die harmonische Verbindung zu deinem Körper, zu deinem Atem, zu deinem Herzen und du bist in Verbindung zu allen Wesen.

Beim nächsten Treffen mit Übenden in unserem Hause erzählte ich von meinen Erfahrungen, insbesondere von der Übung mit links, die für mich ein regelrechter „Ritt durch die Hölle" war. Während meines Berichtes liefen unserem ältesten und wohl erfahrensten Bogenschützen unter uns die Tränen die Wange herunter. Auf meine erstaunte Frage, was denn los sei, sagte er: „Ich war vor einigen Tagen beim Orthopäden und er attestierte mir nicht nur einen total krummen Rücken, sondern vor allem eine irreparable muskuläre Verspannung und Härte in meinem rechten Schulterbereich – als Ergebnis meines jahrzehntelangen einseitigen Bogenschießens und jetzt kommst du und bietest eine Übung an, die die Chance gibt, jede Einseitigkeit zu verhindern."

Das war so überzeugend, so voller Betroffenheit und der Offenheit, sich ganz neu zu orientieren, dass es auch fortan keine Widerstände gab und nur zwei aus der großen Anzahl der Übenden blieben bei der bisherigen Methode.

Die erste durchgreifende Veränderung bestand in der Anschaffung neuer Bögen, die uns erlaubten, unsere Übung rechts und links durchzuführen, ohne den Bogen wechseln zu müssen. Am geeignetsten waren kleine Reiterbögen, handlich, leicht zu ziehen, und doch mit einem schnellen Pfeil. Aber auch Langbögen waren willkommen, wenn sie rechts und links bedient werden konnten.

Im Folgenden möchte ich die Abfolge und die Körperhaltung unserer neuen Übung zeigen und danach einzelne Positionen in ihrer tieferen Bedeutung beschreiben.

## Übungsablauf

Sie, liebe Leserin, lieber Leser, haben den Ablauf unserer Übung bereits kennen gelernt. Nur durch Gleichmäßigkeit und Klarheit kommen wir zu einem flüssigen Durchlauf. Flüssig bedeutet: Es gibt keine Widerstände, keine Verwurschtelungen, keine Knoten. Bei aller Eindeutigkeit der einzelnen Schritte sind die Übergänge spielerisch, leicht und fließend. Flüssig, das schafft Effektivität, bringt in jedem Moment den vollen Einsatz ganz von selbst, weil er in Klarheit geschieht. Das so entstehende Flow ist ein wichtiger Schritt zum Sein und damit eine entscheidende Voraussetzung, um in die Kunst des Zen-Bogenschießens hineinzuwachsen.

Um Sie nicht mit den Einzelheiten unseres formellen Ablaufs der Übung zu belästigen, möchte ich an dieser Stelle die einzelnen Schritte in nur wenigen Sätzen beschreiben. Manches ist Ihnen selektiv bereits bekannt. Jetzt die einzelnen Schritte im Übungsablauf:

Anfangsritual: Stehen am Wolkentor, bewusste Haltung von Pfeil und Bogen, der Gong ruft.

Ankommen wenige Meter vor der Scheibe, Verneigung, auseinandergehen, Schussposition finden.

Pfeile in Gürteltasche stecken, ersten Pfeil einlegen.

Zug- und Druckhand einrichten, beide Oberarme liegen angewinkelt dicht am Körper, Pfeil, Zughand, Unterarm und Ellbogen sind in einer Linie, Zughand berührt den Hara.

Sammlung, Körperchecking, Atem fließen lassen in den Boden hinein.

Kopfdrehung, Zielpunkt kommt ins Auge.

Durch Drücken und Ziehen parallel den Bogen öffnen, ein- oder ausatmen.

„Das Zielen geschieht beim Hochgehen". Ziel verdichtet sich.

Ankern. Ankerpunkt wird erreicht, parallel zum gestreckten Bogenarm.

Lösen als völlig passiver Akt.

Nachhalten. Die Spannung im Körper verklingt wie der Ton einer Glocke, Schultern sinken lassen.

Zughand löst sich von der Wange, Bogenhand hat den Bogen bereits sinken lassen. Beide Hände finden ihren Platz im Bereich des Bauchnabels.

Pfeile ziehen, Gruppe kommt an den Ausgangspunkt zurück und wird von der dort wartenden Gruppe mit gemeinsamer Verneigung empfangen.

Auch wenn wir mit unserer Übung beim formalen Ablauf blieben, so gab es, durch die neuen Erfahrungen, einige grundlegende Änderungen im Außen und im Innen.

Deutlich sichtbar unsere roten Gürtel, die wir tragen. Die Farbe Rot habe ich aus Indien mitgebracht. Sie passt gut zu unserer schwarzen Kleidung. Im Innenteil des Stoffgürtels befindet sich eine Lederverstärkung mit zwei Taschen, eine mit Öffnung nach rechts, eine nach links. Das ist für unsere Übung sehr praktisch. In die Taschen stecken wir unsere Pfeile, je nachdem, ob wir rechts oder links schießen. Die Taschen haben wir fertigen lassen nach einem Modell von Hendrik Wiethase und mit seinem Einverständnis übernommen.

## Das Öffnen des Bogens

Im vierten Schritt zeigt sich deutlich der Unterschied zur bisherigen Praxis. Während bisher der Bogenarm, also der Arm, der den Bogen führt, ausgestreckt war und so nach oben geführt wurde, um mit der anderen Hand den Bogen zu spannen, stehen wir jetzt mit den beiden angewinkelten Oberarmen dicht am Körper und öffnen den Bogen, durch Drücken und Hochgehen mit der Bogenhand und gleichzeitigem Ziehen und Hochgehen in Richtung Mundwinkel, mit der anderen Hand. Im Idealfall ist die Bogenhand gestreckt, in dem Augenblick, in dem die Mittel- oder Zeigefingerspitze den Mundwinkel erreicht. Je nach Atemtechnik während dieses Vorgangs einatmen, und jetzt mit dem Ausatmen beginnen oder während des gesamten Ablaufs ausatmen, Schultern runter, Stabilisierung im Brust- bzw. Rückenbereich wird aufgebaut und bleibt während des ganzen Ablaufs erhalten. Die Zughand läuft dicht am Körper entlang, Oberkörper geht in eine leichte Drehung, sodass ein ca. 20 Grad-Winkel entsteht zwischen Verlängerung der Schulterlinie und der Bogenhand, die Aufrichtung des Oberkörpers bleibt erhalten, Pfeil in ganzer Länge kommt in Sicht des Führungsauges.

Es lassen sich zwei entscheidende Veränderungen feststellen:

Durch die Verteilung der nötigen Kraft, um den Bogen zu öffnen, auf beide Seiten, wird es möglich, auch einen stärkeren Bogen mühelos zu ziehen. Beide Trapezmuskel kommen zum Einsatz.

Wenn wir mit unserem Inneren Auge auf unsere Rückenmuskulatur, konkret auf die Schulterblätter schauen, können wir feststellen, dass beide Partien im Laufe der Zeit in einem großen Gleichklang in unserem Rücken „verschwinden" und ein wunderbares Gefühl von Symmetrie und Harmonie entsteht. Oft stelle ich mich hinter die übende Person, um ein besseres Körpergefühl zu ermöglichen, aber auch, um zu schauen, ob die Parallelität tatsächlich stattfindet.

## Die Erfahrung mit der anderen Seite

Ich erwähnte bereits meine eigenen Schwierigkeiten und stelle heute in neuen Gruppen ein deutliches Erschrecken fest, wenn ich bereits am zweiten Tag des Übens dazu auffordere, sich auf die ungeübte Seite einzulassen. Ich fordere dazu auf, weil ich beobachten konnte, dass, je früher wir mit der anderen Seite beginnen, um so problemloser damit umgegangen werden kann. Und so sind wir oft ganz überrascht, wie gut das gelingt.

So neu diese Übung für uns ist, so alt ist sie tatsächlich. So heißt es in Padhati Dhanurveda, Verse 100-102 aus dem Jahr 1350:

> Ein Schütze, der beginnt, mit der linken Hand zu schießen, wird in kürzester Zeit in der Kunst des Schießens erfolgreich sein. Ist er mit der linken Hand erfolgreich, kann er es mit der rechten Hand versuchen. Im Laufe der Zeit sollte der Schütze lernen, Pfeile und Kugeln mit beiden Händen zu schießen. Auch der Rechtshänder sollte seinen Unterricht mit der linken Hand beginnen.
> (Übersetzung Wiethase, Hendrik. Wiethase Verlag, 2005.)

Volker Alles hat in dem Magazin *Traditionell Bogenschießen,* Nr. 69 Folgendes ausgeführt:

> Wenn mich Bogenschützen darauf ansprechen, warum ich gelegentlich meine Bogen auch linkshändig schieße, also mit der linken Hand ziehe und löse, antworte ich gerne: Wer seinen Bogen nur auf einer Seite schießt, gewinnt nur die Hälfte an Erfahrung.

Je älter unsere Erfahrung mit der einen Seite ist, umso ungeschickter benehmen wir uns, wenn es um die andere Hälfte geht. Ich muss lernen, andersherum zu stehen, mein Pfeil liegt jetzt auf der anderen Seite des Bogens (Faustregel: Der Pfeil läuft immer über dem Zeigefingergelenk). Schon die ersten Ansätze zum Öffnen des Bogens fallen extrem schwer, weil jetzt eine Muskulatur gefordert wird, die bisher kaum gebraucht wurde. Ich empfehle deshalb, für den Anfang immer einen schwächeren Bogen zu nehmen. Nach einiger Zeit des Übens kann der gewohnte Bogen wieder benutzt werden.

Die größte Hürde ist das Lösen des Pfeils. Die Finger „wollen sich einfach nicht entspannen" und wir haben das Gefühl, als hätten wir zum ersten Mal im Leben einen Bogen in der Hand. Aber das dauert nicht lange. Nach den ersten fünf gelungenen Schüssen stellt sich bereits eine kleine Vertrautheit ein und wir beginnen, uns mit der „falschen Seite" anzufreunden. Wir entdecken, wie flexibel unser Körper sein kann, wenn wir ihn entsprechend fordern und trainieren. Es ist überhaupt keine Frage, dass bei entsprechender Übung nicht nur unsere Muskulatur wächst, dass sich Blockaden lösen, sondern auch ein höheres Maß an Feingefühl entsteht in den Fingern, in der Hand, im Arm und eine neue Wahrnehmung der neu entdeckten Körperseite.

Also Schluss mit der Einseitigkeit, hin zur erfahrbaren Mitte.

Wenn ich heute gebeten werde, mit meiner geübten Seite zu schießen, muss ich mir überlegen, welche damit gemeint ist. Wenn ich in die Vergangenheit schaue, gibt es natürlich ein „Rechts" oder „Links". Schaue ich jedoch in die Gegenwart, dann entspricht diese Dualität nicht mehr meiner Erfahrung.

Jedenfalls möchte ich allen, die sich beidseitig schwertun, und das kann lange dauern, Mut machen, dranzubleiben und darauf zu vertrauen, dass unser Körper sehr viel lernfähiger ist, als wir ihm oft zutrauen.

Es versteht sich von selbst, dass wir auch bei anderen Verrichtungen sehr viel geschickter werden.

Verblüffend ist für mich und für manche mit uns Übenden, dass die Trefferquote mit der sogenannten ungeübten Seite oft deutlich besser ist als mit der gewohnten. Volker Alles berichtet in dem bereits erwähnten Artikel von einer ähnlichen Erfahrung und weist auf die „tief sitzenden eingefleischten Bewegungsmuster" hin, die einen freien Umgang unmöglich machen und damit völlig neue Erfahrungen verhindern. Unsere Vorstellungen, unsere Erfahrungen, unsere Muster sind natürlich eine große Hilfe und es ist gut, dass wir immer wieder auf sie zurückgreifen dürfen, aber sie können auch wie Ketten wirken, an die wir uns klammern und die uns binden. Es braucht viel Mut, sich auf Neues einzulassen, die ausgetretenen Pfade zu verlassen, damit sich neue Perspektiven ergeben können. Auch Volker Alles Beobachtung, dass die neuen Erfahrungen, sich im Laufe der

Zeit, unbemerkt und darum mühelos auf die geübte Seite übertragen, kann ich nur bestätigen. Mein „Gruppenbild“ ändert sich oft von einem Tag zum andern, ohne dass ich dafür eine Erklärung habe. Ich habe auch aufgehört, nach einer solchen zu fragen, sondern ganz im Frieden zu sein mit dem, was ist und wie sich mir mein Körper und Geist gerade zeigen.

Dass es jedoch so gute Ergebnisse geben kann, führt mich noch zu einem anderen Phänomen.

## Das Führungsauge

Die Recurvebogen haben entweder auf der linken oder auf der rechten Seite einen Einschnitt für eine bequeme Pfeilauflage. Durch diese Öffnung habe ich auch die Möglichkeit, den Pfeil und den Zielpunkt zu sehen, also zu zielen.

Konsequenterweise stand das Thema „Führungsauge“ immer am Anfang eines Anfängerkurses. Es wurde genau überprüft, welches Auge das Führungsauge tatsächlich ist, und entsprechend wurden der Bogen ausgesucht, Armschutz angelegt, Bogenhandschuh verteilt.

Da wir auf den Sehnen unserer Bogen eine Klebefilzwicklung aufgebracht haben, also keine Handschuhe mehr benötigen, die von uns verwendeten Bogen alle rechts und links geschossen werden können und wir einen Armschutz auf beiden Innenseiten der Unterarme brauchen, erübrigen sich diese sonst notwendigen Vorbereitungen.

Es bleibt allerdings noch die spannende Frage nach dem Führungsauge. Auch wenn es beim intuitiven Bogenschießen nicht die große Rolle spielt, da wir beide Augen geöffnet haben, so ist es doch für die gesamte Übung ein nicht unwesentlicher Faktor.

Mein rechtes Auge war das Führungsauge, was zu meiner bisherigen Technik gut gepasst hat. Was geschieht nun, wenn ich links schieße? Am Anfang konnte ich spüren, dass mein rechtes Auge die Führung übernehmen wollte, mit entsprechendem Ergebnis auf der Scheibe. Im Laufe der Monate änderte sich das und mein linkes Auge wurde immer aktiver und übernahm im Laufe der Zeit die Führung immer dann, wenn die Anforderung durch meine Bogenpraxis entsprechend war.

Das finde ich bis heute sehr faszinierend. Ich konnte feststellen, dass meine ungeübte Körperseite reagiert, die Muskulatur sich verändert, die Feinmotorik deutlich zunimmt und dadurch einzelne Abläufe besser gelingen als mit den eingefleischten Mustern der geübten Seite. Auch das Auge, das bisher inaktiv war (sein musste), stellt sich auf die neue Herausforderung ein.

Resümee: Unser Körper ist ganzheitlich geschaffen und mit entsprechendem Training gelingt es, beide Seiten so zu aktivieren, dass die Unterschiede immer geringer werden.

Der bereits erwähnte Neurobiologe G. Hüther spricht davon, dass niemand von uns mit seiner Entwicklung am Ende ist, sondern dass wir die Chance haben, in einem richtigen Abenteuer, Neuland zu betreten, aufregend, anregend, spannend. (Hüther, Gerald: *Was wir sind und was wir sein könnten*. Fischer Verlag, 2013.)

Wenn wir bisher von den Veränderungen in unserer Muskulatur und unserem Auge gesprochen haben durch die Übung mit der rechten und linke Seite, so wollen wir uns in einem größeren Abschnitt der Frage zuwenden, was in unserem Gehirn passiert. Damit kommen wir in den Bereich der Intuition.

## Die innere Stimme (Intuition)

Unter Intuition verstehen wir das nicht auf Analyse beruhende Erkennen, das Erfassen einer Situation und ein daraus resultierendes Verhalten. Es ist ein Wissen, das nur mit Weisheit „jenseits von Weisheit“ bezeichnet werden kann. Es ist unmittelbares und nicht bewusst oder vernünftig gesteuertes Handeln, das oft auch vernunftwidrig anmutet, unlogisch und deshalb rational nicht fassbar. Da es „aus dem Bauch“ zu kommen scheint, tun sich Menschen, die von ihrer Intuition geleitet werden, in Auseinandersetzungen mit anderen sehr schwer, da es ihnen nicht möglich ist, logisch zu argumentieren im Sinne von erstens, zweitens, drittens ..., sondern sie einfach nur sagen können: „Mein Gefühl sagt mir ...“ Wer so redet, hat in unserer Welt, vor allem in der Geschäftswelt, aber auch beim persönlichen Ringen um Entscheidungen, ziemlich schlechte Karten – zumindest auf den ersten, oberflächlichen Blick –, denn er entzieht sein Denken, Reden und Handeln einer nachvollziehbaren Kontrolle, begibt sich in einen dem Verstand nicht zugänglichen, nicht überprüfbaren Bereich.

Unsere Zeit ist geprägt durch Analysen. Die Analysten beherrschen das Geschehen an der Börse, Banken gewähren Kredite nach exakter Analyse des Marktes. Bis in die intimste Privatsphäre hinein geht es um eine möglichst systematische, sprich logische Untersuchung eines Sachverhalts oder einer Situation, um zu einem möglichst risikolosen, abgesicherten Handeln zu kommen.

Ich bin weit davon entfernt, dies schlecht reden zu wollen oder zu verurteilen. Im Gegenteil: Wir brauchen unseren klaren Verstand und unsere Vernunft. Was wir jedoch verinnerlichen sollten, ist die Erkenntnis, dass der Verstand nur einen Teilbereich dessen ausmacht, woraus die Impulse für unsere Einsicht kommen. Beim Rezitieren von Texten, beim Lesen eines Goethe-Gedichts erleben wir, dass es zwei Ebenen des „Verstehens“ gibt. Wir können einen Text sprachanalytisch verstehen und spüren gleichzeitig intuitiv, dass sich uns nur eine Seite, nämlich die oberflächlichere Seite erschließt. Wir ahnen, dass es eine Wahrheit gibt „zwischen den Zeilen“ bzw. „hinter den Worten“ und dass diese Wahrheit wesentlich ist, etwas mit unserem tiefsten Wesen zu tun hat, sich uns jedoch nur bruchstückhaft, in einem fortdauernden Prozess erschließt. Diese Form des Verstehens klammert den Verstand nicht aus – geht jedoch über ihn hinaus. Intuition können wir auch als unsere „innere Stimme“ bezeichnen. Sie ist etwas, das wir nicht greifen, auch nicht begreifen, wohl aber vernehmen und spüren können.

Es gibt Momente, in denen wir den intuitiven Anteil ganz deutlich in uns wahrnehmen. Dann kann es möglicherweise zu Spannungen kommen: „Eigentlich sollte ich mal zum Arzt gehen, um mich durchchecken zu lassen, aber das hat auch noch Zeit“; „Ich möchte am liebsten einmal gar nichts tun, aber das kann ich mir überhaupt nicht leisten.“ Auf diese Weise vernichten wir viele unserer intuitiven Wünsche und Eingebungen mit unserem rationalen Denken. Wir bringen diese Stimme zum Schweigen durch unser „Ja, aber ...“ Es ist an der Zeit, diesen Vorgang einmal genau zu überprüfen, um zu erkennen, dass wir uns mit diesem „Aber“ einem lebenswichtigen Impuls entziehen: Aus unserem spontanen „Ja“ wird ein „Nein“ ... mit manchmal bedauerlichen Konsequenzen für unser Wohlbefinden, unsere Gesundheit, unsere Beziehungen, für unseren Beruf. Übrigens: Die Behauptung, dass Frauen intuitiver sind als Männer, ist wissenschaftlich nicht erwiesen.

## Herr Aber

Sehr ausgeprägt erlebte ich eine solche Situation bei einem Kursteilnehmer, einem sehr liebenswürdigen älteren Herrn. Ich nannte ihn „Herr Aber", weil er mir mit seinem ständigen „Ja, aber" keine Chance gab, ihm irgendetwas wirklich zu zeigen. So erklärte ich der Gruppe unter anderem, dass ein Bogen ohne Pfeil niemals gezogen und gelöst werden dürfe, da sich im Bogen eine große Energie aufbaue, die im Normalfall an den Pfeil abgegeben wird. Fehlt der Pfeil, muss sich – zwangsläufig – die Kraft ausschließlich auf die Bogenarme übertragen, was zu feinen Rissen bei Fiberglasbogen und zur völligen Zerstörung bei reinen Holzbogen führen kann. „Herr Aber" hatte einen ganz neuen, wunderschönen Holzbogen mitgebracht. Er hörte meine Argumentation geduldig an. Doch hatte „Herr Aber" tatsächlich gelernt? Selbst meine auf Erfahrung beruhende Argumentation, die noch nicht einmal intuitiv gesteuert war, konnte ihn nicht davon abhalten, zu beteuern: Mit meinem Bogen passiert das nicht, weil erstens, zweitens, drittens ... Ich arbeitete weiter mit der Gruppe, bis es einen heftigen Knall gab und der neue Holzbogen in Fetzen flog.

So zerbrechen immer wieder neue Bogen, werden zugrunde gerichtet durch Sachlichkeit, Nüchternheit, Lieblosigkeit, Kälte! Ob wir lernen, beidem, der Intuition und der Ratio, den ihnen gemäßen Platz einzuräumen?

Möglicherweise hören Sie beim Lesen dieses Buches eine innere Saite, über die der Wind streicht und die leise zum Schwingen kommt ... Diese Saite hat die Fähigkeit zu klingen. Verfolgen Sie diesen Ton weiter? Geben Sie ihm die Chance, einen breiteren Raum einzunehmen? Oder setzen Sie ein „Ja, aber..." dagegen?

Sind wir bereit zu lernen, dass diese innere Kraft eine große Bereicherung für uns darstellt, wenn wir wagen, sie zu leben? Wir müssen uns eingestehen, dass dieses Pflänzchen namens Intuition ein Schattendasein führt, verkümmert und kaum eine Möglichkeit hat, tief zu wurzeln, um zu erblühen und Früchte in unser Leben hineinzutragen. Unsere Vorfahren waren für ihr Überleben in hohem Maße auf ihre Intuition angewiesen. Sie hatten psychische Wahrnehmungskräfte, von denen wir nur noch wenig ahnen, die uns jedoch nicht gänzlich verloren gegangen sind. Wir haben durch unsere Orientierung nach außen, durch unser Setzen auf materielle Werte den Zugang und vor allem das Vertrauen in unsere innere Stimme und unsere inneren Werte verloren.

Unser Intellekt lebt von dem, was andere uns lehren und was zur (uns) gelehrten Wahrheit wurde. Es kommt danach also von außen und ist für uns schwer überprüfbar.

Unser Problem ist die Einseitigkeit, mit der wir nicht nur unsere privaten, sondern auch unsere beruflichen Aufgaben erledigen. Es gibt so viele Situationen, in denen nicht unser logisches Denken gefragt ist – mit seinem oft starren Konzept, an dem wir uns dann krampfhaft festhalten – ‚sondern unser spontanes Entscheiden, unser intuitives Erfassen eines Augenblicks. Dies gelingt nur im Loslassen aller Konzepte und Regeln und im Einlassen auf das Jetzt. Dazu bedarf es jedoch des Mutes, der Klarheit und der Bereitschaft, Verantwortung zu übernehmen. Natürlich ist es leichter, sich starr auf Konzepte zurückzuziehen. „Damit mache ich auf keinen Fall etwas falsch“, meldet sich dann die Stimme des Verstandes. Dabei ist genau diese Reaktion an dieser Stelle absolut falsch. Es sind in der Welt schreckliche Dinge passiert, weil sich Menschen auf gewohnte Konzepte zurückgezogen haben – und es erfolgen in Betrieben falsche Entscheidungen, weil der Mut fehlt, spontan und flexibel zu reagieren. Genauso gibt es viel zu viel vermeidbare Unmenschlichkeit, z. B. in Schulen, Krankenhäusern, Dementeneinrichtungen, weil die Menschen nur gelernt haben, „Befehle“ auszuführen, und meinen damit auf der „sicheren Seite“ zu sein. Intuition hat mit Spontaneität, Flexibilität und Wachheit zu tun. Es wäre ein großer Gewinn für all unsere Lebensbereiche, würden wir diesem Lebenselixier einen breiteren Raum zugestehen. Intuition braucht uns niemand zu lehren, sie ist da, kommt von innen. Wir haben nur verlernt, mit ihr umzugehen, uns ihr anzuvertrauen. Wir bedürfen nur ganz einfacher Formen, um uns diesem Teil unseres Seins wieder zu nähern. Natürlich geschieht dies nicht von jetzt auf gleich. Aber mit entsprechender Bereitschaft und Übung wird es uns gelingen, in Harmonie zu leben zwischen Bewusstem und Unbewusstem.

# Öffne dein Herz

Was hat diese ausführliche Besprechung der Intuition mit unserer Bogenübung zu tun? Wir haben erkannt: Die einseitige Überbetonung hat zur Folge, dass wir aus unserer ursprünglichen Einheit mit uns selbst und unseren Gefühlen herausgefallen sind. Damit haben wir nicht nur die Verbindung zu unserem Körper und seiner Weisheit verloren, sondern auch unsere innere Balance. Wir sind gefangen in unseren Denk- und Verhaltensmustern, die maßgeblich bestimmt werden durch die in unserem bisherigen Leben gemachten Erfahrungen. Diese Erfahrungen verfestigen sich, werden zu falsch und richtig, machen Angst, weil darin gefangen, und geben Sicherheit, weil damit vertraut. Wir werden uns in einem späteren Abschnitt ausführlich mit dem Thema Muster beschäftigen.

Wirkliche Veränderungen ergeben sich nicht durch neue „Denkmuster", die wir uns befehlen, sondern durch neue Anstöße und Erfahrungen, die uns helfen, aus unseren Denkschablonen herauszukommen. Lassen Sie uns diese Weisheit überprüfen in der Übung unseres Bogenweges.

Die Veränderungen durch das beidseitige Schießen betreffen neben Muskulatur und Auge in hohem Maße auch unsere Gehirnhälften. Wenn es so ist, dass beim Rechtshandschützen, was die meisten sind, die linke Gehirnhälfte aktiv ist und dauernd trainiert und gefordert wird, dann bedeutet dies gleichzeitig eine Unterforderung unserer rechten Gehirnhälfte. Die linke Seite ist die Seite unseres Verstandes, die rechte Hälfte die Seite unserer Gefühle. Wird diese Seite kaum benutzt, vielleicht sogar unterdrückt, gleicht sie einer Pflanze, die zwar vorhanden, aber, weil nicht gepflegt, immer mehr verkümmern muss. Genau das aber geschieht mit allen Folgen. So finde ich bei Dethlefsen und Dahlke folgenden Satz: „Es ist leicht einzusehen, wie unheil ein Mensch wäre, der nur eine der beiden Hirnhälften besäße (siehe Verluste der Einheit), doch genauso unheil ist in Wirklichkeit das übliche, wissenschaftlich genannte Weltbild unserer Zeit, denn es ist das Weltbild der linken Hirnhälfte." (Dethlefsen/Dahlke: Krankheit als Weg. Goldmann, München 1990.) Und Albert Schweitzer, der berühmte Urwalddoktor von Lambarene sah schon vor über dreißig Jahren das „zwischenmenschliche Verhältnis geprägt von Fremdheit und Kälte, weil niemand sich traut, sich herzlich zu geben.“ Aus seinem – aus dem Herzen kommenden Suchen – nach einer neuen Beziehung zu allen Wesen, ist ein neuer, verantwortlicher Umgang entstanden, der gipfelte in einer alles umfassenden Ethik, formuliert in dem Grundsatz, der sein Thema werden sollte: „Ehrfurcht vor dem Leben.“ Seine Analyse ist heute nicht nur immer noch stimmig, sondern hat sich dramatisch verschärft. Ich bin überzeugt, dass manche unangenehmen Aussagen und Handlungen in Politik und Wirtschaft weniger aggressiv aufgenommen worden wären, wenn keine Analysten und Bürokraten, sondern Menschen mit Herz diese ausgesprochen hätten.

Damit kann beidseitiges Bogenschießen unser Leben verändern, und haben wir unsere Ängste überwunden, öffnet sich unser Herz und es kommt etwas zum Klingen, was als Potential schon immer in uns vorhanden war, aber nicht wirklich gelebt wurde: Mitgefühl mit allen Wesen. Ich gestehe, dass dies nicht immer einfach ist, Verwunderung, Kopfschütteln, Unsicherheit auslöst, aber es schafft auch Vertrauen und Nähe. Übrigens – wer sagt, dass unser Leben immer einfach sein soll? Darum geht es nicht, sondern es geht darum, dass wir Menschen sind mit menschlichen Gefühlen und dass wir lernen, diese Gefühle einzubringen in unsere Umgebung, unsere Familien, unseren Freundeskreis und in diese ganze Welt. Mit dieser Einstellung sind wir ein Segen und verändern mit diesem Segen die Welt. Es kann nicht das Privileg des Papstes sein, den Segen „Urbi at Orbi“, dem Land und dem Erdkreis ‚zu spenden. In welchem Geist begleiten wir die Dinge, die in der Welt geschehen? Mit welchem Geist sind wir bei den Entscheidungen unserer Politiker, wie begleiten wir die Manager in den Betrieben und Gewerkschaften? Ich staune manchmal, dass doch auch immer wieder Entscheidungen getroffen werden, die tatsächlich im Sinne und zum Heil der Gesamtheit sind. Wenn wir die Menschen bei großen und kleinen Entscheidungen mit unserer geistigen Destruktion begleiten, stellen wir sie in eine negative Ecke, aus der sie kaum herauskommen können. Was diese Entscheidungsträger brauchen, sind: Gefühle, Gedanken, Worte, Handlungen, die aus dem Herzen kommen und ihren Ursprung in unserer rechten Gehirnhälfte haben.

Indem wir segnen, geschieht eine erstaunliche Veränderung, und zwar in zwei Dimensionen. Im Benediktinerkloster in Damme fand ich folgenden Satz, dessen Verfasser unbekannt ist: *Segnen stiftet eine neue Identität.* Wenn wir Segnende werden, werden die Antworten auf die Fragen: Wer bin ich? Was ist mein Auftrag in dieser Welt? Was ist der Sinn meines Lebens? andere sein. D.h., Segnende verändern etwas bei sich selbst, werden zu Gesegneten, und sie stiften Segen. Was geschieht eigentlich durch unser Segnen? Segnen ist keine Technik, keine Methode, die wir anwenden, sondern ist unsere Gegenwart, die wir leben und verkörpern. Es ist keine Aktion, oder eine Aktion, die wir an jemandem ausüben, sondern wir verändern unsere Beziehung. Es ist eine Beziehung, die uns befähigt, die Welt, so wie sie ist, in uns willkommen zu heißen und sie durch unsere Präsenz zu verändern. Wir müssen davon ausgehen, dass jeder Fluch den Kosmos verändert. Er ist nicht mehr das, was er vorher gewesen ist. Im Gegenzug dürfen wir jedoch auch davon ausgehen, dass unser Segnen den ganzen Kosmos verwandelt. So wie der Fluch uns persönlich verändert und den Kosmos, so auch der Segen. Versuchen Sie es einmal, eine Woche lang im Geiste des Segnens in den Tag zu gehen, den Menschen zu begegnen, in Konfliktsituationen hineinzugehen, Nachrichten zu hören usw. ,und schauen sie, was geschieht – mit ihnen! Sie werden erstaunt sein.

## Beten im Zen

An dieser Stelle möchte ich gerne auf eine Frage eingehen, die für Zen-Übende immer wieder zum Thema wird. Wird im Zen gebetet, oder spielt Beten überhaupt keine Rolle?

Ganz gleich, welche Art des Betens wir uns vorstellen, als Anrufung, Anbetung, Dank, Ergebung, Lobpreisung, Bitte, Klage, Flehen, Fürbitten, ob vorgetragen als Vergeltungswunsch oder als Segenswunsch, ob an eine Naturgottheit oder an ein im Himmel lokalisiertes höchstes Wesen oder an eine mit der Erde verbundene Muttergottheit, immer hat das Gebet ein mehr oder weniger konkretes Gegenüber, an das der Betende sich wendet, sich vor ihm niederwirft oder eine andere Form einer Begegnung findet.

Zazen üben heißt, sich in ein dynamisches Geschehen einlassen, bei dem nichts bleibt, wie es war.

Die übende Person muss damit rechnen, dass ihr gegenständliches, dualistisches Glaubensverständnis gewandelt, überholt wird von der Erfahrung, die mit der Übung entsteht.

So sagte mir vor einiger Zeit eine Schülerin, die sehr gut katholisch, sogar als katholische Meditationsleiterin ausgebildet und trotzdem Schülerin geblieben ist:

„Alle meine Vorstellungen an einen persönlichen Gott, einen Schöpfergott und alles, was damit zusammenhängt, sind zusammengebrochen, sie sind überholt von der Erfahrung einer großen Einheit und einem Frieden, der nicht auf Glauben beruht, sondern auf Erleben."

Und auf meine Frage, wie es ihr mit alledem ergehe, meinte sie ganz glücklich, es sei so befreiend, es sei so viel Angst und Schuld von ihr abgefallen, ihr Leben ordne sich ganz neu.

Damit ist der grundsätzliche Unterschied zwischen Mystik in weitem Sinne, in die ich nun auch Zen einbeziehe, und einer dualistischen Gottesvorstellung, wie sie sich im Glaubensbekenntnis im 1. Artikel ausdrückt, angesprochen.

Das gilt für alle Religionen, denn sie alle haben eine Theologie. Sie fußen auf der Vorstellung von einem Gott. Hò theo`s. Theologisches Denken orientiert sich an Gott. Für Zen steht der Mensch im Mittelpunkt. Gott ist nicht etwas über der Menschheit, auch nicht über oder außerhalb der Schöpfung. Vielmehr ist die gesamte Schöpfung in all ihren Facetten eine Manifestation dessen, was in der christlichen Vorstellung Gott genannt wird. Der Mystiker Angelius Silesius sagt:

> In Gott ist alles Gott; ein einziges Würmelein,
> das ist in Gott so viel als tausend Engelein.

Und Meister Eckhart meint:

> Mein Auge und Gottes Auge ist ein Auge...

Es gibt im Zen keine Gottesvorstellung, damit ist Zen keine Religion, weil Religion einen personalen Gott als Voraussetzung hat. Auch gibt es kein heiliges Buch und/oder einen Offenbarer. Das sind die drei Säulen einer Religion: Gott (Einzigen), Buch (Dogmen), Offenbarer (Prophet). Im Zen gibt es alle drei nicht.

Wenn wir allerdings Religion definieren als „fest machen im Urgrund," als „Verwurzeltsein," dann ist Zen Religion, dann ist Zen zutiefst theistisch, nur ohne Gott, denn Gott ist nicht der Überbau, sondern in allem enthalten. Er ist nicht dort, irgendwo, denn im Zen gibt es kein Dort, alles ist gegenwärtig.

Gott ist nicht dann, sondern jetzt, weder in einem anderen Raum noch in einer anderen Zeit. Dieser Augenblick ist alles. In diesem Augenblick kommt die ganze Schöpfung zusammen.

Nach diesem Verständnis gibt es keinen Gott, der im Himmel thront und das Leben und die Schöpfung lenkt. Es gibt keine äußere Autorität. Nach Gott brauchst du nicht zu suchen, du brauchst nur die Augen aufzumachen. Gott, Schöpfung, geschieht, konkret in diesem Moment. Tanz und Tänzer sind nicht zu trennen. Ohne Tanz – kein Tänzer, ohne Tänzer keinen Tanz. Schöpfer und Schöpfung sind eins. Das Leben möchte sich entwickeln, ganz aus sich selbst, ohne ein Gegenüber, das Gott heißt.

Der Physiker und Nobelpreisträger Albert Einstein (1879-1955) meinte: „Die Religion der Zukunft wird eine kosmische sein. Sie sollte einen persönlichen Gott transzendieren und Dogma und Theologie vermeiden. *(zitiert* nach Kallen: *Was kommt nach dem Christentum?* Eigenverlag, *2010.)*

Im Zen gibt es keinen Gott. Auch Buddha ist kein Gott. Er hat sich mit mäßigem Erfolg gegen die von den Menschen immer wieder angestrebte Vergöttlichung gewehrt. Der Mensch ist für sich selber verantwortlich und für die Welt, in der er lebt. Wenn es Leid gibt, ist der Mensch verantwortlich, niemand sonst. Wir können die Verantwortung nicht abwälzen. Wenn die Welt abstoßend ist und viel Schmerz erleidet, dann sind wir verantwortlich.

Wenn es keinen Gott gibt, der „alles so herrlich regieret," dann stellt sich die Frage, warum Gott das zulässt, was alles passiert, nicht mehr, denn diese Frage beantwortet sich nach dem Gesetz von Ursache und Wirkung, und dieses Gesetz kann ich nicht verändern, aber es ist kein Schicksal, denn je nach Art der Ursache, ist auch die Wirkung heilsam oder unheilsam.

Nun würden wir aber Zen – nach meinem Verständnis – missverstehen, wenn wir „keinen Gott" gleichsetzen würden mit „Nichts".

Das sind jetzt schwierige Formulierungen und ich will versuchen, mit ein paar Beispielen mich dem Wesentlichen tastend anzunähern. Dabei gehe ich gerne auf Bilder und Texte aus dem Alten und Neuen Testament ein, in der Annahme, dass diese Sprache und diese Gedanken meinen verehrten Leserinnen und Lesern mehr oder weniger vertraut sind, bzw. ich lade Sie ein, diese kennen zu lernen.

Nehmen wir aus dem AT die Formulierung: *Du sollst Dir kein Bildnis machen. (2. Buch Mose 20,V4)*

Wir wissen, dass es dabei nicht einfach um Bilder geht, sondern um alle Gottesvorstellungen, die wir mit uns herumtragen und die sich ja auch immer wieder ändern. Alle Eigenschaften, die wir Gott geben, sind letztlich Bilder und entsprechen immer unseren persönlichen Erfahrungen. Es ist immer etwas, das mit uns, mit unserem Ich, zu tun hat. (Feuerbach: Gott ist eine Projektion unserer eigenen Vorstellungen.) Wenn es uns gelingt, dies alles wegzulassen, was bleibt übrig? Konsequent? Reines Nichts!

Und wenn Gott auf die Frage des Mose, wer er denn sei, antwortet: *Ich bin der „Ich-bin-da“ (*Exodus 4, V.14), dann stellt er sich selbst vor als das reine Sein.

Jesus sagte: *Ich und der Vater sind eins.* (Evangelium Johannes 10, V.30.) Da ist kein Ich, da ist kein Vater, aber auch kein Nichts. Und diese Erfahrung bezieht Jesus wie alles, was er sagte, nicht allein auf sich und nur für ihn geltend, sondern mit allem beschreibt er, sozusagen modellhaft, wozu wir berufen sind.

Es dürfte deutlich werden, dass das Fehlen eines Gegenübers der Bibel nicht fremd ist, sehr wohl jedoch in der Entwicklung der Kirche nicht zu einem tragenden oder gestaltenden Element wurde.

Ein Bild aus der Zen-Tradition: Wir alle verstehen uns als individuelle Wesen, vergleichbar einer Seifenblase. Das Selbstverständnis dieser Seifenblase ist geprägt von Ich und Mein oder Ich und Du, abgegrenzt von allem. Erst wenn die Seifenblase platzt, wenn der Ich-Panzer sich auflöst, erleben wir uns als das, was wir schon immer waren und sind, wir erleben uns als das Ganze. Damit ist das Ich, ein organisatorisches Ich, nicht gestorben, aber es hat eine andere Funktion bekommen.

Dieses Bild wird sehr schön bestätigt von Nicolaus von Kues, einem christlichen Mystiker. Er hat den Begriff des „Nicht-Anderen“ für das Absolute, für Gott gewählt.

Jedes „Andere“ oder Unterschiedene stellt einen Gegensatz zu anderem dar und ist daher nur ein Teil des Ganzen, während es im Absoluten oder Nicht-Anderen keine Teile geben kann. Die Teile partizipieren auch nicht am Absoluten, also haben nicht teil, sondern sie sind das Absolute. Das Einzelne ist das Absolute und das Absolute das Einzelne und gleichzeitig ist das Einzelne eine Manifestation des Ganzen.

Jakob Böhme, ein christlicher Mystiker, spricht von dem „Ungrund“. Eine wundervolle Beschreibung, gerade in ihrer paradoxen Widersprüchlichkeit.

Dietrich Bonhoefer sagt: „Der Gott, den es gibt, gibt es nicht!“ Niemand wird daraus schließen wollen, dass es für Bonhoefer nichts gibt.

Nähern wir uns mit diesen Formulierungen vielleicht dem, was wir „Christusleib“ nennen oder im Zen „Buddha-Natur?“

In einem wundervollen Zen-Text mit dem Titel „Der Ochs und sein Hirte“(s. Glossar), in dem der innere Weg des Menschen in zehn Bild-Texten beschrieben wird, ist ganz oft von „Heimkehr“ die Rede. „Der Hirte kehrt heim… „ oder „Schon ist der Hirte heimgekehrt…“ Heimkehr wohin?

Und dann heißt es „Peitsche und Zügel, Ochs und Hirte sind spurlos zu Nichts geworden“ dargestellt in einem Kreis. Und dieses Nichts wird im nächsten Text beschrieben mit den Worten: „In den Grund und Ursprung zurückgekehrt…“

Ich glaube, wir spüren in diesen Zitaten die große Zurückhaltung und Scheu, wenn es darum geht, das Non-Duale zu beschreiben. Wenn der Mystiker über seine Erfahrung spricht, darf er sich nicht in Begriffe verwickeln lassen. Er tut es in dem Wissen, dass alle Worte, das, worum es geht, verzerren und alle Worte nur der Finger sind, der auf den Mond zeigt.

Allen Beschreibungen gemeinsam ist, dass es um eine Einheitserfahrung geht, die das gesamte Weltbild verändert. Alle Religionsstifter schöpften aus dieser Quelle, die dann allerdings, oft sehr bald, verschüttet wurde. So haben die Religionen weitgehend ihre kontemplativen Übungswege verlassen und identifizieren sich mit einer mythologischen, rationalen, dogmatischen Theologie.

Nun wäre es ein großes Missverständnis, wenn wir dieses „Andere", dieses „Eine", das jenseits aller Worte ist, verstehen würden als ein unabänderliches Schicksal, dem wir ausgeliefert sind.

Das Gegenteil ist der Fall. Erinnern wir uns. Schöpfung geschieht dauernd und wir sind Schöpfung und Schöpfer zugleich. Es liegt an uns, wie sich Schöpfung entwickelt. Wir gestalten das, was wir Wirklichkeit nennen, mit unserem Denken, Reden, Handeln.

Ich will das an zwei Beispielen verdeutlichen: Wie gehe ich damit um, wenn es regnet. Ich kann sagen: „Was ein Deckswetter", und dann ist es das auch. Oder ich kann sagen: „Es regnet, ich brauche eine Regenschirm." Indem ich meine Wahrnehmung verändere, verändere ich auch die Wirklichkeit.

Oder nehmen Sie als Beispiel die Begegnung mit einem Menschen, bekannt oder unbekannt. Ich kann ihm mit Offenheit begegnen oder mit Vorurteilen. Ich kann seine Ideen in meine Vorstellungen einbeziehen, oder ich versuche, meine Vorstellungen (in dem Wissen, im Besitz der reinen Wahrheit zu sein) durchzusetzen. In der Art, wie ich jemandem begegne, ermögliche ich Begegnung oder auch nicht.

Wir halten also fest: Wir haben gestalterische Fähigkeiten, und wenn wir dies sehen im Blick auf die Einheit, aus der wir leben, dann verändern wir mit dem Kleinsten, das wir tun oder nicht tun, das Ganze.

Was bedeutet das in Bezug auf Beten? Und wie kann Beten geschehen?

Beten heißt leben aus der Einheit, Füße am Boden, Kopf im Himmel. Dies hat konkret ganz unterschiedliche Formen:

Da ist ein junger Arzt, der aufgrund einer Krebserkrankung nur noch kurze Zeit zu leben hat. Er fragt mich: „Was soll ich tun?" Soll ich ihm sagen: „Bete zu Gott, dass er dich heilt?" Nein, aber ich sage zu ihm: „Du hast die Wahl. Du kannst dich auflehnen gegen deinen Weg und damit dir und deiner Umgebung das Leben zur Hölle machen, oder du kannst dich auf dein Kissen setzen und mit jedem Atemzug „Ja", sagen, „einverstanden" . Tu das nicht mit einer Erwartung, sondern schau einfach, was passiert." Das hat er getan und noch über 7 Jahre leben dürfen, im Frieden, versöhnt. Sein Gebet lautete: *Ja, ja, ja...* Oder auch: *Danke, danke, danke...*

Manchmal empfehle ich einem Übenden, mit einem Mantra zu arbeiten. Ähnlich wie beim obigen Beispiel geht es darum, ein Wort, eine Folge von Worten, mit dem Atem zu verbinden und zu sprechen. Mantra ist eine schwierige Praxis, weil sie dem Ehrgeiz Raum lässt, mit dem Mantra eine Erwartung zu verbinden, also eine bestimmte Vorstellung umzusetzen, also die Intention des Egos durchzusetzen. Tatsächlich aber geht es darum, dass durch das Mantra das wahre Selbst zum Ausdruck kommt, aber dazu muss man sich dem Mantra ausliefern, ohne Hoffnung auf irgendeinen Gewinn.

Ein Mantra richtet sich nicht an einen Gott oder irgendetwas, das außerhalb von mir ist. Wenn es darum geht, das wahre Selbst zum Ausdruck kommen zu lassen, dann ist das Mantra ein Lauschen, ein Öffnen für das, was als Gabe in mir vorhanden ist, aber nicht leben kann. Das Sprechen eines Mantras ist wie das Begießen einer Blume. Nehmen Sie als Beispiele *Vertrauen* oder *Liebe*. Viele Menschen haben durch ihre Lebenserfahrung damit große Defizite und leiden darunter enorm. Wenn ich mich einübe, bei meiner Meditationspraxis jedes Ausatmen mit diesem Wort zu verbinden, berühre ich damit etwas, das in mir immer noch vorhanden ist, jedoch im Augenblick nicht gelebt werden kann, das ich jedoch mit meiner Energie wecke und stärke. Die Veränderung beginnt schon in dem Augenblick, in dem ich es tue, denn ohne *Vertrauen*, ohne *Liebe* zu mir selbst, wäre ich dazu nicht bereit.

Nachdem ich versucht habe zu beschreiben, was Beten für uns persönlich bedeutet, möchte ich nun an einem Beispiel deutlich machen, wie Beten für den ganzen Erdkreis geschehen kann.

Als vor kurzem die Nachrichten über das Ölunglück im Golf von Mexiko uns erschütterten, erreichte uns der Brief eines Indianerhäuptlings von einer der betroffenen Inseln, in dem er sehr deutlich die Lage und die Perspektiven der Menschen um ihn schilderte.

Wir haben über unser Adressenverzeichnis und über unsere Homepage den Brief veröffentlicht und Folgendes dazu geschrieben:

> Da in diesem berührenden Text immer wieder das Wort „beten“ vorkommt, erscheint es uns wichtig, dazu aus zen-buddhistischer Sicht etwas zu sagen.

Beten heißt nach diesem Verständnis, unsere eigenen guten Energien, die Kraft unserer Liebe und unseres Mitgefühls, zu sammeln und dorthin zu senden, wohin unser Herz uns führt.

Unsere Liebe senden wir an die Stelle des Bohrlochs, dorthin, wo die Erde blutet, und bitten um Vergebung für das, was wir Menschen der Erde antun.

Unser Mitgefühl senden wir den Meerestieren, den großen und kleinen, den Seevögeln und Pflanzen und bitten um Vergebung für das, was sie durch uns leiden müssen.

Unsere gute Energie senden wir zu den Ingenieuren und Technikern, die unter Einsatz ihres Lebens versuchen, das ausfließende Öl zu stoppen. Möge ihnen Weisheit und Liebe für ihre schwierige Aufgabe geschenkt werden.

Unsere gute Energie senden wir den Managern und Aktionären aller Ölkonzerne, dass sie sich in ihrem Tun leiten lassen von Verantwortung für die Zukunft und nicht von Gier und Wahn.

Unsere gute Energie senden wir allen verantwortlichen Politikern, dass sie den Mut haben, Schritte zu tun, die diese Erde heilen.

Mögen bei uns allen die vom Buddha genannten Gifte, Gier, Aggression und Verblendung, immer weniger wirken, damit wir und die Menschen um uns heilen können.

Folgende kleine Episode habe ich in Erinnerung:

Ein alter Mann saß jeden Tag stundenlang still in der Kirche. Eines Tages fragte ihn der Priester, worüber Gott mit ihm spreche. „Gott spricht nicht. Er hört nur zu“, war die Antwort.

„Was sprichst du dann mit ihm? Ich spreche auch nicht. Ich höre nur zu.“

Beten heißt schweigen. Stille ist die höchste Form des Gebets, denn diese Stille ist ein großes Ja zu dem, was ist.

Beten ist also ein Ausstrahlen von Liebe, Licht und Mitgefühl an all die dunklen Stellen dieser Welt, und diese Verbindung endet nicht mit dem Gebet. Die Aufforderung im 1. Brief an die Thessalonicher „*Betet ohne Unterlass*“ hat mir immer Mühe gemacht, weil ich sie nicht leben konnte, denn meine bis dahin praktizierte Form des Betens spaltete meinen Alltag auf in Zeiten des Gebets und Alltag, oder beten, wenn ich eine Pause habe, als wäre das Gebet ein Lückenfüller.

Im Geiste des Zen ist dieser Satz eine Aufforderung zu ständiger Achtsamkeit...

Vielleicht ist deutlich geworden, dass wir mit diesen Beispielen den Weg unserer Zazen-Übung beschrieben haben.

Wir beginnen immer mit unserem eigenen Körper. Mit unserer Haltung, Atmung und wir gehen dabei natürlich auch mit unseren liebevollen Gedanken dorthin, wo unser Körper uns gerade Probleme schafft.

Unser inneres Auge weitet sich und wir öffnen uns für unser direktes Umfeld, ohne Bewertung. Alle unsere Sinne sind geöffnet.

Mit dem nächsten Schritt gehen wir zu den Menschen, Wesen, die uns besonders nahe sind, berühren sie mit unseren liebevollen Gedanken. Familie, Freunde, Mitglieder unserer Gemeinschaft.

Und so geht unser inneres Auge weiter und wir wissen und wir wollen nicht stehen bleiben bei dem engen, für uns überschaubaren Rahmen, sondern wir gehen weiter, an all die Brennpunkte dieser Erde, zu all den Menschen, die Verantwortung tragen.

Und schließlich kehren wir wieder zurück zu uns, sind versammelt in der Stille, eins mit allem, lauschen unserem Atem, bis auch dieser nicht mehr zu hören ist. Stille!

Was geschieht in der Einheit mit dem, was wir Buddha-Natur oder das Göttliche nennen, beim Übenden? Was geschieht an Befreiung, an Heilung? Es ist die Einübung, die Welt der Formen aus der Sicht des Formlosen zu betrachten. Es ist häufig auch die Wahrnehmung des Kleinen, des Unscheinbaren, das Hören wird zu einem Hören auf das Seufzen der Kreatur. Ich gebe meine Augen weg und sehe mit den Augen Buddhas, höre mit den Ohren Buddhas, rede mit Buddhas Mund.

Unsere Übung ist also nicht einfach eine Wendung nach innen, sondern ein Freiwerden für eine andere Lebensweise. Die Einheitserfahrung bewirkt nicht einen neuen Blick auf Gott oder Buddha, sondern bewirkt eine andere Beziehung zur Welt. Aus dem Einssein entsteht eine neue Beziehung zu allem Leben. Wenn die Übung zur Privatsache wird, läuft etwas schief.

Und so beschreibt der bereits erwähnte Bilderzyklus „Der Ochs und sein Hirte“ das Leben des Bodhisattva (s. Glossar), das Leben des Menschen, der ohne Unterlass betet, mit den Worten:

> Mit entblößter Brust und nackten Füßen kommt er herein auf den Markt. Das Gesicht mit Erde beschmiert, der Kopf mit Asche über und über bestreut. Seine Wangen überströmt von mächtigem Lachen. Ohne Geheimnis und Wunder zu mühen, lässt er jäh die dürren Bäume erblühen.

Wenn wir so beten, wird jedes „Gebet“ zu einer Heimkehr zu uns selbst und zur ganzen Welt.

## Heimkehren

In dem bereits erwähnten Bilder- und Textzyklus zeigt das sechste Bild den Hirten, sitzend auf dem Rücken des Ochsen, Flöte spielend. Dazu lautet der Text:

> Der Hirte kehrt heim auf dem Rücken des Ochsen,
> gelassen und müßig.
> In den fernhinziehenden Abendnebel
> klingt weit der Gesang seiner Flöte.
> Takt auf Takt und Vers auf Vers
> tönt die grenzenlose Stimmung des Hirten.
> Hört einer auf den Gesang,
> braucht er nicht noch zu sagen,
> wie es dem Hirten zumute ist.

Was ich dazu vor über 10 Jahren geschrieben habe, kann ich nur bestätigen und etwas ergänzen. Immer noch bin ich überwältigt von der Schönheit und Klarheit dieses Textes. Die Melodie der Flöte ist nicht spektakulär, macht keinen Lärm. Die Flöte ist das Instrument der einfachen Leute, der Hirten, der Gaukler und doch wundervoll erklingend, alles verzaubernd. Ihr Lied, Höhen und Tiefen, laut und leise, langsam und schnell, bilden die Harmonik des Lebens. *Takt auf Takt* Das ist der Takt der Sterne, das Strömen der Gezeiten, Werden und Vergehen, Tag und Nacht, Arbeit und Ruhe, Freude und Schmerz, Gelingen und Scheitern, Leben und Tod. Jeder gelebte Augenblick ist Spiegelung dieses Taktes und ist eine Chance zur Heimkehr. Der Hirte ist kein Getriebener, sondern Gestalter, Hüter und Bewahrer des Lebens, das um ihn ist. Jedes Bemühen um die ganze Herde oder um ein einzelnes Tier ist Heimkehr in das in diesem Augenblick gelebte Leben.

Jeder Teil unserer Übung schafft uns die Möglichkeit, den Frieden des Flötenspielers zu erleben. Ob das Einlegen des Pfeils, ob das Ja zum Ergebnis auf der Scheibe, immer darf ich heimkehren im Frieden. So wird auch jeder Atemzug, jedes Ein- und Ausatmen beim Zazen zu einer Heimkehr. Es gibt nichts, das mir nicht die Möglichkeit gibt, anzukommen im Leben.

Dieser Augenblick des Friedens wird zu einer Erfahrung, hinter die ich nie mehr zurückgehen kann und will. Verlockungen oder Drohungen werden bedeutungslos angesichts der Fülle und Schönheit des Neugewonnenen: heimkehren! Und so wünsche ich mir, dass auch mein letzter Atemzug begleitet sein kann von dem Satz: Der Hirte kehrt heim!

Lassen Sie uns nach diesem Exkurs zurückkehren zu unserem *Marktplatz,* unserer Bogenübung.

## Der Stand

Ich habe den Eindruck, dass dem richtigen Stehen viel zu wenig Beachtung geschenkt wird. Wenn wir unsere Übung mit der rechten und der linken Seite im ständigen Wechsel durchführen, passiert es besonders leicht, dass wir dem neuen Stand, den wir finden müssen, gar keine Beachtung schenken. Das hat jedoch fatale Folgen, denn richtig stehen ist das Fundament für unsere Übung. Wir stehen also breitbeinig, meist in der Grätsche, mindestens so breit wie unsere Schultern. Das brauchen wir nicht nur für ein stabiles Stehen, nein, das ist auch die Voraussetzung für Stärke und Stabilität im ganzen Körper, denn diese entstehen dadurch, dass ich mich auf die Kraft in meinen Beinen konzentriere, und diese Kraft kommt aus der Mitte meines Körpers, dem Hara. Zu diesem ganz wesentlich durch Karlfried Graf Dürckheim eingeführten und eingehend behandelten Begriff sagt er, ...dass es ohne Verwurzelung in den „Erdkräften" des Lebens keine gesunde Geistigkeit gibt und dass eine Verfassung, die in gültiger Weise zur Transzendenz hin transparent ist, die Verankerung des Menschen in seiner Erdmitte voraussetzt. Meditative Übungen ohne Hara münden leicht in einer verblasenen Geistigkeit, die in gleicher Weise den Himmel und die Erde verrät. Und weiter in Kap. 1: Unter Hara versteht der Japaner den Besitz derjenigen Gesamtverfassung des Menschen, die ihn befähigt, sich den Kräften und der Einheit des ursprünglichen Lebens zu öffnen und sie zugleich in der Meisterung Sinngebung und Erfüllung seines Lebens zu bezeugen. (Graf Dürckheim, Karlfried: HARA. O.W. Barth Verlag, 1996.) Einer der drei Pfeiler, um dahinzukommen, ist die Übung, sowohl in der

Meditation als auch beim Bogenschießen. Bei der Zen-Meditation sprechen wir davon, dass wir sitzen wie ein Berg. Der Kopf ist die Spitze und – egal, wie wir sitzen – immer geht es darum, dass wir eine Haltung einnehmen, mit der wir gut geerdet sind. Mit jedem Ausatmen sinken wir ein wenig tiefer in den Boden hinein. Diese Stabilität im Boden können wir bei jeder Handlung erhalten und werden spüren, wie sich unsere Aktionen verändern. Wenn ich als Rezitationsleiter im Dojo den Gong oder den Mokugyo (s. Glossar) bediene und dabei gut geerdet sitze, klingt das Instrument völlig anders, als wenn ich mit meinen Gedanken „in der Luft herumirre".

In der obigen Beschreibung bin ich davon ausgegangen, dass unsere Füße in der Grätsche und parallel zueinander stehen, im Winkel zum Zielpunkt. Das ist jedoch kein Gesetz. Es gibt auch die Möglichkeit, den vorderen Fuß in Richtung Ziel zu drehen, mit dem Vorteil, dass damit auch der Oberkörper in einer leichten Drehung zum Ziel steht und damit eine mögliche Verletzung der Innenseite des Bogenarmes minimiert wird.

Wir können uns den energetischen Aspekt des Körpers mit zwei Dreiecken verdeutlichen. Das eine Dreieck sieht aus wie eine Pyramide. Es ist unten breit und nach oben ganz schmal. Der Schwerpunkt ist in der Mitte, pflanzt sich nach unten fort und schafft Klarheit im Geist. Beim zweiten Dreieck ist es umgekehrt. Es steht auf dem Kopf. Das Ergebnis ist voraussehbar. Unsere Energie verdichtet sich immer mehr im Kopf, wir werden kopflastig, verlieren die Balance, fallen aus der Mitte.

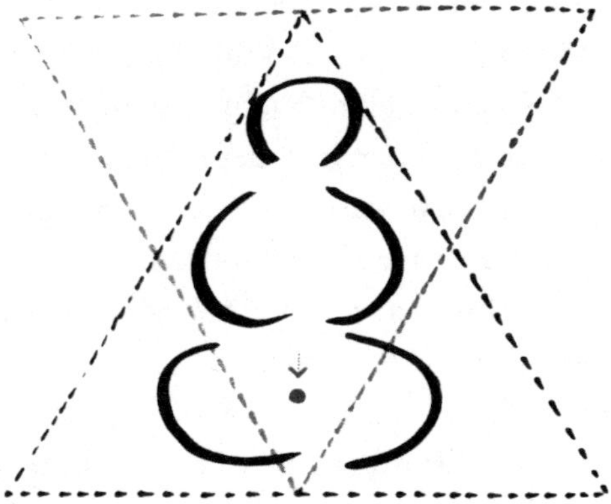

Ursache & Wirkung. Buddhistische Aspekte. Wien, 2014, Nr. 87.

Es geht nicht darum, die auf den Kopf gestellte Pyramide schlecht zu reden. Im Gegenteil, wir brauchen die Öffnung nach oben, zum Himmel und zur Welt. Es geht nur darum, zu überprüfen, ob es in unserem Leben auch die im Boden breit verankerte Verwurzelung gibt, und zu überlegen, was wir tun können, um zu einem Gleichgewicht zu kommen. Heute wird viel über „Resilienz" diskutiert. Gemeint ist damit die Fähigkeit, Krisen und Belastungen durch Erfahrungen, die gespeichert sind und unsere persönlichen Ressourcen bilden, zu meistern. Die Grundlage hierfür ist die Erkenntnis, erworbene oder angeborene Fähigkeiten zu jedem Zeitpunkt abrufen und weiterentwickeln zu können. Ein konstruktiver Umgang mit negativen Erfahrungen, aber auch die Bereitschaft, sich auf Neues, mit dem Risiko des Scheiterns, einzulassen, sind wichtige Voraussetzungen. Stabilität ist gefragt. Sie hilft uns, den Angriffen und Widrigkeiten des Lebens entgegenzutreten. Es gibt eine Reihe von Möglichkeiten, sich darin einzuüben. Zen im Weg des Bogens ist eine davon, denn unsere Übung kann uns helfen, ein vielleicht vorhandenes Ungleichgewicht auszugleichen. Darum ist unser Stehen so wichtig, denn das Schwergewicht im Bauch ermöglicht uns die Aufrichtung unseres Körpers, die Öffnung unseres Herzraumes und damit einen guten Atemfluss und einen vollen Auszug zur Öffnung unseres Bogens. Wir können uns loslassen in den Schultern. Wer krumm und gebückt steht, geht so auch oft durchs Leben, fühlt sich als Opfer und gibt sich kaum die Chance, selbstgestaltend ins Leben einzugreifen. Freilich – es gehört Mut dazu, sich den eigenen Begrenzungen, entstanden aus augenblicklichen Stimmungen, aber auch jahrelangen Befindlichkeiten, zu stellen. Und doch ist es wichtig, dies zu tun, denn nur in der Erfahrung, im Erspüren, schaffen wir die Möglichkeit einer Veränderung. Nicht gewaltsam. Im Gegenteil! Das richtige, im Bauch geerdete Stehen mit dem Bogen in der Hand hilft uns, die Grenzen behutsam zu verschieben. Im Yoga bei meiner Frau höre ich immer wieder die Aufforderung: „Nachspüren!" und habe lernen dürfen, dass damit gemeint ist, tief in den Körper hineinzuspüren, um Veränderungen zu entdecken. Die Mauern verschieben sich, die Blockaden lösen sich auf, die Fähigkeit zur Wahrnehmung unseres Körpers wächst.

Der Erfahrung bzw. der Einübung des Hara geben wir ein besonderes Gewicht mit der fünften Stufe unseres Übungsablaufs, die ich umfassender im Kapitel „Sammlung" beschreiben möchte. Es ist wie ein Innehalten.

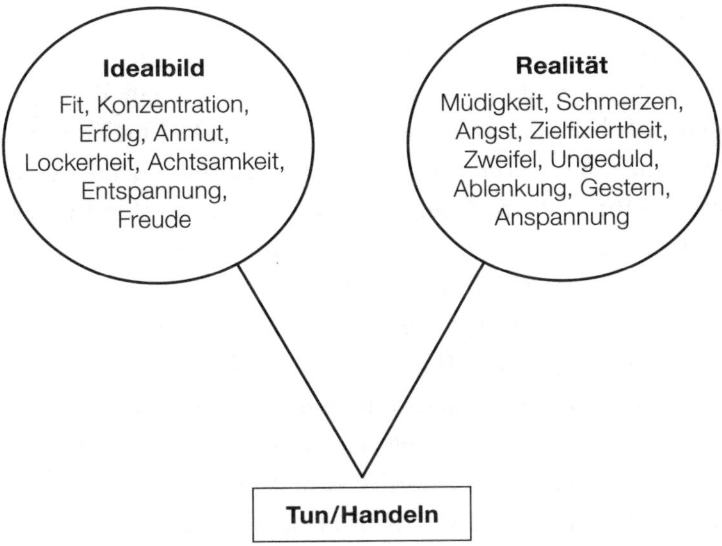


Alles ist fertig, wir haben unseren Standort gefunden, die Knie sind leicht angewinkelt (entriegelt), der Pfeil ist eingelegt, der Bogen steht in der richtigen Schräglage, die Oberarme sind angewinkelt, Pfeil, Zughand bis zum Ellbogen bilden eine Linie, die auch beim Öffnen des Bogens und Lösen des Pfeils erhalten bleibt, und mit dem Handgelenk des Bogenarms spüren wir unsere Leibesmitte, etwa drei Fingerbreit unterhalb unseres Nabels, dem wichtigsten Zentrum des Körpers und dem Sitz der Lebensenergie, aus dem sich Kraft entwickelt. Es ist eine Haltung höchster Konzentration und gelöster Entspannung. Einatmen und Ausatmen von dieser Leibesmitte in den Boden hinein, das ist alles. Kein Um-zu, kein Vorher, kein Nachher, alles ist abgefallen – reines Gewahrsein in diesem Augenblick. Im Buddhismus sprechen wir vom Nicht-Selbst und meinen damit ein unmittelbares, ungeteiltes Ganz-da-Sein. Es ist eine in sich geschlossene, jedoch offene Haltung, die Erwartungen oder Ängste bemerkt, sie loslässt und im Sein verweilt. Für unser Denken erscheinen diese Formulierungen paradox, weil wir in einem Entweder-oder befangen sind. Im Tun jedoch, im Handeln, in der Erfahrung löst sich das Paradoxon auf, Innen und Außen verschmelzen und übrig bleibt…das reine Gewahrsein.

Rabindranath Tagore, ein indischer Dichter und Philosoph, sagt: *In der*

*Liebe versinken und verlieren sich alle Widersprüche des Lebens. Nur in der Liebe sind Einheit und Zweiheit nicht im Widerspruch.*

Die Einübung in einen guten Stand, „stehen wie ein Berg", kann sich unmittelbar auf Ihren Alltag auswirken. Sie brauchen nichts weiter zu tun, als hinzuschauen. Sie werden Ihre Füße auf dem Boden spüren, Ihre Beine anders stellen, Ihr Becken, Ihren Rücken und Sie werden Ihren Kopf aufrichten. Ihre Augen schauen aus einem anderen Winkel in die Welt. Ihr Blick wird klarer, offener, freier und Ihr Atem fließt. Keine Verspannung im Nacken, in den Augen, im Gehirn! Wie stehen Sie in dieser Verfassung einem Menschen gegenüber? Ihrer Partnerin, Ihrem Partner, Ihrem Kind, Freund, Kollegen, Kunden, Chef? Wie stehen Sie an einem Rednerpult?

Dieses neue Körperbewusstsein wird auch Ihr Gehen verändern. Wie gehen Sie über den Flur von einem Zimmer zum anderen? Gehetzt, gejagt? Wer jagt Sie eigentlich? Ist es wirklich der Chef, sind es die Kinder, die Umstände, oder jagen Sie sich selbst? Beginnen Sie damit, bewusst zu gehen, sich aufzurichten. Ihre Schritte werden sich verändern: Sie werden sicherer, ruhiger, verwurzelt, entspannt. Und ich garantiere Ihnen, dass sie nicht später ankommen – aber anders. In dieser Verfassung begegnen Sie dem Menschen, mit dem Sie gerade jetzt zu tun haben, so treten Sie Vorgesetzten oder Mitarbeitern gegenüber, so gehen Sie an die Aufgabe, die jetzt zu erledigen ist.

## Die Haltung

Wir haben lernen können, dass ein guter Stand wichtig ist für den gesamten Übungsablauf, und er ist die Voraussetzung für die Haltung, die Paulo Coelho wunderschön beschreibt: *Hast du den Bogen, den Pfeil und das Ziel begriffen, sind Gelassenheit und Eleganz vonnöten, um Schießen zu lernen. Die Gelassenheit kommt aus dem Herzen. Auch wenn es oft vom Gefühl der Unsicherheit gequält wird, so weiß es – durch die korrekte Haltung –, dass es sein Bestes zu erreichen vermag.*

*Die Eleganz ist nichts Oberflächliches, sondern durch sie kann der Mensch das Leben und seine Arbeit ehren. Daher denke nicht, die Haltung sei falsch oder künstlich, wenn du manchmal das Gefühl hast, sie sei unbequem: Sie ist wahr, weil sie schwierig ist. Sie führt dazu, dass das*

*Ziel sich durch die Würde des Bogenschützen geehrt fühlt. Die Eleganz ist nicht die bequemste Haltung, aber die angemessenste Haltung für einen vollkommenen Schuss. Die Eleganz ist erreicht, wenn alles Überflüssige abgelegt wird und der Bogenschütze die Einfachheit und die Konzentration entdeckt: Je einfacher und sparsamer die Haltung ist, desto schöner ist sie. Der Schnee ist schön, weil er nur weiß ist, das Meer ist schön, weil es wie eine glatte Oberfläche wirkt – aber das Meer wie auch der Schnee sind tief und wissen um ihre Eigenschaften.* (Coelho, Paulo: Der Weg des Bogens. Kindle, 2008.)

Stört sie das Wort Eleganz? Mich hat es gestört und ich habe gespürt, dass es Assoziationen auslösen kann, die Paulo Coelho sicher nicht gemeint hat. Wenn wir dieses Wort verwenden oder hören, verbinden wir damit „geschmackvoll, modisch, vornehm, kultiviert", bezogen auf die äußere Erscheinung, die Kleidung oder die häusliche Einrichtung o.Ä. Ein Blick ins Lexikon zeigt uns jedoch noch ein anderes Verständnis von Eleganz, nämlich: „Gewandtheit, Klarheit, Geschmeidigkeit in der Bewegung, Schlichtheit, Harmonie, Einfachheit, Ästhetik oder auch Anmut". Mit diesen Worten nähern wir uns dem, was Coelho meint, und das trifft unsere Übung, wie sie sein könnte, ziemlich gut. Ich möchte dies gerne an den beiden Begriffen „Anmut" und „Ästhetik" verdeutlichen. Das beginnt schon mit der Behandlung des Bogens und der Pfeile. In welchem Zustand sind die Materialien, mit denen ich übe? Wird mein Bogen von Zeit zu Zeit geölt, um geschmeidig zu bleiben, um ihn auch auf Dauer, auch bei regnerischem Wetter schadlos benutzen zu können? Und die Pfeile? Der Zustand meiner Ausrüstung zeigt den Respekt, mit dem ich ihr begegne. In seinem Manuskript über das Bogenschießen „The Art of Archerie" („Die Kunst des Bogenschießens") spricht Gervase Markham 1634 davon, dass das Wichtigste nicht das Treffen, sondern die Ästhetik und die Anmut ist und dass dieses nur dann sich zeigen kann, wenn der Ablauf der Übung fehlerfrei gelingt. Es geht also einerseits darum, den Ablauf in großer Klarheit auszuführen, und andererseits die Bewegungen so zu verinnerlichen, dass sie unbewusst ablaufen. Anmut zeigt sich durch den ruhigen Ablauf unserer Bewegungen, geprägt von Heiterkeit und Liebe, ist Ausdruck unserer Seelenstimmung, kommt aus dem Innersten. Umgekehrt, wenn wir uns um Ästhetik und Anmut bemühen, kultivieren wir gleichzeitig unser Innerstes.

## Leben ist Bewegung

Moshe Feldenkrais sagte einmal sinngemäß: *Leben und Bewegung sind in Wirklichkeit das Gleiche.* Ich habe das sehr beeindruckend an unserem Teich erlebt. Jedes Jahr im Frühling kommen unzählig viele Frösche, um dort zu laichen, und nach einigen Wochen wimmelt der Teich voller Kaulquappen und später ist unsere kleine Wiese mit hunderten kleiner Frösche bevölkert. Als der lange Winter 2012 endlich zu Ende schien, kamen die Frösche, legten ihre Eier ab und plötzlich wurde es nochmals kalt. Es bildete sich eine dicke Eisschicht, in die alles eingefroren war. Hat die junge Brut die Kälte überlebt? Als das Eis geschmolzen war, stand ich am Ufer und konnte zu meiner großen Freude und mit innerer Berührung entdecken, dass die Wasseroberfläche sich zart bewegte. Ich wusste, Leben ist Bewegung, Bewegung ist Leben. Zwar gab es in jenem Frühjahr deutlich weniger kleine Frösche auf unserer Wiese, aber das Leben hatte gesiegt. Der Lehrsatz der Natur hieß: Leben ist Bewegung, Entwicklung. Unsere ganze Übung besteht aus Bewegung, ist Ausdruck unseres Lebens, unserer Lebendigkeit, auch dort, wo wir scheinbar nur still stehen und nichts geschieht. Gerade in der Stille können wir die Bewegung, das Leben, sehr deutlich spüren. Unseren Herzschlag, die Bewegung unseres Blutes in den Adern, die Lebendigkeit unserer Haut, die feinen, zarten Impulse unserer Muskulatur.

Es gibt unterschiedliche Bewegungsabläufe, manchmal heftig, manchmal sehr still, manchmal körperlich wahrnehmbar, oft auch als geistige Vorgänge. Die Erfahrung mit neuen Übungsabläufen bringt uns heraus aus alten Gleisen, lässt – wie oben beschrieben – Konflikte entstehen. Mal wird Altes, mal Neues in Frage gestellt. Dann ist es gut, wenn wir den Konflikt betrachten, jedoch nicht darin hängen bleiben, sondern durch ihn hindurchgehen.

Wir stehen also breitbeinig und öffnen den Bogen, bis „eine innere Stimme" ein „Stopp" sagt. Unser Tun besteht aus der Aktivität des bewussten und erkennbaren Hebens und dem nicht hörbaren inneren Impuls, der uns genau an der richtigen Stelle anhalten lässt. „Das Zielen geschieht beim

Hochgehen“, heißt es in der Bogensprache. Versuchen wir uns diesen Vorgang anhand eines einfachen Beispiels klarzumachen. Wir stehen, beide Augen geöffnet, und deuten mit unserem ausgestreckten Zeigefinger auf einen ein paar Meter entfernten Gegenstand mit den Worten: „Schau, da ist …“ Wenn dies ganz impulsiv geschieht, gibt es in diesem Moment keine Hand, keinen Finger, kein Ich und kein Du, kein Konzept, sondern nur den Gegenstand, auf den mein Blick gerichtet ist. Wenn wir unsere Hand sowie den ausgestreckten Finger exakt an dieser Stelle unbeweglich stehen lassen und den Zeigefinger zu einer Linie verlängern, kommen wir genau auf den gemeinten Punkt.

Damit dies gelingt, bedarf es einiger Voraussetzungen, die ich hier noch einmal zusammenfassend nennen will:

Die Übung beansprucht meine ungeteilte Aufmerksamkeit. Wenn sich ein Gedanke, ein Gefühl, eine Wahrnehmung zwischen mein Tun und mein Bewusstsein schiebt, sei es Angst, Zweifel, Wollen, Konzepte o. Ä., dann bin ich in diesem Moment nicht bei dem einzig Wesentlichen, auf das es jetzt ankommt, denn dann gibt es ein Handeln hier und ein Denken dort, dann bin ich geteilt. Mich vollkommen der Übung zu überlassen heißt, ganz handlungsorientiert zu sein, ohne …?

Alles Denken, das sich dazwischen schiebt, kann entweder mit meinem Tun gar nichts zu tun haben („Hätte ich meine Tochter doch bloß nicht so ausgeschimpft heute Morgen…“) oder es ist ein kontrollierendes Denken im Sinne von „zu hoch“ oder „zu tief“. Der Versuch, kontrollierend zu korrigieren, ist das komplizierteste Hindernis in dieser Phase. Es geschieht einfach, wie von selbst, ohne dass wir etwas „machen“ im Sinne von: Jetzt muss ich anhalten. Diese – wenn auch nur ganz kurze Überlegung – wäre im Sinne des Tao-te-Ching – ein Handeln, wäre analytisches Denken. „Jetzt habe ich den Punkt“ heißt, du hast ihn soeben verloren. „Jetzt mache ich es ganz richtig“ heißt, du machst es gerade kaputt. Tue das Nichttun – und alles wird getan.

Oft stehen uns unsere Vorbehalte im Weg. „Das kann doch gar nicht funktionieren“, meldet sich da ein innerer Protest, der uns zeigt, wie unendlich schwer es uns fällt, jede Kontrolle aus der Hand zu geben, um uns ganz und gar zu überlassen. „Kann ja sein, dass das funktioniert, aber …“ Manche erleben diese Phase des Loslassens aller Gedanken als beängstigend, wie einen Sprung am Trapez – ohne Netz, in ein unbekanntes Niemandsland.

Es vertrauensvoll geschehen zu lassen macht den wirklich „reifen Menschen“ aus, der ausgeglichen ist und alle Anteile seines Wesens lebt.

## Umgang mit Mustern

Der Begriff Muster ist uns mehrfach begegnet. Weil dies etwas ist, was an unserm Wesen einen wesentlichen Anteil hat, soll jetzt implizit darauf eingegangen werden.

Unter Muster verstehen wir unser Denken und Handeln, das wir regelmäßig und fast automatisch ausüben, Ansichten, die wir wiederholen, ohne darüber zu reflektieren. Sie sind uns so vertraut geworden, wurden so von uns verinnerlicht, dass daraus Gewohnheit geworden ist. Wir sprechen darum auch von Gewohnheitsmustern. Sie gehören so sehr zu uns, dass sie einen wesentlichen Teil unserer Persönlichkeit ausmachen.

Gewohnheitsmuster sind nicht – auch wenn es häufig so erscheinen mag – schon immer da gewesen. Oft ist es allerdings schwer, ihre Ursprünge zu entdecken. Sicher entspringen Teile davon unserer genetischen Veranlagung, die in undenkliche Zeiten zurückgeht. Vieles haben wir unbewusst als Kleinkinder an den Modellen, die unsere Eltern, Großeltern, sonstige nahe Bezugspersonen vorgelebt haben, abgeschaut („Modell-Lernen“; z. B.: Plötzlich entdecken wir, dass wir den kleinen Finger unserer rechten Hand beim Telefonieren genauso wegstrecken, wie unsere Großmutter dies bei anderen Gelegenheiten getan hat).

Damit wird deutlich: Einen erheblichen Anteil im Prozess unserer Entfaltung und folglich am Entstehen von Mustern haben die Erziehung und Prägung durch Eltern, Lehrer, Gesellschaft. So entwickelten sich markante Grundeinstellungen unseres Geistes bis hin zu unserem körperlichen Erscheinungsbild.

Da wir (noch) klein und abhängig waren, konnten wir uns diesen Einflüssen nicht entziehen – auch wenn sie vielleicht gegen unser eigenes Gefühl oder unseren Willen entstanden. (Der Kinderschutzbund spricht hier von „Misshandlung“.) Manche Kinder wollen aus einem von ihnen nicht zu begründenden Gefühl kein Fleisch essen, können sich jedoch gegen die Übermacht dessen, was „man“ tut, nicht wehren und essen im späteren Leben gewohnheitsmäßig Fleisch.

Es lässt sich aber auch beobachten, dass einige Einstellungen, die heute zu unseren Grundmustern gehören, erst im späteren Leben – im Erwachsenenalter – entstanden sind, häufig aufgrund eines einzigen, jedoch einschneidenden Erlebnisses, das eine nachhaltige Veränderung unseres Denkens und Handelns bewirkt hat. Deutlich wird dies bei der Bildung von Sympathien und Antipathien. Eine Person, die wir nicht kennen, betritt den Raum und ist uns auf Anhieb sympathisch oder auch unsympathisch. Der Verstand sagt uns, dass unser spontanes Gefühl mit dieser Person überhaupt nichts zu tun haben kann – und doch bestimmt es unser Verhalten ihr gegenüber.

Zusammenfassend lässt sich sagen: Unsere Persönlichkeit hat sich im Laufe unseres Lebens unter dem prägenden Einfluss von genetischem Erbgut, bestimmten Erfahrungen und Modellen, Gedanken und Informationen herausgebildet – und bildet sich stets weiter noch; denn der Prozess der Gewohnheitsbildung ist niemals völlig abgeschlossen. Das Ergebnis sind Konditionierungen, d. h. Reaktionen in Form von Handlungen sowie Denkmustern, die durch spezifische Reize ausgelöst werden, ohne dass uns dies immer bewusst ist. Zum Teil sind uns die Ursachen dieser Muster bekannt. Doch überwiegend schlummern sie im Verborgenen.

In der Psychoanalyse wird (oft) unter großem Aufwand versucht, diese Ursachen herauszufinden, in der Hoffnung, durch die Klärung des „Warum reagiere ich so …?“ die belastende, krankmachende Reaktion zu verändern bzw. zu steuern.

Manche Menschen scheuen nicht davor zurück, in Hypnose weit in die Vergangenheit zurückzugehen, bis hinein in die vorgeburtliche Zeit im Mutterleib oder gar in frühere Leben. Dabei habe ich drei Beobachtungen gemacht:

1. Es nützt nicht besonders viel, zu wissen, was die Ursache meines Verhaltens ist. Die Aufgabe, es zu verändern, bleibt dieselbe und wird nicht unbedingt leichter – im Gegenteil:
2. Das „Wissen“ um die eigene Vergangenheit – egal ob die Ergebnisse gesichert sind oder nicht – wirkt oft lähmend, niederdrückend. So ist

die Aussage, in einem früheren Leben misshandelt und getötet worden zu sein, in starkem Maße belastend und keineswegs hilfreich.
3. Die Möglichkeit, momentane Stimmungen oder das Verhalten allgemein aus der eigenen Geschichte heraus erklären zu können, wird gerne instrumentalisiert, um die schlechte Laune oder die eigene Unfähigkeit zur Veränderung zu entschuldigen.

Dabei soll nicht der Eindruck entstehen, Gewohnheitsmuster seien generell negativ zu bewerten. Dem ist überhaupt nicht so. Sehr viele, durchaus wichtige und richtige Handlungen verlaufen nach solchen Mustern, sie tun uns gut, helfen uns, das Leben zu bewältigen. Vielfach sorgen sie für einen reibungslosen Ablauf unseres Tages, werden zu unserem Profil und können anderen helfen, sich auf uns einzustellen.

Aber unabhängig davon, ob wir diese Muster als angenehm oder unangenehm erleben, wird uns bewusst, dass wir die Person, die wir zu sein scheinen, unserem Wesen nach vielleicht gar nicht sind. So haben wir alle sicher schon die Erfahrung gemacht, etwas gesagt oder getan zu haben, was wir unserem tiefsten Wesen nach überhaupt nicht wollten. Diese manchmal erschreckende Erkenntnis führt unweigerlich zu der zentralen Frage, die im Zen in einem der wichtigsten Koans gestellt wird: „Wer bin ich“ (tatsächlich)?

Wer sich mit diesem Thema konfrontiert, ist in eine wichtige Aufräumungsphase eingetreten, die mit viel Unsicherheit verbunden ist. Was wir an uns und unserem Verhalten bisher als ganz selbstverständlich und richtig betrachtet haben, wird nun hinterfragt: „Will ich das wirklich?“ oder „Ist das tatsächlich meine Überzeugung?“ „Was bringt mich dazu, entgegen meiner tiefsten Überzeugung zu handeln?“ „Welche Mächte bestimmen mein Leben?“ Diese Fragen zu stellen, nicht vor ihnen wegzulaufen, lässt uns unser wahres Wesen immer deutlicher erkennen, es werden Eigenschaften zutage gefördert, von denen wir bislang nicht wussten, dass wir sie besitzen, die wir an uns bislang nicht kannten. Und wir nehmen innere Blockaden wahr, mit denen wir uns bisher selbst im Weg standen.

Mit Zen im Weg des Bogens, den wir als Übung der Achtsamkeit kennen gelernt haben, schaffen wir eine Voraussetzung und Grundlage, um dieses wahre Wesen deutlicher zu sehen und aktiv an der Veränderung der Persönlichkeit arbeiten zu können. Der Bogenweg bezieht alle Bereiche unseres Lebens ein, rüttelt an vielen Gebäuden, in denen wir uns gewohnheitsmäßig gemütlich eingerichtet haben.

Um tatsächlich etwas verändern zu können, müssen wir es zunächst erkennen, müssen das Muster sehen, das bestimmte Körperhaltungen, Verhaltensweisen und Gefühle veranlasst.

Ich möchte dies an ein paar Beispielen verdeutlichen:

Eine Frau mittleren Alters mit einem stark gekrümmten Rücken kommt ganz regelmäßig zum Schießen. Sie erzählt, dass die Rückenproblematik schon mit zwölf Jahren begonnen habe. Nach damaliger gesellschaftlicher Norm bekam sie sehr früh Busen. Sie spürte die gesellschaftliche Ablehnung und reagierte auf diesen Druck, indem sie die Brust einzog, wodurch ihr Rücken schon in jungen Jahren krumm wurde. „Mädle, lauf grad!", rief ihr die Nachbarin hinterher, wenn sie mit dem Schulranzen auf dem Rücken zur Schule ging. Aber der andere Druck war stärker, und das Mädle lief weiterhin gekrümmt. Die Lebenserfahrungen verstärkten diese – innere wie äußere – Haltung, sie hatte gelernt, sich alles auf den Rücken zu laden – daraus wurde ein handfestes körperliches Gewohnheitsmuster.

Eines Tages beobachtete ich ihre Übung und stellte erstaunt fest, dass ihre Pfeile völlig unkontrolliert flogen. Was war der Grund? Ihre Pfeile waren für sie zu kurz geworden, das heißt, in ihrem Rücken hatte sich etwas verändert, ihr Brustraum hatte sich ein klein wenig öffnen können. Sie bekam mehr Luft und Lust zum Atmen und zum Leben. Wir standen beide mit Tränen in den Augen im Tal, denn wir wussten, dass die Jahre des unentwegten Übens etwas sehr Altes, Verhärtetes aufgeweicht hatten. „Du brauchst neue Pfeile", meinte ich, und weinend sagte sie: „Das ist eine meiner liebsten und wichtigsten Anschaffungen der letzten Jahre!"

In einem anderen Fall bemerkte ich, dass eine Frau, immer wenn sie mit dem Auszug des Bogens begann, den Bogenarm nicht gerade hielt, sondern krümmte. „Wenn es Widerstand gibt, gibst du nach!", kommentierte ich und machte damit den Versuch, ihr einerseits rein bogentechnisch zu helfen, ihr gleichzeitig eine Brücke zu bauen zu weiterführender Erkenntnis. „Das tue ich immer so ... schon mein ganzes Leben lang", sagte sie leise – und auch hier flossen die Tränen des Erkennens und der Erleichterung. Da hatten wir das Gewohnheitsmuster, das ihr zum unumstößlichen Gesetz geworden war. „Wenn du willst“, bot ich ihr an, „werde ich dir helfen, heute dieses Muster zu durchbrechen und die Erfahrung zu machen, dass du Kraft zum Widerstand hast, wo Widerstand angesagt ist.“ Und so übten wir „Widerstand“. Ihre wichtigste Aufgabe war es, mit ihrem ganzen Bewusstsein zum Bogenarm zu gehen und bewusst darauf zu achten, dass er nicht nachgab. Wir übten, bis der gesamte Ablauf stimmig war. Fortan konnte sie nicht mehr sagen „Das tue ich immer so…“. Es gab einen Tag in der Mühle, der ihr zeigte, dass in ihr die Kraft steckte, sich zu widersetzen. Und auf dieser Erfahrung konnte sie aufbauen.

Wenn wir geduldig sind in unserer Übungspraxis, wächst in uns das Gefühl für unsere eigene Kraft, unseren eigenen Wert und damit für unsere eigenen Möglichkeiten. Allerdings sind die Muster unserer Irrungen, Verwirrungen, Fehleinschätzungen und Verurteilungen nicht immer so leicht zu durchschauen. Dies gilt insbesondere für jene, die nach außen kaum sichtbar werden. Es bedarf ehrlichen und intensiven Hinschauens – bei dem die strikte Einhaltung unserer Schweigeregel unerlässlich ist –, um die Pfütze zu sehen, die mir immer wieder im Wege ist und in die ich so oft hineintrete. Und es bedarf großen Mutes, mich anzunehmen, wenn mein „Werk“ nicht so gelingt, wie ich es erwartet habe. Allzu oft lässt die Stimme, die tief aus unserem Innern, aber unüberhörbar sagt: „Du kannst nichts“, uns erstarren. Unsere Enttäuschung hat so viele Gesichter wie Ursachen. Sie äußert sich unter anderem in Energielosigkeit, Stolz, Eifersucht, Schuldzuweisungen, Depression, Angst, Kritik, Neid …

Nicht selten werden wir von dem Gefühl ergriffen, hilflos einem Schicksal ausgeliefert zu sein. Wie oft haben wir schon versucht, gegen diese Gefühle der Ohnmacht, gegen damit verbundene Reaktionen, gegen diese Macht, die uns wie ein Schatten verfolgt, anzukämpfen. Erfolglos!

Gustav Meyrink sagt dazu:

> „Hätte ich mich doch nie verleiten lassen zu glauben, dass irgendeine Macht außer mir selbst mein Schicksal zu gestalten vermag. Ich dachte, weil ich es durch Taten nicht zu ändern vermochte, dass ich ihm wehrlos gegenüberstünde. Wie oft ist es mir nicht durch den Sinn gefahren, dass Herr über seine Gedanken zu sein auch bedeuten müsse, der allmächtige Lenker

seines Schicksals zu sein! Aber ich habe es jedes Mal verworfen, weil die Folgen solcher halben Versuche nicht sofort eintraten. Ich unterschätzte die magische Gewalt der Gedanken und verfiel immer wieder in den Erbfehler der Menschheit, die Tat für einen Riesen zu halten und den Gedanken für ein Hirngespinst. – Nur wer das Licht (die Lampe, d. Verf.) bewegen lernt, kann den Schatten gebieten und mit ihnen: dem Schicksal ...“

SCHÄFER, FRITZ: DER BUDDHA SPRACH NICHT NUR FÜR MÖNCHE UND NONNEN. S.O.

Was es bedeutet, das Licht zu bewegen, statt gegen die Schatten anzukämpfen, wurde an den Beispielen verdeutlicht und soll nun vertieft werden.

Unsere bisherige Übungspraxis hat uns geholfen, und wird dies weiter tun, unser Problemfeld deutlich zu sehen. Wir erkennen, dass die in uns aufsteigenden Gefühle nicht neu, sondern irgendwie vertraut sind. Vielleicht begreifen wir sie jetzt zum ersten Mal in dieser erschreckenden, erleuchtenden und ernüchternden Klarheit. Dann haben wir einen großen Schritt getan, denn ohne bewusstes Erkennen gibt es kein Annehmen. Erkennen beinhaltet also beides: ein erschreckendes *und* ein befreiendes Element. Das Befreiende wird klar, wenn wir „erkennen/annehmen“ ersetzen durch „einverstanden sein“: ‚Du, Wut, du Angst, du ... bist ein Teil von mir – und dass das so ist, damit bin ich einverstanden. Ich höre auf, dagegen anzukämpfen.‘ Auf diese Weise betrachten wir unsere „Mängel“ aus größerer Distanz. Wir durchschneiden ihre Fessel, indem wir unseren nächsten Pfeil zur Hand nehmen und mit jeder neuen Übung lernen, unserer inneren Kraft zu vertrauen, lernen, alle Dunkelheiten zu durchschreiten, um uns an dem Licht zu orientieren, das in uns leuchtet und das uns sehen lässt, dass wir ganz heil und glücklich sein dürfen. Durch die ständige Wiederholung dieses Prozesses lernen wir allmählich, besser mit unseren Gewohnheitsmustern umzugehen und ihnen somit weniger und weniger ausgeliefert zu sein. Indem wir diesen Mustern beständig „auf den Fersen“ bleiben, erfahren wir „Pfeil für Pfeil“, dass auch sie – wie mächtig wir sie auch erleben mögen und wie gesetzmäßig sie zu sein scheinen – nicht wirklich existent sind, sondern eben nur Schatten und darum verwandelbar, in sich bereits verwandelt, sobald wir lernen, sie anzunehmen.

Einverstanden sein, Integration, ist der wichtigste Schritt zur Veränderung und somit der Nährboden für Lebenskraft und Schönheit.

Ein Koan (Glossar) soll dies zeigen. Ich möchte darauf hinweisen, dass ich das Koan nur in unserem thematischen Zusammenhang deute, also andere Aspekte bewusst unberücksichtigt lasse. Bi yän Lu = Niederschrift von der Smaragdenen Felswand, 21. Beispiel:

> **„Dschi-mens Lotosblüte und Lotosblätter"**
> „Ein Mönch fragte Dschi-men: Was ist die Lotosblüte,
> solange sie noch nicht aus dem Wasser herausgewachsen ist?
> Dschi-men sagte: Lotosblüte.
> Der Mönch fragte: Was aber nachher, wenn sie aus dem Wasser
> heraus ist?
> Dschi-men sagte: Lotosblätter."
> (Gundert, Wilhelm: BI-YÄN-LU. Carl Hanser Verlag, München, 1960.)

Zum Verständnis dieses Koans ist es wichtig zu wissen, dass die Lotosblume seit ältester Zeit als Blume der Götter verehrt wird. Der Buddha zitiert sie oft in seinen Gleichnissen. Was die Menschen an dieser Blume so fasziniert hat und bis heute fasziniert, ist die Tatsache, dass sie aus dem Schlamm und Schlick des Teiches sich ernährt, wächst, in makelloser Reinheit erstrahlt und damit allen Schmutz und Schlamm transzendiert. Sie ist Symbol für das Buddha-Wesen im Menschen. Und so sind Buddha und Bodhisattvas häufig auf einem Lotos sitzend dargestellt.

Vor diesem Hintergrund verstehen wir auch die Frage des Mönchs. Er fragt nach dem Höchsten, was es seinem Verständnis nach für den Menschen gibt, nämlich nach seiner Buddhaschaft. Sein Leben, seine Geschichte betrachtend, kommen ihm Zweifel. Da kann er nichts sehen von einer Blüte, von Buddhaschaft also, sondern er sieht den Bodenschlamm, einen schwarz-braunen Brei, weit entfernt von Klarheit und Schönheit. Seine Frage ist nicht philosophischer Natur, sondern existenziell: Wie steht es mit meiner Berufung für das Leben, angesichts der dunklen Flecken in meiner Lebensbiografie? Wie steht es mit meiner Erfahrung von Leid, an dem ich aktiv handelnd beteiligt war, und wie sieht es aus mit Situationen, denen ich scheinbar passiv ausgeliefert war und bin? So wie er im Moment gebannt nur die dunkle Masse unter der Wasseroberfläche sieht, so spürt er auch in sich einen Sog, der ihn herunterzieht, in seine Dunkelheiten schauen lässt. Und der Meister? Er erklärt nicht, beschönigt nichts, vielmehr schneidet er die Frage ab und sagt: *Lotosblüte.*

Lass dich von dem, was du augenblicklich siehst, nicht herunterziehen, löse dich von dem, was dich niederdrückt, und erkenne, dass der Lotos aus dem Schlamm wächst, ja, den Schlamm braucht, um sich in voller Schönheit zu entfalten. In einer erweiterten Schau gibt es keinen Unterschied zwischen oben und unten, zwischen Blüte, Blatt und Stiel. Der Mönch ist fixiert auf seine Denkweise, ist befangen in der scheinbaren, sich ausschließenden Gegensätzlichkeit. Der Erleuchtete sieht die Dinge in ihrem wahren Wesen, frei von allen Begrenzungen. Er weiß: Die schwierigen Bedingungen meines Lebens, die harten Umstände, all die Dunkelheiten sind keine Hindernisse auf dem Weg zum Licht, zur Freiheit und Blüte, sie sind auch keine Hilfsmittel, um dorthin zu gelangen, sie sind der Weg selbst. Schlamm, Stiel unter dem Wasser, Blüte über dem Wasser – alles ist Buddha-Natur.

Die Aufgabe des Meisters ist es, den Fragenden bei seinem Bemühen um diese Erfahrung begleitend zu stützen.

Kehren wir vor diesem Hintergrund wieder zu den „Niederungen“ unserer Überlegungen zurück, dann verlieren die uns oft lähmenden/bedrückenden Gewohnheitsmuster ihre niederschmetternde Wucht und wir dürfen sie im Licht unserer gesamten inneren Entwicklung sehen. Ist es nicht so, dass – wie der Lotos den Schlamm braucht – auch wir die schmerzhaften Erfahrungen in unserem Leben brauchen, um innerlich zu wachsen, um dorthin zu kommen, wo das große kosmische Gesetz uns haben möchte? Es sind ja nicht die sonnigen Seiten unseres Lebens, die uns nach Tiefe fragen lassen, sondern das Zerbrechen unseres Bogens; das Dastehen mit leeren Händen verhilft uns zu wachsen.

Nun wäre es einseitig, würden wir den Übungsweg des Zen und damit auch den Weg des Bogens auf die Veränderung von Gewohnheitsmustern im üblichen und für uns leicht erkennbaren Sinn beschränken. Zen verändert uns in der Tiefe, auch in den uns oft nicht erkennbaren Mustern. Manchmal geschehen diese Veränderungen in starken emotionalen Stürmen, bei denen unsere Gefühle wie heftige Wellen aufbranden. Da befürchten wir, überflutet, mitgerissen zu werden, als wäre der Deich des Ozeans gebrochen.

Bei anderer persönlicher Konditionierung geschehen die Veränderungen fast unbemerkt und allmählich – und nicht selten sind es unsere Mitmenschen, die uns darauf aufmerksam machen, wenn sie fragen: Was ist mit dir passiert? Du hast dich so verändert? Das ist dann sehr überraschend für uns, weil wir selbst den Eindruck hatten, unsere Übung wäre vergeblich.

Welche Erschütterungen auch in uns ausgelöst werden, wir brauchen uns nicht zu fürchten, sondern dürfen darauf vertrauen, dass, wenn die heftigen Gewitterstürme vorbei sind, das Wasser dorthin zurückfließt, wo es hingehört, und wir selbst sind erfasst von diesen mächtigen Strömen des Ozeans oder, um es mit dem obigen Bild der Lotusblume auszudrücken: Wir dürfen Schlamm und Stiel und Blüte überschreiten, dürfen durch alle Unterscheidungen hindurchgehen und finden uns in dem weiten Raum von „nichts von heilig und nichts von unheilig." Das ist Zen im Weg des Bogens.

## Mara

Nun könnte der Eindruck entstehen, als würde „nichts von heilig und nichts von unheilig" bei Übenden ein Dauerzustand werden, ein ewig blauer Himmel, ohne Wolken. Das zu glauben wäre nicht nur ein Irrtum, sondern für unsere Entwicklung geradezu gefährlich. Auch wenn wir gelernt haben, was Muster sind und was es mit ihnen auf sich hat, auch wenn wir bereit sind, an ihnen zu arbeiten, sie vielleicht „abzuarbeiten", so kann das nicht bedeuten, dass wir sie alle endgültig und unwiederbringlich hinter uns bringen. Manche Themen begegnen und begleiten uns unser Leben lang. Wenn wir *Karma* als Aufgabe verstehen, als etwas, das zu bearbeiten, zu verarbeiten und, wie man im Yoga sagt, zu verbrennen ist, dann sieht es so aus, als gäbe es Lebensaufgaben, die, selbst wenn das Feuer nicht mehr hell lodernd brennt, sehr lange als heiße Asche weiter glühen und bei nächster Gelegenheit wieder in Flammen stehen.

Wenn wir den Weg des Bogens gehen, begegnen wir uns immer wieder auch in Eigenschaften, die wir glaubten längst hinter uns zu haben. Stolz, Eifersucht und Neid, Gier oder Trägheit, Ungeduld oder Aggression, um nur einige zu nennen. Unabänderliches Schicksal?

Lassen Sie mich jetzt auf den Begriff *Mara* zu sprechen kommen. Es gibt im Buddhismus eine lange Tradition dazu. *Mara* aus dem Sanskrit abgeleitet von *marati* „sterben", „morden" ist das Prinzip des Todes und des

Unheils. In Verbindung gebracht mit *Karma* würde das bedeuten, dass dieses uns das wirkliche Leben raubt, unser Lebendigsein nimmt, uns zerstört, uns vom Leben trennt.

Erstaunlich und eigentlich erfreulich ist, dass auch der Buddha, sowohl vor als auch nach seiner Erleuchtung mit *Mara* zu tun hatte. Mara ist gleichsam der Gegenspieler des Buddha. Als seine Gehilfinnen gelten seine drei Töchter *Rati,* die Lust, *Aratie,* die Unzufriedenheit bzw. personifizierte Leidenschaft und *Tanha,* die Gier.

In der Legende wird berichtet: Als Buddha Shakyamuni unter dem Bodhi-Baum kurz vor der Erleuchtung stand, wandte *Mara* alle Kräfte auf, um ihn davon abzuhalten. Dazu rief er Erscheinungen wie Armeen von gewalttätigen Kriegern hervor, um ihn wütend zu machen, oder Frauen, die sich ihm hingeben wollten, und Reichtümer, um ihn zu verführen. Buddha durchschaute jedoch seine Absichten, da er erkannte, dass alles ihm Angebotene vergänglich und wie eine Illusion ist. In einem letzten Angriff versuchte *Mara*, den Buddha zum sofortigen Eintritt ins Nirwana zu überreden. Dieser lehnte jedoch ab, da er zunächst Schüler finden wollte, um seiner Lehre die Verbreitung zu ermöglichen. *Mara* selbst versank in einer Pfütze, die Illusion wurde von der Erleuchtung Buddhas wie mit einem Diamanten zerschnitten. Wie weitere Legenden zeigen, war die Vernichtung nicht endgültig, denn der Verführer stieg aus der hervor, wie Phönix aus der Asche, um erneut in Aktion zu treten.

So gibt es legendäre Beschreibungen darüber, wie Mara sich an den Buddha heranmacht, um ihn vom Weg abzubringen. Sehr schön wird erzählt, wie dieser damit umgegangen ist: „Mara, da bist du wieder…!“ Oder: „Mara, du schon wieder, ich erkenne dich…!“ Und es wird berichtet, dass sich Mara, nachdem er erkannt wurde, zurückzog.

Eine Geschichte ist besonders schön. Buddha und Mara begegnen sich und Mara erzählt dem Buddha, wie schwer sein Leben als Verführer sei, und auch der Buddha weiß davon zu berichten, dass auch er es nicht einfach habe. Und am Schluss der Geschichte wird erzählt, dass die beiden zusammen Tee getrunken haben. Mehrere Aspekte sind in diesem Zusammenhang wichtig:

- Es wird erzählt, dass in dem Augenblick, in dem Buddha der Versuchung widersteht, eine Verwandlung eintritt, z.B. aus den bedrohlichen

Heerscharen werden Blumen, die es vom Himmel regnet. Im Sinne des Buddhismus werden Erfahrungen von Versuchung nicht negativ bewertet, sondern in Positives verwandelt. Es geht also darum, dunkle Triebe nicht abzulehnen, sondern die erfahrbar werdende Energie in heilsame und positive Macht zu verwandeln und für das eigene Wachsen nutzbar zu machen.

- Um seine Anhänger davor zu bewahren, in Mara eine substantielle Macht „außerhalb" zu verstehen, übernimmt dieser selbst die „psychologische Interpretation", indem er deutlich macht, dass die Gefahr nicht von außen, sondern aus uns selbst kommt.
- Trotzdem behandelt der Buddha Mara wie ein Gegenüber, d.h., er spricht ihn an: „Da bist du wieder...!" Damit lässt er sich von Mara nicht besetzen, sondern begegnet ihm aus der Distanz, er bleibt „der Chef" in der Aktion. „Du bist fortan nicht mehr der Baumeister..."
- Indem Buddha mit Mara Tee trinkt, also sich sozusagen mit ihm anfreundet, wird ein wichtiger Aspekt im Umgang mit unserem Schatten deutlich: nicht verdrängen, nicht ablehnen, sondern akzeptieren, integrieren. Der liebevolle Umgang mit allen Seiten unseres Seins heißt mich ganzheitlich lieben lernen: „Ja, das bin ich auch, und ich darf lernen!"

## Einlassen

Einlassen ... Das ist eine kleine Entdeckungsreise, jedes Mal neu, immer mit unbekanntem Ausgang. Damit das Abenteuer gelingt, müssen wir dranbleiben, auch wenn es unbequem oder mühsam wird. Einlassen heißt Neues erfahren, lernen, hinzugewinnen. Dies setzt aber voraus, dass wir alte Bilder, Meinungen, Erfahrungen jetzt zumindest so weit abgeben, dass sie uns nicht hemmend im Wege stehen. Einlassen bedeutet, ein Risiko einzugehen, sich zu öffnen, verletzbar zu werden. „*Wagnis, Gefahr, Verlustmöglichkeit bei einer unsicheren Unternehmung.*" (Fremdwörter Duden 1999.)

Wir können uns einlassen auf ein Objekt, das wir mit den Augen erfassen, z. B. eine Blume unmittelbar vor uns oder eine Baumkrone in weiter Ferne.

Dazu ist es nötig, unseren Gesichtssinn zu schärfen und mit einem kleinen Focus nur das wahrzunehmen, was wir zu sehen beabsichtigen. Alle Vorstellungen, wie eine Blume oder eine Baumkrone auszusehen hat, fallen weg – und es bleibt das reine Gewahrwerden des Objekts. Dabei stellen wir fest, dass unsere Augen damit große Mühe haben und sich dagegen sträuben. Allzu schnell öffnen sie wieder den Focus, wandern weg, irgendwohin. Aber wir holen sie liebevoll zurück und richten unser Augenbewusstsein erneut auf das Jetzt.

Dieselbe Erfahrung können wir machen, wenn es darum geht, unseren Gehörsinn zu schärfen: Vogelstimme, Bachrauschen, Wind in den Bäumen. Unsere Ohren sind darauf eingestellt, nebenbei zu hören, einen ganz weiten Gehörfokus zu haben.

Um wirklich zu hören, das heißt, um auf die Botschaft, die unser Gegenüber uns mitteilen möchte, oder um auf die Botschaft unseres Herzens hören zu können, müssen wir uns einlassen – nicht nur auf das gesprochene Wort, sondern auch auf die Tonlage. Wir müssen nicht nur das *Was*, sondern auch das *Wie* hören. Gerade beim Versenden von E-Mails erlebe ich häufig, wie schnell es zu Missverständnissen kommt. Das hängt nicht nur damit zusammen, dass es oft schwer ist, komplizierte Nachrichten oder gar Gefühle so zu beschreiben, dass sie klar sind. Vielleicht neigen wir dazu, die „schnelle Post" auch zu schnell und damit zu oberflächlich zu lesen und zu schreiben. Der tiefere Grund der Missverständnisse aber ist das Fehlen der Tonlage, durch die unsere Gefühle transportiert werden und durch die manches Mal mehr ausgesagt wird als durch das gesprochene Wort selbst. Wirklich zu hören bedeutet, auf den Inhalt zu hören, der in Wort *und* Ton transportiert wird, bedeutet, Vorurteile aufzugeben oder zumindest für den Augenblick zur Seite zu legen, bedeutet, all die Wände in Form von Sorgen und Ängsten, von Kleinmut, Missgunst und Zerstreutheit wegzuräumen. Nur so kann es zu einer tiefen Kommunikation kommen – „von meinem wahren Wesen zu deinem wahren Wesen." Uns darauf einzulassen ist eine große Herausforderung und erfordert regelmäßiges und lebenslanges Üben. Ein Mann meinte bei einem Kurs: „Das ist für mich die schwerste Übung", und sprach damit aus, was viele empfinden. Mit unseren Gedanken sind wir nicht bei unseren Handlungen, unseren Gesprächen. Die Gedanken eilen voraus, hängen hinterher, schweifend träumend irgendwohin. Sie verbinden sich nicht mit der Situation, die in diesem Moment mein Leben ausmacht. Wenn ich in meinem Tun von meinem Denken getrennt bin, von meinem Bewusstsein, meiner Wahrnehmung, dann bin ich getrennt, zweigeteilt, bin im Zerriss. Nie ganz dabei! Die Konsequenzen und Ergebnisse sind oft leidvoll, wenig effektiv – und was viel schlimmer ist, wir erweisen mit diesem Verhalten uns selbst und unserem Tun, aber auch dem Wesen, mit dem wir es in diesem Moment zu tun haben, nicht den Respekt, der angemessen wäre.

Meinen Schülern gebe ich oft die Aufgabe, mir den wichtigsten Menschen zu nennen. Manche möchten bei der Lösung auch Tiere, Pflanzen o.Ä. einbeziehen. Also lautet die Frage: Was ist für dich das wichtigste Wesen? Oft dauert es lange, bis die richtige Antwort gefunden ist. Das wichtigste Wesen, Mensch, Tier Pflanze, Projekt, ist immer das, das gerade vor mir steht, mit dem ich mich in diesem Augenblick beschäftige. Für diesen Moment gibt es nichts Wichtigeres als dieses. Das ist gemeint mit „einlassen".

Beim Bearbeiten dieses Abschnitts bin ich auf ein Zitat von Meister Eckhart gestoßen, das in wunderbarer Weise beschreibt, was ich meine. Er sagt:

> Ein Weiser wurde gefragt, welches die wichtigste Stunde sei,
> die der Mensch erlebt,
> welches der bedeutendste Mensch, der ihm begegnet,
> und welches das notwendigste Werk sei.
> Die Antwort lautete:
> Die wichtigste Stunde ist immer die Gegenwart,
> der bedeutendste Mensch ist immer der, der dir gerade gegenübersteht,
> und das notwendigste Werk ist immer die Liebe.
>
> GUTEZITATE.COM.

Manchmal wird es in unserem Leben nötig sein, uns auf eine Aufgabe, auf eine Idee, einzulassen. Soll es zu einer tiefen Begegnung kommen, funktioniert dies nicht ohne vorbehaltloses Sicheinlassen.

Warum fällt uns dieses völlige Einlassen, Offensein so schwer? Ist es wirklich nur eine Frage der Konzentration, zwangsläufige Folge unserer Lebensgewohnheiten, Ergebnis unserer umtriebigen, schnellen und oberflächlichen Zeit? Oder verbergen sich dahinter Lebensängste, Enttäuschungen? Wollen wir lieber nicht so genau „hinschauen"? Uns lieber nicht öffnen?

Wir haben die Wahl: Wir können ängstlich, verzagt, halbherzig reagieren. Wir können aber auch mutig agieren, indem wir den nächsten Schritt tun – denn das Leben, das uns in der konkreten „Übung des Jetzt" begegnen möchte, lädt uns ein, mutig weiterzugehen. Und dieser Einladung wollen wir folgen ... beim Zazen mit dem nächsten Atemzug, bei der Bogenübung mit dem nächsten Pfeil.

## Flexibilität und Balance

Schon bei der Beschreibung des Standes wurde deutlich, wie wichtig es ist, die körperliche und geistige Mitte zu finden und aus ihr heraus zu handeln. Das ist nicht einfach, bedarf immer wieder unserer Übung, wird jedoch zur guten Gewohnheit, weil wir ein bestimmtes Muster, einen „Raster", in uns finden können, das stimmig ist und in das wir uns immer wieder „einklinken" können. Verhaltensmuster entstehen also durch Wiederholung und führen zu bestimmten Denk-, Gestaltungs- oder Verhaltensweisen und damit zu einem entsprechenden Handlungsablauf. Die unbewusste Wiederholung kann uns in einer bestimmten Situation ein Gefühl von Sicherheit geben. Schwierig wird es, wenn wir durch äußere Gegebenheiten, durch Unerwartetes vor neuen Herausforderungen stehen und unsere Muster nicht mehr greifen. Bringt uns das aus unserer Mitte, schafft Unsicherheit und Angst? Manchmal sagen wir dann: „Das hat mich völlig aus der Bahn geworfen" und drücken damit ziemlich genau aus, was geschehen ist: Wir mussten das Muster, unser gewohntes Gleis, verlassen.

Das indische Bogenschießen zeichnet sich aus durch Flexibilität. Die Übung mit der rechten und linken Seite haben wir bereits kennen gelernt. Nun kommen jedoch einige Übungen hinzu, bei denen wir uns körperlich und geistig völlig neu orientieren müssen und wo es darauf ankommt, auch in einer neuen Herausforderung unsere Mitte, unsere Balance, zu finden und aus ihr heraus zu handeln. Für Yogaübende ist es leicht, in unseren

Übungsformen Asanas zu entdecken, die in Indien ganz selbstverständlich in die Übung mit dem Bogen eingeflossen sind. Im Folgenden möchte ich mit Bildern ein paar Übungen zeigen.

Das kleine Bäumchen

Das große Bäumchen

Heldenstellung

Drehstand

Kniestand

Bei allen Übungen ist wichtig:
Der Oberkörper bleibt immer aufgerichtet, die Koordination von Atem und Bewegung bleibt gleich und ist ganz wichtig und immer kehren wir zurück zum Ausgang, entspannen dabei unsere Schultern, atmen ein und aus, und ziehen den nächsten Pfeil.

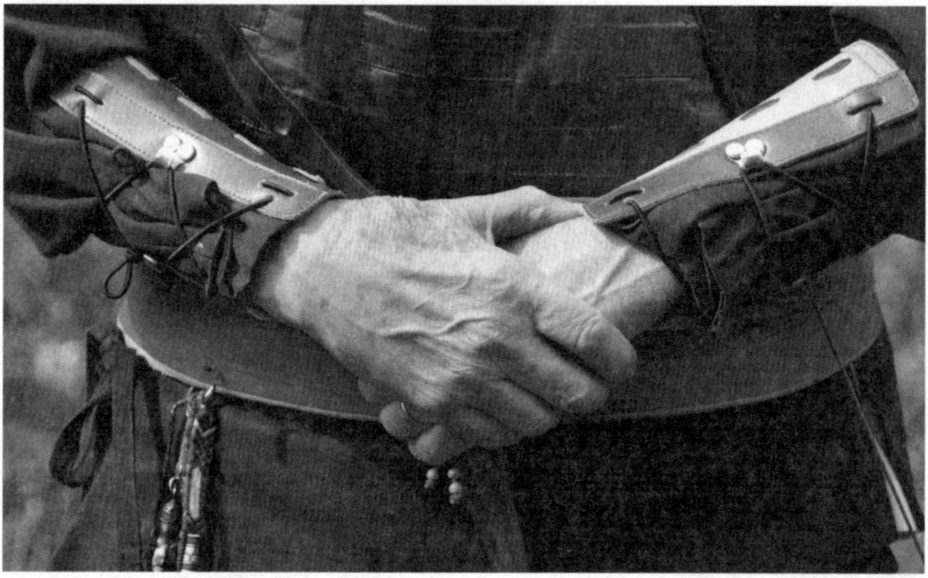

KyuSei in Endposition

Worum geht es? Selbstverständlich geht es um körperliche Beweglichkeit. Aber das ist zu wenig. *Wer nur übt, um zu treffen, geht den einfacheren Weg.* Diesen Satz kennen wir bereits und er gilt auch in unserem Zusammenhang. Jede Übung baut auf, auf Gelerntem, kann zurückgreifen auf Erfahrung und ist doch im Ablauf ganz anders und neu. Sie fordert uns auf, Bewährtes zu erhalten, Neuland zu betreten Frisches wachsen zu lassen. Und wie oben beschrieben, wird dies mit Unsicherheit, kann sogar mit Ängsten, verbunden sein. Es geht darum, gewohnte Muster zurückzulassen und uns mutig dem Neuen zu stellen, im Neuen unsere Mitte zu finden und daraus zu handeln.

Das ist eine schöne Übung, aber es ist keine Spielerei, denn wir sind mit der Bogenübung ganz dicht am Leben. Mit der Flexibilität der Abläufe üben wir uns ein in die Herausforderungen des Lebens. Wir entdecken, wie hilfreich es ist, sich in bestimmte Formen eingeübt zu haben, und wie wichtig es ist, diese zu verlassen und im Betreten von Neuland unseren Geist einzuladen, nicht am Gewohnten zu hängen, sondern neugierig Neues hinzuzulernen. Und vergessen wir nicht: Wir lernen immer für das Ganze. Was wir mit dem Bogen lernen, welche Erfahrungen wir machen, ist nicht getrennt von unserem übrigen Leben. Wenn wir lernen, uns zu trauen, uns der Herausforderung zu stellen, dann üben wir uns ein in ein großes Vertrauen, aus dem heraus wir unser Leben gestalten können. Ein stark und flexibel gewordener Geist ist ein stark und flexibel gewordener Geist, egal, ob mit dem Bogen in der Hand oder an der Tastatur, bei der Arbeit in der Küche oder bei einer flexiblen Gestaltung unserer Lebensräume. Das geht nicht so leicht und auch nicht so schnell, wie wir uns das oft wünschen, aber kleine Fortschritte, kleine Veränderungen machen uns Mut, weiterzugehen. Langsam werden wir frei von Angelerntem, frei von Abhängigkeiten. Es wird mir bewusst, *dass durch das Bogenschießen eine Haltung eingeübt wird, die letztendlich zu einer Haltung dem Leben gegenüber werden kann. Aufrecht, klar und direkt, achtsam und bewusst.* (Wiethase/Rothacker: *Aus der Stille: Pfeile*. Wiethase Verlag, 2014.)

Nach meinen Erfahrungen glaube ich sagen zu können, dass dieser Art des Schießens, bei der es um Balance und Stabilität geht, bei allen therapeutischen Angeboten in allen psychosomatischen Kliniken oder bei privaten Therapeuten der Vorzug gegeben werden sollte.

## Der Atem

Ich habe verschiedentlich davon gesprochen, wie wichtig die Koordination von Atem und Bewegung ist. Nur wenn dies stimmig ist, wird unsere Übung harmonisch und schön. Um in diesen Fluss zu kommen und damit zu einem regelmäßigen Ablauf unserer Übung, ist es wichtig, dass wir uns einen bestimmten und sich dauernd wiederholenden Atemrhythmus angewöhnen, d.h. so lange bewusst darauf achten, bis er zu einer guten Selbstverständlichkeit geworden ist. Ich versichere Ihnen, dass Ihre Übung eine neue Qualität bekommt und dass sich die Praxis des Atmens, ganz von selbst, auf Ihren Alltag überträgt. Und vieles von dem, was ich beschreibe, werden Sie in Ihrem Alltag anwenden können, egal ob Bogenübende oder nicht.

Das ist gar nicht so einfach und ich will darum auf einige Fehlerquellen hinweisen, bevor ich konkret den Atemrhythmus beschreibe:

- Häufig fließt der Atem bereits, obwohl das Öffnen des Bogens noch gar nicht begonnen hat, d.h., wir beginnen mit der Atmung, bevor wir mit der Aufgabe begonnen haben. Es fehlt also der ganze Einsatz, um das Werk zu vollenden, denn wir haben begonnen, bevor wir „begonnen" haben.
- Aber auch umgekehrt gilt. Die Übung hat bereits begonnen, d.h., Bogen- und Zughand sind bereits in Bewegung, aber der Atem fließt noch nicht, sondern setzt erst „auf halber Strecke" ein. Häufig geht damit einher, dass die Bewegung begonnen hat, der Atem jedoch nicht fließt und das Ziel noch gar nicht im Blick ist, sondern erst im Verlauf der Übung erfasst wird. D.h., ich bringe mich erst dann voll ein, wenn ich schon ein Stück des Weges hinter mich gebracht habe.
- Da wird die eingeatmete Luft während des Ziehens angehalten, im Leib gepresst, um sie dann im Moment des Ablasses mit einem Stoß auszupusten. Klar, dass der Abgang unseres Pfeils in diese „Explosion" hineingerät, unser Körper in Disharmonie kommt und wir die Übung disharmonisch und unbefriedigend erleben. Die Energie ist zwar wunderbar vorhanden, sie ist jedoch so gespeichert, dass sie nicht kontinuierlich und harmonisch abgegeben werden kann, sondern sich unkontrolliert, vulkanartig entlädt.
- Äußerst schwierig ist also die richtige Dosierung des Atemflusses, die gewährleistet, dass uns der Atem während der langen Reise begleitet, denn es ist ein weiter Weg, den wir zurückzulegen haben, und wir benötigen dafür nicht nur einen langen Atem, sondern auch die Fähigkeit, diesen nicht zu blocken oder unkontrolliert in alle Richtungen zu verschleudern.Wir müssen unsere Lebenskraft – unseren Atem – stattdessen so dosieren, dass er uns kontinuierlich bis zum Abschluss der Übung, bis zum Ende unseres Weges zur Verfügung steht. Es gibt eine indianische Tradition, bei der unser Sternzeichen Löwe ein Adler ist. Bei der Charakterisierung dieses Sternzeichens heißt es, dass der Adler

zwar große Kraft besitzt, sich mächtig, kühn und eindrucksvoll in die Lüfte zu erheben, dabei passiert es jedoch, dass seine Kräfte nicht ausreichen, um wohlbehalten zu seinem Horst zurückzukehren. Er stürzt ab. Auf unsere Übung übertragen, bedeutet das: Er kann mit seinen Energien nicht achtsam umgehen, er übernimmt sich und fällt.

Nachdem ich nun über mögliche Fehlleistungen in der Koordination von Atem und Bewegung gesprochen habe und Sie möglicherweise eigene Lebensmuster erkennen konnten, möchte ich nun im Folgenden den konkreten Verlauf einer Bogenübung in der Verbindung mit Ein- und Ausatem beschreiben. Grundsätzlich gilt: „Wir brauchen einen langen Atem!" Doch wie kommen wir dahin? Im Yoga habe ich verschiedene Übungen kennen gelernt, bei denen ganz bewusst ein langer Ausatem zum Programm gehört. Dies ist mir beim Bogenschießen sehr hilfreich geworden und hat in unserem Hause dazu geführt, dass wir Bogen-Sesshins eingerichtet haben, an denen wir ganz gezielt im Wechsel Yoga und Bogenübung anbieten.

Für unsere Übung ist es wichtig und hilfreich, dass wir in einem gleichbleibenden Rhythmus sind: beginnend mit dem bewussten Greifen des Pfeils, bis zum Abschluss, wenn unsere Schultern herunterkommen, wir entspannen und der Kreis sich schließt.

Die positiven Wirkungen sind leicht zu spüren und eindeutig: Mit dem gleichbleibenden Atem wird auch unsere Übung gleichmäßig, sie hat immer dasselbe Maß. Wir kommen in einen Rhythmus, der uns guttut. Unsere Übung wird langsamer, bedächtiger, achtsamer, weil wir jeden einzelnen Schritt mit unserem Bewusstsein begleiten. Wir dürfen und müssen uns Zeit nehmen. Wird eine Übung hektisch ausgeführt, ist dies ein sicheres Indiz dafür, dass wir mit unserem Bewusstsein, sprich unserem Atem, nicht wirklich dabei sind bzw. dass nach wie vor der „Alltagsstress-Gang im Getriebe" ist. Um uns einzulassen, um uns mit unserem Tun zu vereinen, brauchen wir Zeit. Im Yoga Sutra des Patanjali habe ich folgende Weisheit gefunden:

1.31. Ein Gefühl von innerer Enge, ein Gefühl von tiefer Niedergeschlagenheit, eine Störung des harmonischen Gleichgewichtes körperlicher Funktionen oder die Unmöglichkeit, den Atem ruhig zu führen, gehen einher mit einem Geist, der in Probleme verwickelt ist.

1.32. Hindernisse können dann keine Wurzeln schlagen, wenn ein Mensch einen geeigneten Weg gefunden hat, Stabilität in seinem Geist zu entwickeln, und wenn er an diesem Weg festhält und sich bemüht, ihn zu gehen.

1.33. Wenn es uns gelingt, ein liebevolles Gefühl den Menschen gegenüber zu hegen, die glücklicher sind als wir, Mitgefühl mit denjenigen zu haben, die unglücklich sind, uns zusammen mit denen zu freuen, die etwas Wertvolles tun, und uns nicht durch Irrtümer anderer Menschen aus dem Gleichgewicht bringen zu lassen, wird in unserem Geist Ruhe einkehren.

1.34. Atemübungen, die eine Betonung und Verlängerung der Ausatmung einschließen, können dazu dienen, unseren Geist ruhiger werden zu lassen.

(DESIKACHAR, T.K.V.: ÜBER FREIHEIT UND MEDIATION. VERLAG VIA NOVA, PETERSBERG, 1997.)

## Loslassen – Flügel der Freiheit

Das Thema „Loslassen“ ist uns schon einige Male begegnet und spontan verbinden wir es mit dem Moment, in dem der Pfeil sich mühelos von der Sehne löst. Im Verlauf des Übens jedoch wird uns deutlich, dass dies nur eine Momentaufnahme aus einem ganzen Film ist, in dem es genau darum geht. Es wird uns deutlich, dass wir mit dem Lösen der Sehne nicht alle unsere Probleme loswerden, dass wir aber durch die Übungspraxis, verbunden mit einem ruhigen und klaren Umfeld, eine Chance bekommen, zu erkennen, was uns bindet. Wir erkennen, es gibt körperliche Hemmungen, die sich lösen lassen, und es gibt seelische, psychische Themen, von denen man sich lösen muss.

Zwei Bilder sollen uns etwas Grundsätzliches zeigen:

- *Wenn du auf einem toten Pferd sitzt, dann steig ab!* Das setzt voraus, zu erkennen, dass das Pferd tot ist, oder – wie wir an einem andern Beispiel gesehen haben, dass der Eimer alt ist und keinen Boden mehr hat.
- *Wir kennen die Situation, dass Hundefrauchen oder -herrchen dem Hund ein Stöckchen abnehmen will mit der Aufforderung: „Lass los“!,*

*aber das Tierchen ist dazu nicht bereit.* Fazit: Ich muss bereit sein oder bereit werden, loszulassen.

Nicht loslassen heißt, wir verharren in einer bestimmten Situation, die uns körperlich schadet und uns seelisch blockiert. Gründe können sein: Verlust einer Partnerschaft durch Tod oder Trennung, Trauer, Schuldzuweisungen, Verletzungen, Grenzerfahrungen, Probleme am Arbeitsplatz, Begegnung mit leidschaffenden Mustern.

Symptome, also Zeichen, die auf etwas hinweisen, können sein: psychosomatische Beschwerden, Unzufriedenheit, üble Laune, Neigung zu Aggressivität, Rückzug, Kopfschmerzen, Grübeln, Hadern, Sucht, Verlust an Lebensfreude, Depression, Selbstzerstörung, Suizid.

Wie geschieht Loslassen?

Manchmal hilft eine klare Analyse meiner Fähigkeiten und Möglichkeiten, z.B. durch mangelnde Kompetenz, durch Überforderung, durch Krankheit oder Alter. Es ist oft erstaunlich, wie schwer es fällt, sich von einem stärkeren Bogen zu verabschieden, obwohl ich mich damit quäle, obwohl er mir überhaupt nicht guttut. Mich zu verabschieden von Ergebnissen, die mir in jüngeren Jahren noch ganz leicht gefallen sind. Zu dieser klaren Analyse muss hinzukommen die Bereitschaft zur Veränderung. Dann gilt es loszulassen: Ideen, Wünsche, Ziele, um das zu realisieren, was möglich ist.

Damit verbunden ist die Akzeptanz meiner Person, meiner Möglichkeiten, aber auch der Umstände, in denen mein Leben verläuft. Akzeptanz heißt „annehmen", Freundschaft schließen mit mir und meinem Leben. Und hier liegt häufig das eigentliche Problem. Gerne wollen wir loslassen, aber wir sind nicht bereit, die Voraussetzung hierfür zu erfüllen, nämlich das „Annehmen." Dann sagen wir gern: „Ich kann nicht!" Damit jedoch verhindern wir jeden Fortschritt, denn mit dieser Aussage fesseln Sie sich selbst und glauben nicht an Ihre Fähigkeit, ihre Gefühle zu beeinflussen und zu steuern. Sagen Sie nicht: „Ich m u s s loslassen!" Sagen Sie aber: „Ich möchte gerne lernen, loszulassen!" Schon allein mit dieser Formulierung verändern Sie etwas in Ihrem Geist, schaffen Lockerheit und Offenheit und Sie schenken sich damit vielleicht ein zartes Lächeln.

Eine kleine Geschichte aus der Zen-Tradition führt uns auf dem Weg noch ein Stückchen weiter:

*Der glückliche Chinese*

Einmal kam ein Zen-Meister zu Hotei, als dieser bei der Spiel-Arbeit auf der Straße war, und sagte: „Was ist die Bedeutung des Zen?" Hotei ließ augenblicklich als schweigende Antwort seinen Sack auf den Boden fallen. „Also nun", fragte der andere, „was ist die Vergegenwärtigung des Zen?" Augenblicklich schwang der glückliche Chinese seinen Sack über die Schulter und ging lachend weiter.

Zum Verständnis muss man wissen, dass Hotei „Hanfsack" heißt. Unter diesem Namen und mit diesem Symbol ist er schon zu Lebzeiten zur Legende geworden. Dieser Sack, das ist er selbst, seine Identität, seine Geschichte, sein Leben. Auf die Frage des Zen-Meisters nach der Bedeutung des Zen lässt er augenblicklich seinen Sack fallen. Er lässt los, befreit sich von der Last und der Lust seiner Lebensgeschichte.

Als er nun nach der Vergegenwärtigung des Zen gefragt wird, nimmt er den Sack wieder auf. Ist es derselbe Sacke, den er wieder aufnimmt? Ich vermute, Ja und Nein!

Nein, denn er hat fallen lassen, war bereit, alles abzugeben, und Ja, weil er sich von seinem Leben nicht grundsätzlich trennen kann. Seine Lebensgeschichte ist seine Lebensgeschichte. Punkt! Und doch ist sie verändert.

Loslassen, so sagt uns die Geschichte, ist kein Entschweben in himmlische Sphären, sondern ist Fallenlassen von Ballast, um befreit, beflügelt, lachend weiterzugehen, Schritt für Schritt, Pfeil um Pfeil auf dem Weg, der das Leben ist.

## Des andern Bogen...

Wenn wir uns auf den schwierigen Prozess des Erwachsenwerdens einlassen, gilt es zu begreifen, dass wir uns ganz persönlich dem Lernen und der Veränderung stellen müssen. Den Bogen zu schießen, muss ich selbst lernen. Niemand kann das für mich übernehmen. Ich selbst muss es tun. Wir dürfen nicht warten, bis andere etwas tun. „Schieße nicht des andern Bogen, reite nicht des andern Pferd." Jeder von uns muss beginnen, selbst Prioritäten zu setzen für sein Leben, ohne auf die Meinungen der anderen zu hören. Jeder muss persönlich Entscheidungen für sich treffen, nach der Wahrheit suchen, sich die Fragen stellen: Was ist mir *wirklich* wichtig? Und was ist wichtig für die Gesamtheit?

„Des andern Bogen spanne nicht ...Des andern Pferd besteige nicht!"

D.h., sei du selbst, ganz du selbst! Werde erwachsen, lebe dein eigenes Leben.

Wirf die Lasten ab, die gar nicht zu dir gehören, die andere dir aufgedrückt haben. Bleib nicht im Grab deiner Angst oder Resignation, deiner Enttäuschungen und Verletzungen, und finde deinen Weg.

Solange wir etwas tun, weil es andere tun, spannen wir nicht unseren eigenen Bogen. Solange wir etwas tun, weil andere es uns aufgedrückt haben, gehen wir nicht durch unsere eigene Tür. Wenn wir etwas glauben, weil andere es glauben, reiten wir ein fremdes Pferd. Was andere für wahr halten, muss nicht deine Wahrheit sein.

Der Buddha hat – wie kein anderer Religionsstifter – dazu aufgefordert, keiner Lehrmeinung zu glauben, auch ihm nicht zu glauben, sondern zu überprüfen und aus der Erfahrung zu handeln.

In einer Geschichte wird Folgendes erzählt:

> Kalamer, geht nicht nach Hörensagen, nicht nach Überlieferungen, nicht nach Tagesmeinungen, nicht nach der Autorität heiliger Schriften, nicht nach bloßen Vernunftgründen und logischen Schlüssen, nicht nach erdachten Theorien und bevorzugten Meinungen, nicht nach dem Eindruck persönlicher Vorzüge, nicht nach der Autorität eines Meisters! Wenn ihr aber selbst erkennt: »Diese Dinge sind unheilsam, sie sind verwerflich, werden von Verständigen getadelt, und wenn ausgeführt und unternommen, führen sie zu Unheil und Leiden«, dann Kalamer, mögt ihr sie aufgeben.

Der Hintergrund dieser Lehrrede des Buddha ist eine Frage der Menschen aus Kesaputa, dem Sitz des Stammes der Kalamer. Viele große Meister und Lehrer sind durch ihren Ort gekommen und jeder verkündet seine Lehre als große Weisheit und beschimpft oder verachtet die Lehre anderer.

Das verunsichert und so heißt es: *Wir sind im Unklaren, im Zweifel, wer wohl von diesen Asketen und Brahmanen Wahres und wer Falsches lehrt.* Aktueller könnte diese Szene nicht sein. Wir sehen uns als moderne

Menschen eingezwängt in eine Flut von Meinungen. Für jedes Gebiet gibt es Experten, Autoritäten, die uns von ihrer Weisheit überzeugen möchten. Dies gilt in Sachen Religion, Philosophie, Medizin, Politik, Wirtschaft, Ernährung, Kleidung. So sind auch wir im Unklaren, im Zweifel, fragen nach der Wahrheit.

Es ist erstaunlich, dass der Buddha in seiner Antwort uns geradezu ermahnt, nicht zu glauben, auch ihm nicht zu glauben. Mit der Aufzählung all der Strömungen, nach denen wir uns richten könnten, und seinem klaren Nein, appelliert er an unsere eigene Einsicht, möchte, dass wir lernen, mündige Wesen zu sein. Er rät zur eigenen Vernunft, fordert auf, alle Denkformen zu überprüfen. Das ist der Kern der buddhistischen Lehre. Denke selber, prüfe Lehren, überprüfe Übungen, hinterfrage Autoritäten und tue das, was für dich heilsam und für das Ganze ethisch verantwortbar ist. Beides ist wichtig: Es geht darum, zu überprüfen, was für mich persönlich heilsam ist, und gleichzeitig nicht zu vergessen, dass meine ethische Verantwortung viel weiter geht und dem Ganzen gilt. Damit ist vor allem der Blick in die Zukunft gerichtet und orientiert sich an der Frage, welches Erbe wir unseren Nachkommen hinterlassen.

Du musst kein Franz von Assisi oder eine Mutter Theresa werden, werde einfach du selbst.

Du hast das Recht, deinen eigenen Weg zu gehen. Das ist für andere oft schwer zu ertragen, es ist oft schwer für uns selbst, weil es bedeuten kann, Gewohntes zu verlassen, Sicheres aufzugeben. Aber es ist das Ende aller Lügen, es ist der einzige Weg zu Eigenverantwortung und Freiheit.

Du selbst werden heißt dein eigenes ursprüngliches Wesen, dein wirkliches Zuhause zu finden und daraus zu handeln.

Ist das nicht blanker Egoismus? Zwei Argumente entschärfen diese Frage:

- Erst wenn wir auf diesem Weg der Transformation heil und gesund geworden sind, können wir heilen und können andere um uns gesunden. Was wir für uns tun, tun wir immer für alle – ganz von selbst. Nur wer sich verändert, verändert die Welt. Warum ist das so?
- Weil wir in der Tiefe unseres Seins mit allen und allem verbunden sind, denn es gibt nur ein Zuhause. Das ist die Erfahrung aller Mystiker in allen Traditionen.

Aus dieser Erfahrung bekommt unser Satz „*Spanne nicht den Bogen des anderen*" einen ganz neuen Sinn. Du kannst den Bogen des andern nicht spannen, denn es gibt nur einen Bogen, den spannen wir alle. Im Spannen dieses einen Bogens sind wir in Liebe und Mitgefühl verbunden mit allen Wesen. Das ist nicht immer einfach, denn „einen Bogen" spannen heißt, eingebunden sein in den physischen Schmerz der Unterdrückten, Gefolterten, der Hungernden, heißt, verbunden sein mit der blühenden Blume und den Tränen und dem Lachen eines Kindes.

Deinen eigenen Bogen spannen heißt, frei zu werden von aller Fremdbestimmung, um ganz gemäß deiner Bestimmung zu sein.

Steve Jobs sagt sehr schön:

> Eure Zeit ist begrenzt. Vergeudet sie nicht damit, das Leben eines anderen zu leben. Lass dich nicht von Dogmen einengen – sie sind das Ergebnis vom Denken anderer Menschen. Lass nicht zu, dass der Lärm fremder Meinungen deine eigene innere Stimme auslöscht… Und das Wichtigste: Habe den Mut, deinem Herzen und deiner Intuition zu folgen. Diese beiden wissen schon, wohin dein Weg führen sollte. Alles andere kommt erst an zweiter Stelle.
>
> GUTEZITATE.COM

## Heiterkeit

Das alles ist eine ernsthafte Angelegenheit, die leicht zu einer Verbissenheit wird, mit der nichts gelingt.

Wenn ich auf die bald 30-jährige Zen- und Bogenpraxis zurückschaue und mich frage, ob es für mich sichtbare, spürbare und für andere wahrnehmbare Ergebnisse gibt, dann möchte ich *Heiterkeit* als eine der wichtigsten Früchte nennen.

Dazu ist mir ein Text von Hermann Hesse begegnet, den ich im Folgenden zitieren und kurz kommentieren möchte:

> Heiterkeit ist weder Tändelei noch Selbstgefälligkeit,
> sie ist höchste Erkenntnis und Liebe,
> ist Bejahen aller Wirklichkeit,
> Wachsen am Rand aller Tiefen und Abgründe.
> Sie ist das Geheimnis des Schönen
> und die eigentliche Substanz jeder Kunst.
> AUS: DAS SPRUCH-ARCHIV

*Heiterkeit* wird übersetzt aus dem Alt- und Mittelhochdeutschen mit *heitar – leuchtend = Klarheit. Diese Wortdefinition ist wichtig, denn sie hilft uns, den weiteren Text zu verstehen.*

In einem ersten, kurz gehaltenen Teil beschreibt Hesse, was Heiterkeit nicht ist: *weder Tändelei noch Selbstgefälligkeit.*

*Tändelei* hat zu tun mit Tanzen, Schweben, keine Haftung am Boden haben, könnte das berühmte Jesus-Lächeln meinen, das keinen wirklichen Bezug zur Realität hat.

*Selbstgefälligkeit,* das ist der in sich selbst verliebte, narzisstische Mensch, der sich nicht selbstkritisch betrachten kann, meint, ein übertriebenes Wohlgefallen, habe zu tun mit Überheblichkeit oder gar Eitelkeit.

So weit einmal, was Heiterkeit nicht ist.

Und nun zu den positiven Aussagen: *Heiterkeit ist höchste Erkenntnis.*

Erkennen meint tiefes Schauen. Im Zen sprechen wir vom Reinigen des Spiegels: *Lasst uns heute den Spiegel reinigen, einmal und für immer!* Heiterkeit meint, frei sein von Selbsttäuschung, sich nicht selbst zu belügen, oder sich und andere zu zerstören, denn Heiterkeit ist gepaart mit *Liebe.*

Das mag zunächst überraschen und Sie, liebe Leserin, lieber Leser, mögen sich fragen, was Liebe mit Heiterkeit zu tun hat. Nehmen Sie aber einmal das Gegenteil von Liebe, nämlich Hass. Können Sie sich einen Menschen, der hasst, heiter vorstellen? Hass und höchste Erkenntnis sind unvereinbar, Hass und Heiterkeit im Sinne von Klarheit lassen sich nicht vereinbaren, denn ich stehe im Nebel meines Hasses. Heiterkeit ist Voraussetzung für Liebe, denn sie lässt uns frei sein von Voreingenommenheit.

*Heiterkeit ist Bejahen aller Wirklichkeit.* Wirklichkeit ist all das, was der Fall ist, Realität. Heiterkeit macht nicht blind, sie gibt mir die Möglichkeit, die Dinge so zu sehen, wie sie sind, ohne sie zu beschönigen. Sie macht frei vom Schein, vom Traum, von meiner Phantasie. Verbissenheit als Gegensatz zu Heiterkeit lässt mich starr sein, festgelegt auf meine Vorstellung, meine Ziele und Wünsche. Joschka Fischer sagte einmal: *Wer jahrelang hinter der Revolution herackert, sieht nicht mehr, was die Wirklichkeit ist.*

*A l l e r Wirklichkeit*, schön, dass das extra betont wird, weil wir doch sehr gerne selektieren oder ausklammern.

## Wachsen am Rand aller Tiefen und Abgründe

Zur Wirklichkeit gehören manchmal auch die Tiefen und Abgründe. Krankheit, Misserfolge, Enttäuschungen. Wie gehen wir damit um? Was machen solche Erfahrungen mit uns? Wut verhindert Wachstum, Verbissenheit auch, Depression kreist um das eigene Ich. Weil Heiterkeit etwas mit Freiheit und Liebe zu tun hat, ist Wachsen möglich. Wachsen heißt, stark werden, an Reifung gewinnen, Mitgefühl entwickeln. Wo wären wir ohne Tiefen? Und doch müssen wir immer wieder fragen? Bin ich gewachsen, oder hänge ich immer noch fest?

## Die Heiterkeit ist das Geheimnis des Schönen

Ohne Heiterkeit bleibt alles grau in grau, fällt es schwer, im Regen die Sonne zu sehen. Ohne Heiterkeit kann ich durch einen blühenden Garten laufen und keine Blumen sehen und keine Vögel hören. Heiterkeit öffnet meine Sinne – alle Sinne, sie ist sozusagen der Schlüssel zur Tür meiner Sinne, und meine Sinne sind der Kanal zum Schönen. Heiterkeit als Gegensatz zur Angst? Die Gehirnforschung sagt: Angst macht blind und verhindert Denken und Kreativität. Heiterkeit und Glück machen schlau.

### Sie ist die eigentliche Substanz jeder Kunst

Mit dem Stichwort Kunst nähern wir uns der eigentlichen Tiefe. Unsere Sinne führen uns zum Schönen, aber wir dürfen nicht bei der Betrachtung stehen bleiben, sonst finden wir nicht den tiefen Zugang, der nur unserem Herzen möglich ist. Kunst kommt aus dem Herzen. Die Wissenschaft entdeckt, die Kunst erschafft, ist schöpferisch. Der Maler erschafft Poesie in Farbe, der Bildhauer in Stein und der Bogenschütze? Zen in der Kunst des Bogenschießens. Ob Poesie, ob Klänge, ob Stein, ob Tanz oder Schauspiel, das Medium ist verschieden, aber die in ihr wohnende Lebendigkeit, Begeisterung ist dieselbe. Wissenschaft lebt von Logik. Kunst lebt von der Freude, von der Liebe . Vergessen wir das nicht.

Die Heiterkeit des Zen meint nicht, immer gut gelaunt oder entspannt zu sein, sozusagen perfekt zu sein. Mit dieser Vorstellung würden wir uns sehr unglücklich machen. Es ist eine Heiterkeit, die den Mut hat und eine Klarheit und Freiheit, allem zuzuschauen und dies jenseits und unabhängig von Bedingungen.

Klar, Heiterkeit lässt sich nicht befehlen, sie ist ein Geschenk. Aber wir können durchaus etwas tun. Auf zwei wichtige Voraussetzungen zum Entstehen von Heiterkeit möchte ich gerne hinweisen: Lassen Sie uns nicht an Vorstellungen hängen, an Wünschen oder Ängsten, sondern offen sein für neue Erfahrungen, das ist der erste, aber wichtige Schritt zur Heiterkeit. Der zweite Schritt ist eine gute Verankerung. Darüber möchte ich im folgenden Kapitel gerne etwas ausführen.

Abschließend zum Thema Hermann Hesse:

Wir sollen heiter Raum um Raum durchschreiten,
An keinem wie an einer Heimat hängen,
Der Weltgeist will nicht fesseln uns und engen,
Er will uns Stuf‘ um Stufe heben, weiten.

Kaum sind wir heimisch einem Lebenskreise
Und traulich eingewohnt, so droht Erschlaffen,
Nur wer bereit zu Aufbruch ist und Reise,
Mag lähmender Gewöhnung sich entraffen.
(Hesse, Hermann: Gedichte. Suhrkamp Verlag Berlin, 1977.)

## Der Anker

Als meine Familie und ich noch nicht in der Mühle wohnten, verbrachten wir den größten Teil unseres Sommerurlaubs mit längeren Seetörns, die wir mit unserem gut ausgestatteten und hochseetüchtigen, aber offenen Schlauchboot unternahmen. Da wir in dem Boot nicht schlafen konnten, sondern in kleinen Zelten an einsamen Ufern oder auf unbewohnten Inseln die Nächte verbrachten, war das Finden eines geeigneten Ankerplatzes eine existenzielle Aufgabe – und wir verwendeten zur Vorbereitung viel Zeit mit dem Studium der einschlägigen Literatur, um eine passende, windgeschützte Bucht zu finden. Das konnten wir nicht dem Zufall überlassen. Wir benötigten die Tipps anderer „Seeleute" und vertrauten ihrer Erfahrung.

Genauso wichtig und lebensnotwendig war das Auswerfen des Ankers. Wir überprüften den Meeresgrund, um sicher zu sein, dass unser Boot auch bei aufkommendem Sturm nicht abgetrieben würde.

Auch aus der Bogen-Weg-Übung ist uns der Begriff „Anker" bzw. „Ankerpunkt" in der Zwischenzeit vertraut. Wir wissen mittlerweile, dass das richtige Ankommen, also die „richtige Bucht", die übereinanderliegenden Lippen und den präzisen Ankerpunkt, unseren Mundwinkel, zu finden, darüber entscheiden. Konkret geht es darum, dass wir am Ende des Auszugs mit der Spitze unseres Mittel- oder Zeigefingers im Mundwinkel ankommen. Wir müssen uns spüren, um die Gewissheit zu haben, dass wir wirklich angekommen sind. „Ungefähr ankommen" gilt nicht! Wirkliches Ankommen und die erst damit mögliche Stabilität sind Grundvoraussetzung für einen weichen und entspannten Ablass. Das ist der Augenblick, in dem der Pfeil aus unseren Fingern gleitet und in Richtung Ziel abflitzt. Die Stabilität hilft uns erstens, dass dieser Vorgang nicht plump wird, und zweitens, dass wir die Finger nicht verziehen. Wenn am Ende unsere Finger von der Wange wegstehen, war unser Ablass nicht korrekt. Hier benötigen wir viel Feingefühl, um genau den Wechsel von aktivem Tun – Ziehen und Ankommen – zu völligem Geschehenlassen wahrzunehmen.

Wer wir auch sind, wie sich unsere Lebensaufgabe auch darstellt – jeder braucht einen Ankerpunkt, und jeder muss sich auf den Weg machen, ihn zu entdecken und aus ihm heraus zu leben. Dabei dürfen wir auf die Erfahrungen derer zurückgreifen, die vor uns unterwegs waren, wir dürfen ihrer Spur vertrauen ... Aber – den Anker müssen wir selbst werfen. Niemand kann, niemand darf uns das abnehmen. Und wenn wir an einen Lehrer, eine Lehrerin geraten, bei denen wir das Gefühl haben, dass sie das für uns übernehmen möchten, sollten wir sie schleunigst wieder verlassen – auch wenn die vorformulierte Antwort so wundervoll bequem erscheint. Wir brauchen unsere eigene Erfahrung. Der Bogen-Weg zeigt uns dies sehr deutlich: Es zählt nur mein Atem, mein Ziehen, mein Ankommen und Lösen. Es ist meine Hand, die sich unter großer Anspannung meinem Mundwinkel nähert und ihn schließlich punktgenau und ganz dicht berührt. Anker auf Abstand geht nicht, denn der Anker ist nicht außerhalb von mir, aber er ist auch nicht in mir. „Schieß mit deinem Sein" heißt: Du bist Anker und Ankerpunkt zugleich.

„Die Suche nach dem sicheren Ort ist zu Ende, du bist der sichere Ort." Dieses „Du" meint nicht diese Persönlichkeit, die ich als mein Ich definiere, meint aber auch nicht ein Du, das außerhalb von mir existiert. Der Augenblick des Jetzt überschreitet Innen und Außen, überschreitet Begriffe wie Zeit und Ewigkeit. Im Ungrund – ein Grund, der gleichzeitig Nichtgrund ist – verankert zu sein, schafft die Sicherheit und den Mut, mit Stürmen umzugehen und sich mit Ängsten anzufreunden.

Gerade das Finden des Ankers lässt uns das oben Angedeutete erfahren: Im Ankerpunkt anzukommen ist ein kleiner, aber konkreter Moment des Verweilens, nur ein Impuls, ein Signal, das mir sagt: Du kannst weitergehen! Ankern ist Nichtbesitzen. Der Ankerpunkt wird nicht mein Eigentum, es ist kein gemütliches Niederlassen, sondern ein Augenblick der Gewissheit, die im Tun entsteht. Das Verankert*sein* ist erfahrbar. Wird jedoch der Anker zum Begriff, zur Sache, zerstören wir sein haltgebendes Element, das Besitzen zerstört.

Diese scheinbare Paradoxie von „Anker“ und „Lösen“ lässt mich zu der grundsätzlichen Frage kommen, ob Flexibilität eine Tugend ist?

Wir erleben Menschen, die allem Neuen negativ und skeptisch gegenüberstehen. Neue Lösungsmöglichkeiten lehnen sie ängstlich ab, weil sie ihr bisheriges Lebensmuster erschüttern würden. Das Alte verschafft ein Gefühl von Sicherheit, Selbstbewusstheit, hat aber auch den Hang zu Intoleranz, Sturheit, wirkt lähmend , kleinlich und hemmend.

Eine andere Menschengruppe passt sich mühelos an. Sie legen sich nicht für alle Zeiten fest, binden sich nicht und können mit Modeströmungen konformgehen. Sie sind bereit, sozusagen vom Nullpunkt her, an Fragen und Probleme heranzugehen, sind kontaktfreudig, großzügig, tolerant. Sie tun sich eher leicht im Leben, das Leben mit ihnen gestaltet sich eher schwierig, weil sie „nicht zugreifen“, nirgendwo verwurzelt sind.

Dazwischen gibt es Menschen, die zwar für Neues offen sind, sich jedoch nicht von jeder Modeerscheinung oder Zeitströmung umwerfen lassen. Sie sind bereit, auf die Meinung und Erfahrung anderer zu hören und sie in ihren eigenen Lebensentwurf einzubauen. Diese Haltung in der Mitte, die wir nur schwer benennen können, führt uns in die Nähe dessen, was wir von der Zenerfahrung unter „Anker“ und „Lösen“ verstehen. Unser Lehrer Jako Esso Vanja Palmers, Roshi, hat auf die Rückseite meines kleinen Rakusu, (Glossar) geschrieben: *Ein freier und flexibler Geist, das ist der Weg*. Er hat sehr gut erkannt, dass ich „bodenständig“, wie ich bin, leicht zur ersten Gruppe der erwähnten Charaktere zähle, und hat mir dieses Geleitwort mit auf den Weg gegeben.

Verankern im Sinne des Zen ist also ein Nichtankern. Möglich ist dies, weil das Ankern aus der Leerheit kommt und in ihr verwurzelt ist.

Dieses Ankern, das Verankertsein in der Leerheit, verhilft uns zu Toleranz im Umgang mit anderen Weltanschauungen. Das ist sicher eine der größten Tugenden des Buddhismus. Aber auch jede Leerheit kann zu einer dogmatischen Größe werden, indem ich sie zu meinem Besitz mache, indem ich glaube, diese Erfahrung jederzeit wiederholen zu können, indem ich andere auf diese meine Erfahrung festlege, und zwar so, dass ich für andere Erkenntnisse nicht mehr offen bin. Wird die Leerheit zum Besitz, zur dogmatischen, feststehenden Größe, wird das hohe buddhistische Gut, nämlich die besondere Bereitschaft, andere Weltanschauungen anzuerkennen, zunichte gemacht. Diese Bereitschaft, die in jedem persönlich wachsen muss, ist die Grundvoraussetzung für dauerhaften Frieden. Diese „relative Festigkeit“ unseres Ankerns wird in einem Koan mit folgendem Bild gezeichnet: „*Sei fest wie ein Baum im stürmischen Wind.*“

Das ist unsere Berufung. Wie ein Baum verankern wir uns im Boden, der uns Kraft und Sicherheit gibt. Menschen mit flachen Wurzeln bleiben an der Oberfläche, werden die Fülle des Lebens nicht entdecken, können sich nicht voll entfalten. Sie müssen schweben, stets in der Gefahr, dass der Lebenssturm sie umpustet, sie fühlen sich angreifbar und verletzlich. Mit tiefen Wurzeln dürfen wir uns in die Weite und Freiheit des Himmels strecken. Wie ein Baum sind wir nicht steif, weil wir sonst allzu schnell abbrächen, sondern beweglich-unbeweglich. Wie ein Baum dürfen wir immer weiter wachsen, bis unsere Reise zu Ende ist und wir unsere Aufgabe erfüllt haben, voller Vertrauen und Heiterkeit.

Wenn ich so schreibe und aus dem Fenster schaue und die unterschiedlichen Bäume betrachte, dann erzählen sie mir etwas über mein Leben, mahnen mich zu Toleranz und Festigkeit in all den „stürmischen Winden" meines Lebens und sagen mir etwas über meine Bestimmung.

Am Ende dieser ins Leben greifenden Gedanken komme ich nochmals auf unsere Übung zurück, denn genau betrachtet gibt es insgesamt drei Verankerungen. Die erste, wichtige, habe ich Ihnen vorgestellt. Zwei weitere kommen jedoch hinzu.

Zweitens: Ich erwähnte bereits, dass bei der vollen Öffnung des Bogens es nicht passieren darf, dass meine Bogenhand und die vordere und hintere Schulter in einer geraden Linie stehen, da sonst unweigerlich meine Sehne an meinem Innenarm streift, ihn vielleicht sogar verletzt. Um dies zu vermeiden, drehen wir aus der Hüfte heraus den Oberkörper und schaffen damit Raum für die Sehne. Beim Öffnen des Bogens versucht der Körper die Spannung auszugleichen und möchte sich in die Gerade stellen. Wir müssen also in der Hüfte gegensteuern, uns in der Hüfte verankern, um fest und stabil zu bleiben, also Stabilität in der Hüfte und im Bauchraum.

Drittens: Der dritte Anker ist unser Brustbereich bzw. unsere Rückenmuskulatur. So wie wir Stabilität benötigen in unserer Zughand, so ist diese auch in der Bogenhand unerlässlich. Das geschieht nicht dadurch, dass wir den Arm steif machen, sondern nur dadurch, dass wir mit der Öffnung unseres Brustraumes in diesem Bereich eine Stabilität schaffen, die vom Rücken kommend unseren ganzen Oberkörper einbezieht. Auch dies können wir als Verankerung bezeichnen.

> Das Ankern ist nicht das Ende der Schießbewegung,
> sondern das Ende der Vorbereitung.
> (ALLES, VOLKER: TRADITIONELL BOGENSCHIESSEN. TB 76)

## Die Würde ist unantastbar

Nachdem die Gruppe sich vor der Scheibe, die sie soeben beschossen hat, verbeugt und die Pfeile entfernt hat, geht sie nebeneinander in einer Reihe zurück und wird von den Nachfolgern am Eingang des Wolkentores begrüßt. Beide Gruppen verbeugen sich voreinander.

Dieses Ankommen und Verbeugen, gemeinsam mit der wartenden Gruppe, ist eine kleine, fast unwichtig erscheinende Geste, die jedoch einige sehr wesentliche Aspekte vermittelt:

Im gesamten Verlauf unserer Übung ist es die einzige Gelegenheit, bei der Gruppen bzw. Übende sich voreinander verbeugen. Bisher hat die Verbeugung zuerst zum Lehrer, dann zweimal zur Scheibe stattgefunden. Jetzt aber voreinander. Das ist eine neue und schöne Übung, denn mit dieser Verbeugung überschreiten wir mögliche Sympathien oder Antipathien. Wir lernen, uns zu verbeugen vor der Würde des Gegenübers, wir verbeugen uns vor seinem Wesen und lernen eine Wertschätzung, die völlig unabhängig ist von unseren persönlichen Gefühlen und Empfindungen. Wir bekommen die Chance, Vergangenes und Zukünftiges zu überschreiten, uns frei zu machen von den Vorurteilen, die wir aus unserem Gestern mitgebracht haben. Denn mit diesen können wir uns dem Augenblick nicht öffnen und verbauen unser Morgen. Wir üben in diesem Moment, dem anderen völlig offen, wertfrei, zu begegnen.

Lassen Sie mich das an konkreten Beispielen verdeutlichen:

Ein älteres Ehepaar kommt zu einem Anfängerkurs. Schon bei der Vorstellungsrunde ist zu spüren, dass sie nicht besonders harmonisch miteinander umgehen. Zu einer beinah unerträglichen Spannung kommt es jedoch, als der Mann sich vor seiner Frau verbeugen soll und umgekehrt. Es ist ihnen nicht möglich, einander in Würde zu begegnen – und so bleibt nur die vorzeitige Abreise. Schade, schade ... Eine Chance zum Neubeginn war vertan.

„Die Würde des Menschen ist unantastbar", heißt es in unserem Grundgesetz. Gilt dies nicht auch für Partnerschaften, Beziehungen, Familien? Ich habe den Eindruck, dass mit einem respekt- und würdelosen Umgang jeder

Beziehung die wichtigste Grundlage entzogen wird. Wenn wir nach Regeln fragen für den Umgang miteinander in Partnerschaften, in der Beziehung zwischen Eltern und Kindern, aber auch Kindern und Eltern, Lehrern und Schülern, Schülern und Lehrern sowie zwischen Arzt und Patienten bzw. Patienten und Arzt, dann ist die Würde die bedeutsamste Orientierungshilfe. Müssen bei Paartherapien die elementarsten Regeln für den Umgang miteinander neu erlernt werden, so ist es hilfreich, sich am Prinzip Würde auszurichten.

Dieser würdevolle Respekt gilt auch für die Beziehung von SchülerIn und LehrerIn. Ich habe mir angewöhnt, meine Schüler grundsätzlich mit der Anrede: „Liebe, verehrte Schülerin bzw. Schüler" anzuschreiben. In dieser Formulierung kommen zwei Aspekte zum Ausdruck, die mir wichtig sind. Unsere Beziehung ist geprägt von Herzlichkeit als wichtiger Grundlage von Vertrauen, aber auch von Respekt und Achtung. Beides, Herzlichkeit und Respekt, haben mit Würde zu tun. Da ist Nähe und Distanz, Klarheit im Umgang miteinander. Herzlichkeit ohne Respekt ist keine gute Basis für den manchmal schwierigen Prozess des Lernens und Lehrens. Aber Respekt ohne Herzlichkeit bringt eine Distanz, die ein gutes Miteinander nicht möglich macht. Manchmal ist es nötig, auch unbequeme Dinge anzusprechen. Wenn es uns gelingt, dies mit respektvoller Empathie zu tun, machen wir es unserem Gegenüber leichter, sich zu öffnen.

Diese Regeln gelten auch für jene Sozialbindungen, in denen die Mehrzahl der Menschen einen großen und intensiv gelebten Teil ihrer Zeit verbringt: das berufliche soziale Umfeld. Was ein Umgang in Würde dort verändern kann, erlebe ich, als eine Firma sich entschließt, ihren Betriebsausflug zu uns zu machen und einen Tag gemeinsam den Bogenweg zu gehen. Wie es der Zufall so will, haben Sekretärin und Chef sich voreinander zu verneigen. Es kommt zu einer Begegnung jenseits der sonst üblichen Rollen und Klischees, jenseits von geprägten Meinungen und Urteilen. Ein späteres Nachfragen in der Firma ergibt, dass von dieser Erfahrung eine wichtige Veränderung ausgegangen war: Der Chef blieb zwar der Chef, die Sekretärin blieb die Sekretärin – aber der Umgang miteinander war nun deutlich gekennzeichnet von Würde und Achtung vor der Persönlichkeit des anderen und vom Respekt vor der jeweils anderen Aufgabe.

Im „Sandokai", einem für die Soto-Schule wichtigen Text, der immer wieder rezitiert wird und Gegenstand unserer Betrachtung ist, heißt es: „... jedes Phänomen hat seinen Wert. *Ihr solltet darauf achten, wie die Wahrheit zum Ausdruck gelangt.*" Unsere Wertschätzung bleibt nicht stehen bei Menschen oder Tieren, endet nicht bei den Phänomenen der Natur, etwa dem Wunderwerk eines Ameisenhaufens, sondern bezieht *alles* ein. Auch der Computer, mit dessen Hilfe ich gerade dieses Manuskript schreibe, hat seinen Wert. Er berechnet sich nicht in Euro. Vielmehr geht es um etwas, das völlig unabhängig ist von dem, was ich an der Kasse zu bezahlen habe. Wenn ich vor ihm sitze und schreibe, denke ich voller Wertschätzung und Respekt an all die Menschen, die mit großem Fleiß und enormem Erfindungsgeist über Generationen hinweg dazu beigetragen haben, dass diese Technik heute von mir (einigermaßen mühelos) bedient werden kann.

Wenn unsere Geisteshaltung von dieser Achtung geprägt ist, erhält „jedes Phänomen seinen Wert". Wichtige und unwichtige Gedanken, komplizierte und ganz einfache technische Systeme und Produkte, alle haben ihren Wert, verdienen unsere Wertschätzung ebenso wie das Brot auf unserem Tisch oder der Grüntee in unserer Tasse. Ich gestehe, dass der Gedanke der Achtung vor allem und jedem allerdings spätestens angesichts von Maschinen, die zur Vernichtung von Menschen entwickelt wurden, und Menschen, die foltern, morden und zerstören, völlig skrupellos und bar jeden Mitgefühls, nicht nur Schwierigkeiten bereitet, sondern mir auf der relativen Ebene unseres Seins nicht möglich ist. Gibt es einen Negativwert?

Die Silbe *San* aus dem Sandokay meint die Vorstellung von Unterscheidung und Dualität, also: Gebirge und Ozean, Eltern und Kinder, Gut und Böse, Angenehm und Unangenehm. Do ist der Begriff der Identität, des Ursprungs. Wenn wir *San* vergessen, ist die Ordnung zerstört. Wenn wir *Do* nicht leben, gibt es keine innige Vertrautheit. In der Verschmelzung beider werden die Phänomen hell und wir können erkennen, was rein und was verschmutzt ist.

Dies mit wachen Augen zu sehen und – allen Oberflächlichkeiten zum Trotz – im alltäglichen Einerlei zu leben, bedeutet, uns auf die Spur des „Sandokay" zu begeben und zu lernen, „darauf zu achten, wie die Wahrheit zum Ausdruck gelangt". Der Wahrheit Ausdruck verleihen heißt eben auch, die Dinge beim Namen nennen und mich mit aller Kraft dafür einsetzen, etwas zu verändern. Aber gerade dieses Bemühen zeigt, dass ich mich davon nicht distanzieren kann, dass es ein tiefes Verbundenseins gibt, das nicht Halt macht vor den Schattenseiten dieser Welt. Aber auch das andere gilt, dass auch die kleinste Form von Achtsamkeit dem ganzen Kosmos gilt und mein Herz mit Freude und Dankbarkeit erfüllt. Die Kunst, das Leben zu meistern heißt, dem Licht und dem Schatten zu begegnen und zu lernen, damit umzugehen. Eine derart gravierende Veränderung unserer Lebenseinstellung erfolgt niemals von heut' auf morgen; sie bedarf der Beharrlichkeit und der Geduld mit sich selbst. Doch manchmal kann solch eine innere Umwälzung mit ganz kleinen und unscheinbaren Gesten wie einer Verbeugung beginnen ...

So hat der Lernprozess immer zwei Dimensionen, die in Wahrheit jedoch nicht getrennt sind, sondern zusammengehören:

Da ist die kleine Veränderung, die in mir geschieht. Wenn wir lernen, kontinuierlich an uns zu arbeiten, schaffen wir mit jedem Schritt neue Grundlagen zur weiteren Entwicklung. Damit würde bestätigt, was Goethe sagt: „Was der Mensch häufig bedenkt und sinnt, dahin geneigt wird das Herz". Es gibt also keine deterministische Festlegung, kein unveränderliches Karma. Kleine Veränderungen in unserem Denken und unserem Handeln, kleine veränderte Einstellungen zu unbedeutend erscheinenden Gesten können zur Wandlung unseres Gesamtbildes, des Kunstwerks Leben, beitragen. Selbst das kleinste modifizierte Detail wirkt sich aufs große Ganze aus. Nichts geschieht isoliert. Wenn unser Herz geneigt wird z. B. zu Güte oder zur Klarheit, wandelt sich unsere gesamte Haltung gegenüber unserem Körper und unserem Leben und darüber hinaus, denn mit der Veränderung unserer Sinneswahrnehmung gelangen wir letztlich zu einer neuen Weltsicht und verändern die Welt, denn unsere Entwicklung hat noch eine weitere Dimension. Die Physik lehrt uns, dass der Kosmos nicht deterministisch festgelegt, kein mechanisches Uhrwerk ist, sondern sich auf Grund von Impulsen fortlaufend wandelt. Nach diesen Erkenntnissen genügen kleine und kleinste Anstöße mit erheblichen Auswirkungen. E. N. Lorenz, ein amerikanischer Meteorologe, hat in einem Vortrag von dem „Schmetterlingseffekt" gesprochen und meint, *„dass der Schlag eines Schmetterlingsflügels in Peking nach einigen Tagen das Wetter an* *der Westküste der USA verändern kann*". Auch wenn dies ein Bild ist, sagt es doch aus, dass jede kleine Veränderung in uns nicht nur unsere Weltsicht erneuert, sondern langfristig ein ganzes System vollständig und unvorhersehbar verändern kann. Schöpfung geschieht immer – auch hier und jetzt.... Wenn wir Frieden und Glück in uns selbst verwirklichen, tragen wir etwas bei zum Frieden und zum Glück in der ganzen Welt.

Da sehe ich vor mir eine „*Pagode auf dem einen Ende eines schwimmenden Bootes. Ein kleiner Vogel setzte sich auf dem anderen Ende nieder. Boot und Wasser wurden in Bewegung versetzt. Sogar ein Vögelchen hat Gewicht.*" So kommentiert der koreanische Künstler, Lee Chul Soo, sein Werk.

Gibt uns die Geschichte nicht viele ermutigende Beispiele, dass scheinbar „kleine Vögelchen" die Welt veränderten?

Für Zen ist diese Erkenntnis nicht neu, sie bestätigt Zen-Erfahrung. Danach ist Einheit nicht die Summe aller Teile, vielmehr ist jedes Teil das Ganze. „Die Welle ist das Meer". (Jäger, Willigis: *Herder, Freiburg,2000.)*

Hier zeigt sich die kosmische Bedeutung unserer Übung. Wir üben immer mit und für das Ganze!

## Übung in der Natur

Wir haben in der Vergangenheit an unterschiedlichen Orten geübt, entsprechend unterschiedlich waren unsere Erfahrungen. In einem Haus übten wir im Freien in einem wunderschönen Park ohne irgendeinen Schutz. Das bedeutete, dass wir unsere Übung bei Regen oder Schnee auf den Dachboden des zum Park gehörenden Schlosses verlegen mussten. Keine ansprechende Umgebung, denn außer zwei kleinen Dachgauben gab es nur alte Dachsparren, altes Gebälk und unsere Bogenscheibe. Wenn ich unsere Übung einmal messe an dem Maß der Konzentration und am Ergebnis auf der Scheibe, dann waren die Bedingungen optimal. Es gab einfach nichts, das uns ablenken konnte, jedes durch uns verursachte Geräusch wurde als Störung erlebt. Kein Zwitschern eines Vogels, keine Stimmen durch Fußgänger, kein Autolärm. Nichts – außer uns selbst und unsere Übung. Die Ergebnisse an der Scheibe waren optimal, denn es gab nur diese zwei Dimensionen: die Scheibe und mich, den Schützen. Genau genommen war die Übung jedoch unnatürlich, ja steril, jedenfalls weit entfernt von der Wirklichkeit unseres Lebens.

Ganz anders ist die Situation, wenn wir am Wolkentor üben. Nur wenige Meter vom Hasenbach entfernt, eingebettet in steil aufragende bewaldete Felswände, sind wir Teil der Natur und diese heißt uns willkommen. Kein Auto, keine menschlichen Stimmen, stattdessen der Wind manchmal sanft, manchmal heftig, am Morgen funkelnder Tau auf den Blättern und Gräsern, der Gesang der Vögel im Gebüsch oder den Bäumen, das sanfte Plätschern des Bachs manchmal auch das laute Rauschen nach einem Regenguss, die schräg ins Tal fallenden Sonnenstrahlen oder Regen. Aber diesen Idealzustand finden wir nicht immer. An manchen Tagen peitscht ein eisiger Wind durchs Tal, wir erleben Hitze, Schwüle, Gewitter, Schneetreiben oder Regen, auch das Züngeln der Flammen und der Geruch vom abbrennenden Holz im alten Franklin Eisenofen können uns nicht darüber hinwegtäuschen, dass es eisig kalt ist und wir nur die Möglichkeit haben, unsere Finger am Ofen warm und beweglich zu halten.

So kann uns die Übung in der Natur zu einer wunderbaren Erfahrung verhelfen, gleichzeitig spüren wir auch die besondere Herausforderung.

Selbst Nebensächlichkeiten, wie das Befeuern des Holzofens, werden zu einer willkommenen Gelegenheit, auch meinem unruhigen Geist Holz aufzulegen und damit mein vertrautes Unruhefeuer neu zu entfachen.

Das Zwitschern der Vögel; eine Wasseramsel, die ich erst an drei Plätzen in meinem Leben gesehen habe; sogar einen Eisvogel gibt es im Tal; fallende Blätter, der rauschende Bach, das alles ist so vollkommen und gleichzeitig verführerisch, wird zu einem willkommenen Ablenkungsmanöver. So verhilft mir die Natur nicht immer zur Sammlung, sondern aktiviert unsere Phantasie. Ein willkommenes Terrain für die Flucht vor mir selbst. Hier sind wir ganz dicht am Leben und erleben in der Natur pur die Fülle und die Herausforderungen unseres Lebens. Jetzt gilt die Aufforderung:

> Trinke von der Natur so viel Glückseligkeit wie möglich.
> Von den Sternen, vom Mond, von der Sonne,
> von den Bäumen und den Vögeln – trinke so viel wie möglich.
> Dort findest du Seligkeit noch in ihrer reinen Form.
> (Osho: Ein neues Bewusstsein für diese Erde. Innenwelt Verlag, 2009).

Um zu trinken, müssen wir uns öffnen, d.h. frei werden von allem Mitgebrachten. Zurücklassen! Leer werden von all dem, was uns erfreut oder belastet hat. Nichts hat jetzt Raum. Sei eine leere Schale! Solange wir besetzt sind von Unglück, von Negativität und Dunkelheit, von Abgestumpftheit und Gefühllosigkeit, sind wir total auf uns fixiert und finden keine Seligkeit und keine Freude. Im Gegensatz zum Spaß, der stets von einem „Spaßfaktor" abhängig ist, ergibt sich Lebensfreude aus dem eigenen innersten Wesen, jetzt, in jedem Augenblick, auch unter widrigsten Umständen – sofern man sie zulässt. Darum raten spirituelle Meister, aktiv die Feinde der Freude aus dem Weg zu räumen, darunter Trübsinn, Angst, Hartherzigkeit und Trägheit. Es gibt vermutlich keinen Ort, wo uns diese Feinde nicht begegnen können, ob im Bad der Menge, ob beim Shopping oder bei der Arbeit. Es gibt äußere Umstände, die uns helfen können, sie zu überwinden. Die Natur kann uns dabei einen großen Dienst tun. Wenn wir bereit sind, uns einzulassen, hören wir die Botschaft des Windes, der durch das Tal weht und unser Gesicht berührt, verstehen wir die Poesie des rauschendes Baches, vernehmen wir die Sprache der Vögel und sehen die Vielfalt der Blumen. Aber auch die eisige Kälte oder das Schneetreiben haben ihre eigene Sprache und sind in ihrer Essenz nicht verschieden. Eins sein mit allem, das ist Glückseligkeit, die sich kaum beschreiben lässt, ohne der Gefahr zu verfallen, sie zu zerstören. Es geht um das starke Gefühl, nicht nur Teil der Schöpfung zu sein, sondern mit unserem Sein sind wir Schöpfung und Schöpfer zugleich. Diese Erfahrung ist das Ende der Isolation und Einsamkeit. Immer wieder machen wir die Erfahrung, wie unabhängig von den äußeren Umständen wir sein können, wenn wir das betrachten, was wir wirklich fühlen. Manchmal ist die Witterung wenig einladend. Regen lässt nicht spontan Freude aufkommen. Aber wie oft haben wir am Ende eines Übungstages beglückt festgestellt, dass es ein wunderbarer Tag war, weil der spielerische Umgang mit den Umständen uns gezeigt hat, dass es Schönheit gibt und Glück, unabhängig von warm oder kalt, dass das eigentliche Problem nicht Hitze oder Kälte ist, sondern unser Verhaftetsein in *gut* und *schlecht*, in *angenehm* und *unangenehm*.

Diese Erfahrung erinnert mich an einen Koan aus der bereits erwähnten Koan-Sammlung, dem Bi-Yän-Lu, Fall 43:

> Ein Mönch fragte Dung-schan: „Wenn einen Kälte und Hitze überfallen, wie weicht man ihnen aus?"
> Dung-schan erwiderte: „Da gehst du am besten an einen Ort, wo es weder Hitze noch Kälte gibt."
> Voller Erwartung fragte der Mönch: „Was ist das für ein Ort, an dem es keine Kälte oder Hitze gibt?"
> Der Meister antwortete: Das ist der Ort, an dem, wenn es kalt ist, unseren Mönch die Kälte umbringt, und wo, wenn es heiß ist, dich die Hitze umbringt."

Klar greift das Koan weiter und tiefer, als unsere Erfahrung bei unangenehmem Wetter. Das Koan spricht von dem allumfassenden Problem des Leidens in der Welt, das den Buddha einst aus seiner behüteten Welt in die Hauslosigkeit getrieben hat. Es spricht von der Überwindung von Leid, von Erleuchtung durch alle Dinge, wenn wir Körper und Geist fallen lassen. Dies ist in jeder Situation möglich. Wenn Kälte und Hitze uns umbringen, haben wir unser Ego-Ich hinter uns gelassen. Unsere Bogenübung bei allen

Widrigkeiten lässt uns eine große Erfahrung von Freiheit und Unabhängigkeit machen.

Erlauben Sie, an dieser Stelle einen kleinen Lehrvortrag, den ich vor einiger Zeit im Rahmen eines Sesshins vor Zen-Bogenschützen gehalten habe, einzufügen.

Schauen Sie sich, bevor Sie weiterlesen, noch einmal die oben beschriebene Geschichte an.

Die Frage , die der Mönch in unserem Beispiel stellt, wenn er wissen will, wie er der Kälte und der Hitze, die ihn überfallen (wichtig), entgehen kann, betrifft das allumfassende Leiden in dieser Welt, betrifft aber auch ganz klar und elementar seine persönliche Erfahrung von Leid in all seinen Facetten.

Als Menschen, die schon länger auf dem Weg sind, kennen wir natürlich das Herz-Sutra, wo es heißt: „Weder Auge, Ohr, Nase, Zunge oder Körper, kein Leiden noch Entstehen von Leiden…“

An dieser Stelle tastete ein kleiner Junge im Kloster seinen Körper ab und sagte: „Aber das habe ich doch alles. Wie kann der Buddha sagen, dass es das nicht gibt?“

Unser Mönch lebt zwar in der Erkenntnis, dass die Erscheinungswelt vollkommen leer ist und diese Leere nichts anderes ist als die uns gegenwärtige Erscheinungswelt – aber unser Welt-Ich sehnt sich nach einer Welt und einem Leben, in dem es diesen scheinbaren Widerspruch nicht gibt. Diesen paradiesischen Ort suchen alle Wahrheitssuchenden und finden ihn nicht!

Auf diesen Koan bin ich gestoßen durch eine Erfahrung, die wir beim Bogenschießen immer wieder machen dürfen. Wir üben ja bei jedem Wetter und das ist oft eine rechte Herausforderung. Wenn es uns an einem solchen Tag gutgehen soll und wir am Abend ehrlich sagen können, „das war ein wunderschöner Tag“, dann haben wir eine Ahnung davon bekommen, was es heißen kann, an einen Ort zu gehen, wo es weder Hitze noch Kälte gibt.“ D.h., wir machen die Erfahrung, dass es eine Frage unseres Geistes ist, wie wir mit der Situation, die uns gerade überfallen hat (es ist bezeichnend, dass hier überfallen steht, und damit wird eben beschrieben, dass es Leid gibt, das überfallartig auf uns zukommt), umgehen.

Ein Schüler, der das Geleitwort bekommen hat: „Für einen Menschen ohne Einsicht ist die Welt, wie sie ist. Für einen Menschen mit Einsicht ist die Welt, wie sie ist", schreibt dazu: „Die maßgebliche Veränderung zwischen „ohne" und „mit" ist die persönliche Einstellung, das persönliche Umgehen mit der Welt... Indem ich meine eigene Sichtweise, das eigene Denken und Handeln verändere, verändert sich mein Wohlbefinden... Zen löst nicht die Probleme der Welt oder die eigenen, aber es zeigt einen Weg, so damit umzugehen, dass es mir und den Menschen um mich herum besser geht." Ja, das ist schon ein Schritt in die Richtung die unser Koan uns zeigt: der Ort, wo es weder Hitze noch Kälte gibt, ist nirgendwo außerhalb zu finden, und es ist eine Illusion, der wir leider immer wieder verfallen, zu glauben, dass es diesen Ort durch eine Veränderung unseres Arbeitsplatzes, durch die Anschaffung äußerer Werte, durch einen Partnerwechsel o.Ä. gibt. Es muss nicht immer stimmen und oft sind die Strukturen und Entwicklungen unerträglich, aber oft stimmt es eben auch, dass wir denselben Problemen an jedem Ort begegnen, manchmal haben sie eine andere Farbe, eine andere Dimension, aber sie bleiben gleich, solange wir nicht unsere Geisteshaltung ändern.

Aber unsere Sichtweise greift zu kurz, wenn wir bei dieser Betrachtung stehen bleiben. In dem Meister Dung- Schan, der von 807 bis 869 gelebt hat, begegnet uns einer der Mitbegründer unserer Soto-Schule. Und von ihm stammt die sogenannte Fünf-Stufenlehre oder die Fünf Standorte, die ganz bezeichnend für die weitere Entwicklung der Soto-Schule waren, jedoch heute kaum noch Beachtung finden. Sie begegnen uns in diesem Koan und darum möchte ich gerne darauf eingehen, wohl wissend, dass das keine leichte Kost ist, die ich anbiete.

Für unser Verständnis ist der Hintergrund, unser Koan, wichtig. Also „mir ist es zu kalt, mir ist es zu heiß" bzw. ich verbrenne in der Hitze, ich erfriere in der Kälte. Jetzt also die Standorte:

- Das Einseitige mitten im Richtigen
- Das Richtige mitten im Einseitigen
- Mitten aus dem Richtigen herkommend
- Bis mitten ins Einseitige hineingegangen
- In der Verbindung beider angelangt.

Es ist wichtig, zu sehen, dass es sich um Standorte und nicht um Stufen handelt. Standorte meint Stationen, die wir in unserem Leben immer wieder durchwandern.

Einseitig meint die Erscheinungswelt, um sie mit dem Wort aus dem Herzsutra zu beschreiben, „die Form." Das Richtige meint die Welt der „Leerheit."

Warum wendest du dich nicht einem Ort zu, an dem es keine Kälte oder Hitze gibt? Damit meint er den ersten Standort: Wenn du das tust, bist du zwar mitten im Einseitigen und du bist trotzdem im Richtigen, weil du das Einseitige überschreitest.

Der Ort, wo, wenn es kalt ist, dich die Kälte umbringt, bzw. der Ort, wo es heiß ist, dich die Hitze umbringt, das ist der Ort, wo du im Richtigen bist, jedoch mitten im Einseitigen, also in den Formen. Du hast also das Richtige erkannt, vielleicht auch schon erfahren, hängst jedoch noch im Einseitigen, und zwar so lange, bis du mitten aus dem Richtigen herkommend, mitten ins Einseitige hineingegangen bist. Das heißt: Wenn wir das Richtige als unser wahres Wesen erkannt haben, müssen wir sogleich begreifen, dass es nirgendwo zu finden ist als im Einseitigen, als in der Fülle der Erscheinungswelt mit ihrem steten Wechsel von Entstehen und Vergehen, Gesundheit und Krankheit, Armut und Reichtum, Kälte und Hitze. Aus dem Richtigen kommend, mitten ins Einseitige hineingegangen.

Ins Einseitige hineingegangen, da ist der Berg ein Tal und das Tal ein Berg, eben in der Welt der Leerheit. Aber in der Verbindung beider angelangt ist der Berg ein Berg und das Tal ist ein Tal. Das ist eine bittere Rechnung, die das, wovor uns vielleicht graut, mit einkalkuliert, „weder dem Dasein, Samsara (s. Glossar), noch dem Nirvana (Glossar) verfallen" heißt ja nichts anderes, als die innere Bereitschaft mitzubringen zum Leiden wie zur Freude und mit beidem angemessen umzugehen. Das heißt, da ist kein Ich mehr, das etwas will.

Ein Kommentator sagt: „Versenke dich in den Samadhi; bei Kälte ist der ganze Himmel und die ganze Erde kalt, bei Hitze ist der ganze Himmel und die ganze Erde heiß. So nimmst du Kälte wie Hitze völlig in dich auf und spürst sie und dich nicht mehr."

Sehr schön beschreibt das eine Episode. Einer fragt einen zenerfahrenen Mönch an einem fast unerträglichen heißen Hochsommertag: „Wohin willst du bei dieser Hitze gehen, um ihr auszuweichen?" Worauf der Mönch antwortete: „ Da weiche ich ins Kohlenfeuer unter dem kochenden Wasserkessel aus." Der andere fragt weiter: „Und wie willst du ausgerechnet im Kohlenfeuer unterm kochenden Wasserkessel der Hitze entweichen?" Da antwortete der Mönch: „Dorthin kann von allen Leiden keines hinkommen!", wenn das „Ich will" und „Ich will nicht"! völlig aufgelöst ist, gibt es kein Leiden mehr.

Aber zum Schluss heißt es in unseren Standorten: „In der Verbindung beider angelangt." Wir haben es schon erwähnt, das ist die Existenzweise des Bodhisattva. Es ist kein Haben oder Besitzen. Ist es ein Schweben, ein Pendeln zwischen beidem?

Wahrlich kein einfacher Weg, denn Sein oder Nichtsein ist hier nicht mehr die Frage, denn beides wäre Verirrung und doch finden wir uns immer wieder in beidem. Mal der Welt hinterherlaufend und unserem eigenen Ich anhängend, mal in dem Wunsch, die Augen zuzumachen und uns von der Welt abzuschließen und dem Nichtsein zu verfallen. Das eine führt uns in die Niederungen, das andere über die Wolken, bis wir begreifen,es geht darum, zu erfahren und mit unserem Sein zu verwirklichen. Das Leere ist nichts anderes als die Welt der Unterschiede und umgekehrt, unsere Welt der Unterschiede ist nichts anderes als das wahre Wesen. Leere ist nichts anderes als Form, Form ist wirklich Leere.

Und so sagt einer:

> So wenig dem Dasein wie dem Nichtsein verfallen:
> Wer stimmt beides zum einzigen reinen Akkord?

## Stille

Ich habe Ihnen bereits im Kapitel „Alles in uns schweige..." meine ersten eigenen Erfahrungen und späteren Beobachtungen zum Thema Stille und ihre Bedeutung beschrieben. Für unsere innere Entwicklung, für einen möglichen inneren Prozess ist es unerlässlich, sich geradezu in Stille einzuhüllen. Dies gilt uneingeschränkt auch für den Weg des Bogens. Lassen Sie mich darauf besonders eingehen.

Das Einlassen auf Stille ist für AnfängerInnen oft eine große Herausforderung, obwohl in unseren Ausschreibungen, diese Erwartung klar formuliert ist und obwohl auch ein großer, oft auch ausgesprochener Wunsch nach Stille besteht. *„Ich wusste das, aber so habe ich es mir nicht vorgestellt."* Natürlich ist es klar, dass Stille eine große Hilfe ist zur Konzentration, und ich weiß, dass es eine ganze Anzahl Bogenschützenvereine gibt, bei denen während der Übung absolute Stille sein muss, um jede Ablenkung zu vermeiden. Aber es wäre viel zu kurz gegriffen, wenn wir die Herausforderung und das Angebot zur Stille nur unter diesem Aspekt sehen würden. Also keine Stille, um zu... Bei der Erfahrung von Stille, sowohl beim Zazen als auch bei der Bogenübung, geht es um weit mehr. Ich möchte das mit einer Geschichte beschreiben, die ich im *Geschichten Netzwerk* gefunden habe:

Eines Tages kamen einige Wanderer zu einem Mönch, der in einer Einsiedelei auf einem Berg wohnte. Sie fragten ihn: „Was für einen Sinn siehst du in deinem Leben in der Stille?"

Der Mönch war mit dem Schöpfen von Wasser aus einem tiefen Brunnen beschäftigt. Er sprach zu seinen Besuchern: „Schaut in den Brunnen. Was seht ihr?"

Die Leute blickten in den tiefen Brunnen: „Wir sehen nichts!"

Nach einer kurzen Weile forderte der Mönch die Leute erneut auf: „Schaut in den Brunnen! Was seht ihr jetzt?"

Die Leute blickten wieder hinunter: „Ja, jetzt sehen wir uns selber!"

Der Mönch sprach: „Als ich vorhin Wasser schöpfte, war das Wasser unruhig. Jetzt ist das Wasser ruhig. Das ist die Erfahrung der Stille: Man sieht sich selber! Und nun wartet noch einen Augenblick."

Nach einer Weile sagte der Mönch erneut: „Schaut jetzt in den Brunnen. Was seht ihr?" Die Menschen schauten hinunter: „Nun sehen wir die Steine auf dem Grund des Brunnens."

Da erklärte der Mönch: „Das ist die Erfahrung der Stille. Wenn man lange genug wartet, sieht man den Grund aller Dinge."

Der große Zen-Patriarch Dogen sagt:

Den Weg studieren heißt sich selbst studieren..."

Wie die Geschichte zeigt, ist dieses Selbststudium nicht möglich, solange unser innerer Brunnen noch unruhig ist. Das dauert oft recht lange, bis wir all das ablegen können, was wir an Alltagsthemen mit uns herumtragen, die uns hindern, uns selbst zu begegnen. Unruhe um uns oder die Lebensgeschichte von Mitübenden stören bei diesem nicht einfachen Prozess. Erst wenn das „Wasser" still geworden ist, haben wir die Chance, uns im Spiegel zu sehen, d.h. uns selbst, so wie wir in diesem Augenblick wirklich sind, frei von gestern und morgen. In diesem Augenblick sehen wir uns mit unseren augenblicklichen Gefühlen, sehen wir die Wirklichkeit, frei von Anhaftungen. Das bedeutet, dass man sich auf die Aktivität, die man gerade in diesem Augenblick ausübt, vollkommen konzentriert. Das heißt, das Leben leben in seiner ganzen Fülle des Jetzt, ohne Trübung, ohne Störung. Dazu brauchen wir Zeit, Mut und Geduld, brauchen wir einen geschützten Rahmen – Stille.

## Die Richtung sehen

In Frankfurt /M. findet jährlich ein großes buddhistisches Fest statt: das Vesak-Fest. Es treffen sich fast alle buddhistischen Gruppen aus Frankfurt und Umgebung, um gemeinsam die Geburt des Shakyamuni-Buddha zu feiern. Es ist eine schöne Möglichkeit, auf die gemeinsame Wurzel der unterschiedlichsten Gruppierungen hinzuweisen, sie gemeinsam zu bezeugen, sich miteinander zu freuen und sich einer größeren Öffentlichkeit zu präsentieren.

Auch wir waren aktiv dabei. Die ersten Veranstaltungen haben in einem großen Park stattfinden können, was uns die Möglichkeit bot, das Bogenschießen in unserer Tradition mit Darbietungen zu zeigen, aber auch jedem die Gelegenheit zu geben, es selbst zu erfahren. Da wir mit unserer Übung außerhalb der aufgebauten Stände bleiben mussten, war die Frage, wie wir auf eine pfiffige und Interesse weckende Weise auf uns aufmerksam machen konnten, wobei es uns wichtig war, die Richtung zu zeigen, um uns zu finden, jedoch gleichzeitig auf das Wesen unserer Übung hinzuweisen. Einer unserer Sanghamitglieder hatte die tolle Idee, Schilder aufzustellen mit sinnigen Texten. Damit wurde die äußere Richtung sichtbar, aber auch der innere Weg wurde deutlich.

Das war sehr spannend für uns. Nicht nur, weil wir gut zu finden waren und von unserem Angebot reichlich Gebrauch gemacht wurde, sondern auch weil wir immer wieder beobachten konnten, dass Menschen nachdenklich vor einem Text stehen blieben oder sich diesen notierten. Vielleicht sprechen diese Texte auch Sie an und helfen Ihnen gleichzeitig, unser Anliegen besser zu verstehen.

Vesak, Weg zur Schießanlage

Bogen, Körper
und Geist
verschmelzen
zu einer
Einheit.

Wenn der Bogen
zerbrochen ist,
dann - schieß
mit deinem
ganzen Sein!

Ziel aller Wege
ist, die eigene
Mitte zu finden
und im Einklang
mit Allem
zu leben.

Loslassen
ist eine hohe
Kunst, in die wir
uns ein Leben
lang einüben
dürfen.

Der Bogen
ist der Spiegel
deiner Muster,
das Ergebnis auf
der Scheibe
ist der Spiegel
deines
Hier und Jetzt.

靜水禪堂

Der Bogen
weckt die
Bereitschaft,
an dir
zu arbeiten.

靜水禪堂

Erlebe
die Freude des
Loslassens!

靜水禪堂

Sei Pfeil,
Bogen und Ziel!
So übten die
alten Meister.

靜水禪堂

Die Wirklichkeit
ist das gelebte
Jetzt, frei von
Anhaftungen
oder Trübungen
des Geistes.

Wir schießen,
um zu schießen,
wir sitzen,
um zu sitzen.
Jede Übung hat
ihre eigene Kraft
und Qualität,
und beide
befruchten sich
auf eindrucksvolle
Weise.

Im Jetzt des
Augenblicks,
in der Einheit von
Körper und Geist
betreten wir in
jedem Augenblick
das Tor zum Leben
in seiner ganzen
Schönheit
und Kraft.

Wer schießt,
nur um zu
treffen,
geht den
einfacheren
Weg.

## Zen-Bogenschießen

Mit diesem Titel schreiben wir unsere Angebote aus und wollen damit andeuten, worum es bei unseren Übungen – auch im Unterschied zu den vielen Angeboten mit intuitivem oder meditativem Bogenschießen – geht. Es ist mir wichtig zu betonen, dass es mir lediglich und ausschließlich um eine Beschreibung geht, wie ich die Abläufe verstehe, und keinesfalls um eine Bewertung. Im Gegenteil! Ich möchte versuchen, durch und mit der Beschreibung meinen großen Respekt zum Ausdruck zu bringen, zumal ich weiß, wie viel ernsthaftes Bemühen, wie viel Disziplin dazu gehört, um eine gewisse Reife zu erlangen.

Betrachten wir also zuerst das Intuitive Bogenschießen und machen wir uns noch einmal kurz deutlich, was Intuition meint – ergänzend zu dem bereits dazu Gesagten – und übertragen wir das dann auf unsere Bogenübung:

> Intuition ist eine Entscheidung ohne diskursiven Gebrauch des Verstandes, ohne bewusste Schlussfolgerungen ... Intuition ist ein Teil kreativer Entwicklungen...eine transzendente Funktion des Menschen.
>
> Plotin, antiker Philosoph.

Das Intuitive Schießen zeichnet sich also dadurch aus, dass nicht gezielt wird im Sinne einer diskursiven Entscheidung. Es geht also nicht darum, aus der Erfahrung Informationen abzurufen, die besagen, dass bei einer ca. 15 m Entfernung meine Pfeilspitze so und so viele cm über meinem Ziel stehen muss. Es geht vielmehr darum, den Bewegungsablauf so oft und so präzise einzuüben, dass der Körper sich auf diese Aufgabe einstellen kann und das Ziel getroffen wird. Der Ablass erfolgt sozusagen auf dem Höhepunkt des Auszugs, mit zwei geöffneten Augen, von selbst – also ohne die bewusste Überlegung „jetzt“ und ohne den Wunsch, treffen zu wollen. Wenn sich dieser Gedanke einstellt, wird das Ergebnis an der Scheibe weniger befriedigend sein.

Diese Methode hat den großen Vorteil, dass sie unabhängig von Distanz, unabhängig von „hoch“ oder „tief“ anzuwenden ist. Egal, ob ich aus 5 m

Entfernung oder aus 25 m schieße, es gibt keinen Unterschied im Ablauf. D.h., ich muss nicht meinen, ich müsste bei kurzer Distanz den Bogen niedriger ansetzen als bei größerer Distanz oder meinen Auszug verändern. So wie sich mein Arm und meine Hand und mein Zeigefinger ganz von selbst im Winkel dem Gegenstand anpasst, auf den ich zeige, so auch meine Bogenhand. Andererseits komme ich bei größeren Entfernungen, z.B. ab 35 m je nach Stärke des Bogens, an meine Grenzen und muss – bewusst – meinen Bogen höher halten, um das Gefälle des Pfeils, das durch den nachlassenden Energieschub, verbunden mit der Anziehungskraft der Erde, zwangsläufig eintritt, auszugleichen. Meine Trefferquote wird sich entsprechend verschlechtern. Aber es wird deutlich, dass bei dieser Art der Übung das Treffen, also das Ergebnis an der Scheibe, eine nicht unwesentliche Bedeutung hat. Vielleicht kann es heißen: Ich schieße, um zu treffen. Aber: *Wer schießt, nur um zu treffen, geht den einfacheren Weg!*.

Lassen Sie uns jetzt einen Schritt und einen Gedanken weitergehen, hin zum Meditativen Bogenschießen. Voraussetzung hierfür ist eine gute Praxis im intuitiven Schießen. Solange wir uns gedanklich mit dem technischen Ablauf beschäftigen müssen, kann es keinen meditativen Ablauf geben.

Meditation ist eine spirituelle Praxis, bei der es darum geht, dass sich unser Geist durch Konzentrationsübungen beruhigt und sammelt. Darüber wurde ausführlich geschrieben und wir erfahren, dass wir nach und nach frei werden von Gefühlen, Gedanken, Wünschen, Erwartungen, die diesen Ablauf stören. Übertragen wir dieses auf den Bogen, dann heißt das: Ich schieße nicht, um zu treffen, denn damit ordne ich mein Tun dieser Absicht unter, messe auch das Ergebnis an der Scheibe daran, ob sich meine Absicht erfüllt hat, ob ich erfolgreich war oder ob ich versagt habe. Meditativ schießen heißt, meine Übung von dem „Ego", das treffen will, zu reinigen. Dies kann dadurch erfolgen, dass ich mich ausschließlich dem Tun widme, das in diesem Augenblick geschieht, und zwar von Anfang an bis zum Ende, jedem einzelnen Schritt. Es geht darum, mich einer einzigen Sache zu widmen, ohne Vorher oder Nachher. Wenn alles leer ist, können wir von einer Reinigung sprechen. Sie betrifft den Körper, weil alles unnötige Getue, alles Überflüssige, alle Unruhe abgefallen ist, aber auch den Geist, weil er frei geworden ist von Angst, Eifersucht oder Stolz. Dazu sagt der indische

Weise Krishnamurti sehr schön: *Wer Angst hat, findet keinen Frieden.* **Und weiter:** *Solange der Erfolg unser Ziel ist, können wir unsere Ängste nicht loswerden, denn der Wunsch, erfolgreich zu sein, bringt unweigerlich die Angst zu versagen.* Im Vordergrund steht nur das Tun, der Augenblick und der Prozess, der dadurch angeregt wird. Wenn ich dann treffe, stelle ich fest, dass ich getroffen habe, und darf mich darüber freuen. Wenn mein Pfeil woanders gelandet ist, stelle ich fest, dass er woanders gelandet ist, und bin deshalb nicht traurig, sondern nehme mit Zuversicht den nächsten Pfeil.

Für das meditative Schießen gilt uneingeschränkt: *Der Bogen ist der Spiegel deiner Muster, das Ergebnis auf der Scheibe ist der Spiegel deines Hier und Jetzt.*

Mit dieser Praxis sind wir nahe an das Zen-Bogenschießen herangekommen. Ich hoffe, dass ich Ihnen mit einer Geschichte aus der Zen-Tradition unsere Vision beschreiben kann. Ich gebe Ihnen verkürzt einen Lehrvortrag wieder, den ich vor kurzem im Rahmen eines Sesshins gehalten habe. Er handelt von *Hui-Neng (chinesisch) Daikan En; (japanisch) * 638; † 713), einem chinesischen Meister des Chan-Buddhismus, der als eine der wichtigsten Figuren in der gesamten Zen-Tradition gilt.*

Der als Hui-Neng bekannte Meister wurde 638 in Südchina geboren. Nach dem frühen Tod des Vaters sorgte der Junge schon früh durch Holzsammeln für den Unterhalt der Familie und lernte weder Lesen noch Schreiben. Als er eines Tages Brennholz in einem Gasthaus ablieferte, hörte er einen Gast das Diamant-Sutra rezitieren und hatte ein Erwachens-Erlebnis. Er stellte die Versorgung seiner Mutter sicher und brach in den Norden auf, um bei einem Meister den Buddhaweg zu praktizieren.Im Kloster von Hongren, dem Fünften Dharma-Vorfahren, angekommen, wurde ihm ein Platz in der Küche zugewiesen, wo er mit Reisschälen und Brennholzsammeln beschäftigt war. Eines Tages forderte Hongren die Mönche auf, ihr Erfahrung in einem Gedicht zum Ausdruck zu bringen. Er würde demjenigen die Insignien des Meisters übergeben, der das Verständnis der Essenz der Lehre manifestieren könne. Alle Mönche waren überzeugt, dass Shen-Hsiu, der Hauptmönch, das fundierteste Verständnis hätte, und verzichteten darauf, ein Gedicht zu verfassen.

Shen-Hsiu schrieb folgenden Vers an die Klostermauern:

Der Leib ist der Bodhi-Baum.
Der Geist ist wie ein klarer stehender Spiegel.
Poliere ihn allzeit mit Eifer.
Lass keinen Staub daran haften.

Alle Mönche lasen das Gatha mit Bewunderung und wiederholten es. Auch der Meister las es, nahm den Verfasser beiseite und sagte zu ihm: „Diese Verse zeigen, dass du die volle Einsicht noch nicht erlangt hast. Du bist bis vor das Tor gelangt, konntest jedoch noch nicht eintreten." So kam es auch Hui-Neng zu Ohren, als er in der Küche arbeitete.

*Hui-Neng ließ* sich das Gedicht noch einmal vorlesen, dichtete seinerseits einen Vers, und bat einen vorbeikommenden Beamten, ihn danebenzuschreiben:

Im Grund gibt es keinen Bodhi-Baum.
Da ist kein klarer Spiegel auf einem Gestell.
Im Ursprung ist da kein Ding.
Worauf soll sich Staub legen?

Als der Fünfte Dharma-Vorfahre diesen Vers sah, wischte er ihn mit seinem Schuh ab, um bei den gebildeten Mönchen keine Eifersucht zu schüren. Später besuchte er Hui-Neng in der Reismühle und übergab ihm schließlich zu Mitternacht im Geheimen die Robe und machte ihn zum Sechsten Dharma-Nachfolger. Mit dem Auftrag, einige Jahre nicht als Lehrmeister aufzutreten und schließlich den Menschen des (barbarischen) Südens die Lehre zu überbringen, verließ Hui-Neng das Kloster.

## Der Vortrag

Auch wenn wir wissen, dass dies eine Legende ist, lohnt es sich, sie sich einmal genauer zu betrachten, weil darin eine ganz grundsätzliche Auseinandersetzung zwischen zwei Schulen, nämlich der Süd- und Nordschule exemplarisch verdeutlicht wird, vor allem aber, weil hier zentrale Eigenschaften, aber auch grundlegende Missverständnisse von Zen-Meditation beschrieben werden. Insofern geht unsere Geschichte uns unmittelbar an, sagt etwas aus über unsere Übung, konfrontiert uns mit der Frage: Warum übe ich und was ist Zen?

Da ist also der altgewordene Meister, der sich um einen Dharma-Nachfolger kümmern muss und der darum allen Mönchen die Aufgabe stellt, in einem Gedicht das Grundverständnis und den Grad der eigenen Erfahrung, im Sinne von Erleuchtung, zu beschreiben. Jedem ist klar: Ich brauche mich gar nicht zu bemühen, denn am Ende wird der von allen hochgeachtete Hauptmönch Shen-Hsiu das Rennen machen. Tatsächlich schreibt er auch diesen bemerkenswerten Satz: „Der Leib ist der Bodhi-Baum (s. Glossar), der Geist ist ein klarer stehender Spiegel, poliere ihn allzeit mit Eifer, lass keinen Staub daran haften."

Keine Frage. In diesem kleinen Gedicht werden einige Aspekte unseres Übens angesprochen, die ganz wichtig sind.

Zum Beispiel die Beharrlichkeit. Sie hilft uns, durch Unsicherheiten, Irritationen, durch Täler, Untiefen und Schwierigkeiten hindurchzugehen. Beharrlichkeit ist wichtig, denn manchmal wird die Unlust oder der Widerstand so stark, dass wir am liebsten aufhören möchten. Beharrlich weitermachen ist wie das Trainieren eines Muskels, heißt dranbleiben, bis sich Stärke und Fähigkeit entwickeln. Dies wird in dem Wort „allzeit" sehr schön verdeutlicht. Hier kommt die Eigenschaft Geduld ins Spiel als die Fähigkeit, warten zu können. Sehr oft kann ich erleben, dass jemand am Anfang sehr schnell begreift und schnell zu guten Ergebnissen, sowohl mental als auch an der Scheibe kommt. Aus dieser Anfangserfahrung entsteht – begreiflicherweise – die Hoffnung, dass auch im weiteren Verlauf die Kurve gut nach oben zeigt, was in der Regel nicht der Fall ist. Plötzlich stellen sich Schwierigkeiten ein, große Ernüchterung, großer Frust. Jetzt ist neben der Beharrlichkeit unsere Geduld gefragt, d.h. unsere Bereitschaft, ohne uns zu stressen, unsere Übung fortzusetzen. Und damit kommen wir zur dritten Komponente, dem Eifer. Das ist der Geist des Anfangs, der Neugierde, der frischen Begeisterung. Eifer wird auch als Intensität verstanden, als ein tiefes Einlassen. Dazu gehören Ernsthaftigkeit und Liebe, aber auch Mut und Vertrauen. Es ist gut, nicht allein zu üben, sondern im Energiefluss einer Gemeinschaft.

Der langsam klarwerdende Spiegel hilft uns zu klarem Sehen. Damit ist der Prozess gemeint, alles zu beachten, nicht die andern, sondern uns selbst. Also nicht nur unsere Fehler sehen, sondern auch die Strategien erkennen, mit denen wir uns entschuldigen und rechtfertigen. Z.B. beim Bogenschießen. „Es ist der Bogen, der Pfeil, der Lehrer, der Bach…“ Das bedeutet, wir lernen uns nicht auf die Vergangenheit zu konzentrieren, um darin Gründe für unser Handeln oder Denken zu ermitteln, schauen nicht mehr durch die getönten Gläser oder durch die rosarote Brille. Klarheit eröffnet neue Perspektiven, aus denen Veränderungen wachsen können. Klar sehen hilft mir, meine konditionierten Überzeugungen zu benennen und zu verändern.

Obwohl wir in der Antwort des Shen-Hsiu sehr viel Erfahrung heraushören und wichtige und unerlässliche Eigenschaften bildlich angesprochen werden, ist der Meister mit der Antwort nicht zufrieden. Du bist bis vor das Tor gelangt, du bist noch nicht eingetreten!.

Was gefällt dem Alten nicht?

Salopp gesagt: Zen wird benutzt wie ein Werkzeug, um damit einen gewünschten Zustand zu erreichen. Schauen wir in die Werbung, dann wird Zen vermarktet als Wellnessprodukt in der Farbe Weiß, Symbol für Reinheit, Unverfälschtes.

Zen steht für Heilung durch Musik, für Balance, Stresslösung, Entspannung. Zen ist Gesundheit, insbesondere durch die Verbindung mit biologischen und vegetarischen Produkten. Eine Pflegeserie „Zen“ wirbt mit einem Pflanzenkomplex zur Beruhigung von Hautstress. Zen macht schön, Zen ist Design und gibt Power. Schließlich wird ein Zen-Buch verkauft mit dem Schlager „Die Bibel von Steve Jobs“ und suggeriert uns, dass wir durch Zen ähnlich erfolgreich werden können wie der Apple-Gründer. So gibt es immer mehr zeninspirierte Workshops und therapeutische Angebote, mit der Ansage, den eigenen Geist zu verbessern, zu ändern, vor allem aber zu optimieren. Bei all dem geht es um ein höheres Maß an Glück, das bei entsprechender Anstrengung machbar ist. „Buddhism for happiness“.

Das alles ist von der Sichtweise des Mönchs in unserer Geschichte gar nicht so weit entfernt, wie es scheint, nur mit dem einen Unterschied, dass es in unserer Werbung um äußeres Glück im weitesten Sinn und beim

Mönch um sein inneres Seelenheil geht, um den Zustand der Erleuchtung. Ziel ist die Reinigung des Geistspiegels von allen Anhaftungen.

Aber auch hier wird Zen verzweckt. Das niedere Selbst hat sich aufgelöst in das Universale, das das äußere konkrete Selbst übersteigt. In Wirklichkeit hat jedoch das besitzgierige Ego sich total gut behauptet. Es hat die Gedanken, die zu ihm gehören, vertrieben, den Spiegel des Geistes, der ebenfalls zu ihm gehört, geleert. In Wirklichkeit jedoch wird die Leere, die Buddha-Natur selbst als ein Besitz und als etwas zu Erreichendes gesehen. Das Ego verzichtet auf seine weltliche Eigenschaft, um sich in einer geistigen Welt zu verlieren. Da jedoch diese Natur als Besitz betrachtet wird, kann das vergeistigte Ego unter dem Mantel von Leere weiterhin seinen eigenen Narzissmus pflegen und genießen. So wie ich Nächstenliebe üben kann, in Wirklichkeit jedoch mich selbst meine im Sinne einer Belohnung für gute Taten.

In dem Gedicht des Hauptmönchs könnte durch den Begriff „rein" auch ein moralischer Aspekt hinzukommen. „Ich bin klein, mein Herz mach rein..." Oder im Sinne von „Drogen raus – Zen rein". Aber Zen hat mit Moral nichts zu tun. Ist Zen deshalb unmoralisch? Beileibe nicht. Aber ethisches Handeln ist eine Herzensethik, kommt aus dem Herzen und geht zum Herzen und ist verbunden mit Weisheit. Beides gehört zusammen.

Überall, wo ein Um-zu erscheint, wird aus Zen ein Weg gemacht und genau damit wird der Weg verfehlt. Bei jedem Um-zu ist das Ego im Spiel, das etwas erreichen möchte, und so tappen wir immer wieder in die Falle. Wenn ICH den Weg beschreite, verlasse ich ihn bereits, denn der Weg selbst ist die Leere.

„Diese Verse zeigen, dass du die volle Einsicht noch nicht erlangt hast. Du bist vor das Tor gelangt, konntest jedoch noch nicht eintreten."

So des Meisters Kommentar.

Hui-Neng drückt das so aus: Da ist kein Bodhi-Baum, da ist kein Spiegel, im Ursprung ist kein Ding, wo soll sich da Staub hinsetzen?

Für ihn ist die zentrale Wirklichkeit, die einzige Wirklichkeit, sowohl in der Meditation als auch im Leben selbst. Darüber hinaus oder dahinter ist nichts. Wir können nicht erleuchtet werden, solange wir das Aufleuchten eines reinen Spiegels von dem ursprünglichen, immer schon existierenden Licht, trennen. Ein Meister sagt: „Es gibt keine Erleuchtung, die zu erreichen ist, noch ein Subjekt, das sie erreichen könnte. Niemand in der Vergangenheit hat je die Erleuchtung erlangt oder wird es in Zukunft je erlangen, denn sie ist jenseits der Erreichbarkeit." Und Bodhidharma sagt: „Alles Erreichte der Buddhas ist in Wirklichkeit Nicht-Erreichtes." Warum? Die Weisheit verwandelt uns in ein Licht, das wir schon immer sind. Aber dieses Sein ist eben nicht „unser" Sein, sondern die Leere selbst, die niemals unser Besitz ist. Hui-Neng beschreibt es an anderer Stelle so: „Was ist das Unbewusste? Es besteht darin, die Dinge so zu sehen, wie sie sind, und an nichts zu hängen. Unbewusst heißt, sich an nichts zu hängen... Wenn das Denken bei nichts stehen bleibt und nirgendwo verweilt, dann ist es nicht gebunden, frei." Dogen sagt: „Körper und Geist fallen lassen." In einer solchen Verwirklichung ist aber „Leersein" nicht mehr das Gegenteil von „Fülle", Reinheit des Spiegels nicht mehr das Gegenteil von Nichtreinheit. „Von Anfang an ist nicht ein Ding", d.h., das Erreichen ist ein Nicht-Erreichen, der Spiegel, also der ursprüngliche Geist", ein Nicht-Spiegel und ein Nicht-Geist. Da sind nicht zwei. Zen ist unser alltäglicher Geist und wenn wir die Leere, die Weisheit, nicht mitten in den Begriffen und Widersprüchen, Spannungen und Ängsten unseres Alltags finden, werden wir ihr nirgendwo begegnen. Da sie nirgendwo ist, brauchen wir die Stelle, an der wir uns befinden, nicht aufzugeben, denn das Unbegrenzte an einer bestimmten Stelle zu suchen, würde bedeuten, es zu begrenzen, würde heißen, in eine Dualität von hier und dort, von Subjekt und Objekt zu verfallen. Leere oder Prajna oder Buddha-Natur ist nicht Selbstverwirklichung, sondern ist einfache Realisierung dessen, was ist, jenseits von Subjekt und Objekt. Damit ist auch deutlich, dass Leersein nicht das Gegenteil von Fülle ist, sondern Leersein und Fülle sind das Eine, in dem alles enthalten ist. „Sehen, wo es kein Objekt gibt, das ist das wahre Sehen." Um der Versuchung zu widerstehen, dass dieses Eine als eine isolierte Form betrachtet wird, sprechen wir im Zen von der Leere.

Oder noch einmal: „Von Anfang an ist nicht ein Ding", sagt Hui-Neng, d.h., das Erreichen ist ein Nicht-Erreichen, weil die Reinheit von Prajna, (s. Glossar) ein Nicht-Sehen, eine Nicht-Kontemplation ist, in der wir im Nachhinein begreifen, dass der Spiegel oder der ursprüngliche Geist wirklich ein Nicht-Spiegel und ein Nicht-Geist ist. Nicht-Sehen und Nicht-Geist sind keine Verzichte, sondern Erfüllung, und erst in der Erfahrung absoluter Leerheit ist Offenheit und wirkliches Sehen möglich, frei von Anhaftungen und Verblendungen, frei von gut und schlecht, aber auch frei von Angst und Einsamkeit. Es wird deutlich, es geht nicht um einen psychologisch glückseligen Zustand, sondern um eine metaphysische Schau des Seinsgrundes, der ein Ungrund ist.

Vergessen wir nicht, was Kapir, der indische Weise, sagt: Zu welchem Ufer willst du gelangen, mein Herz? Es gibt keinen Weg und niemand, der dir vorangeht. Was heißt schon Kommen und Gehen? An jenem Ufer kein Boot und kein Fährmann, das Boot zu verankern.

Da gibt es weder Himmel noch Erde, weder Zeit noch irgendein Ding, kein Ufer und keine Küste. Bedenke es wohl, mein Herz! Geh nicht anderswohin.

So habe ich heute versucht, euch etwas teilhaben zu lassen an einer lange anhaltenden und heftig geführten Auseinandersetzung innerhalb der Zen-Bewegung zwischen der Süd- und Nordschule. Aber es ging mir nicht um Zen-Geschichte, sondern um unsere eigene Entwicklung, denn die Auseinandersetzung von Wollen, von Sein bzw. Nicht-Wollen und Nicht-Sein, von Annehmen und Verwerfen, von Schuld- und Nichtschuld, von Geist und Nicht-Geist findet ja immer wieder in uns selbst statt und damit um die Beantwortung der Frage: Wohin geht es?

Am wundervollsten hat Seiko Kisen in seinem Text „Sandokai" das Thema beschrieben: „Menschen unterscheiden zwischen Dummen und Klugen, doch auf dem wahren Weg gibt es keine Patriarchen des Südens oder des Nordens. Die Quelle der Lehre ist rein und ohne Makel."

Wie kommen wir an diese Quelle und damit zu wirklichem Frieden?

Vielleicht kann uns hier der Altmeister unserer Schule, Dogen, einen wichtigen Hinweis geben. Wenn er meint, es gehe beim Zazen darum, „Geist und Körper fallen zu lassen", dann ermöglichen wir, dass etwas geschieht, das frei ist von unseren Möglichkeiten und Wünschen, nämlich die Erfahrung des Nichts, prall gefüllt mir Leerheit. Dieses Spannungsfeld von Form (Körper, Gefühle, Geist usw.) und Leere (Nichts, Göttliches, Buddha-Natur) zu verwirklichen, ist unsere große Aufgabe und Herausforderung.

Was bedeuten diese Überlegungen für unsere Bogenübung? Es ist mir wichtig zu betonen, dass alles, was über das Meditative Bogenschießen gesagt wurde, uneingeschränkt auch für die Zenübung gilt. Das Stichwort, das uns weiterführt, heißt *Einheit*. Ich zitiere hierzu drei Verse, die Sie aus unseren Schildern bereits kennen und die unser Thema deutlich machen:

> Sei Pfeil und Bogen – so übten die alten Meister.
> Körper und Geist verschmelzen zu einer Einheit.
> Im Jetzt des Augenblicks, in der Einheit von Körper und Geist,
> betreten wir in jedem Augenblick das Tor zum Leben
> in seiner ganzen Schönheit und Kraft.

Die Bogenübung führt zu einer persönlichen Erfahrung und gleichzeitig darüber hinaus. In diesem Augenblick ist etwas präsent, was uns überragt, über uns hinausweist, zeitlos ist und doch ganz gegenwärtig, voller Energie, dynamisch und leicht, erfüllt und leer. Heimkehren ganz im Hier und das Hier überschreitend, Erfahrung von Stille hinter der Stille, wichtig und unwichtig sind eins.

Kein Bogen, kein Pfeil, kein Ziel und kein Schütze, Betreten des Einen, das Keines ist. Offene Weite, Überwindung der Subjekt-Objekt-Spaltung *(Karl Jasper)* und gleichzeitig im Tun dessen, was der Augenblick von mir fordert. Freiheit von etwas, inmitten von...

Beim Schreiben spüre ich die Schwierigkeit, diesen Aspekt zu benennen, wohlwissend, dass alle Worte voller Paradoxien sind und diese nicht auflösen können und auch nicht auflösen sollen. Die Paradoxie löst sich auf im Handeln: Stehen, Atmen, Pfeil einlegen, Ziel anschauen, Bogen öffnen, Lösen, Verneigung. Wenn alles von mir abgefallen ist und ich den Bogen aufnehme, den Pfeil in der Hand in meine Übung gehe, gibt es keinen Widerspruch.

## Es schießt

Jetzt ist der Augenblick gekommen, um uns mit dem berühmten Werk Eugen Herrigels „Zen in der Kunst des Bogenschießens“ zu beschäftigen.

Der Höhepunkt in seiner Erfahrungsbeschreibung ist sicherlich die Szene, in welcher der Lehrer sagt: „Es ist da! Verneigen Sie sich!“ Dieses „Es“ wird vom Meister immer wieder erwähnt, und da es Anlass zu allerlei Spekulationen und Missverständnissen gibt, wollen wir uns damit näher beschäftigen.

Spannend in diesem Zusammenhang ist eine Kurzfassung, die Johannes Ibel vom deutschen Kyudoverband über eine Stellungnahme von Prof. Yamada, selbst Kyudoka, zu Herrigels Buch gibt. Er kommt zu folgenden Ergebnissen:

Herrigel hat seinen Meister über- und falsch interpretiert.

Herrigel selbst hatte keine Zen-Praxis, sondern hat nur über Zen gelesen.

Alle Gespräche gingen über einen Übersetzer, der seine Übersetzung dem westlichen Verständnis angepasst hatte.

Bei der eindrucksvollen Nachtszene war kein Übersetzer dabei, und Herrigels Beschreibung entspricht seiner gefühlsmäßigen „Übersetzung“.

Ich kann und will dem nicht widersprechen, auch kann ich die Behauptungen nicht überprüfen. Immer wieder lese ich Kommentare zu Herrigels Äußerung, manchmal auch von Leuten, die selbst keine oder doch wenig Erfahrung mit Zen haben. Aber selbst wenn die kritischen Stimmen recht haben, mindern die Argumente bestimmt nicht die Begeisterung, die von diesem Werk ausgeht und unendlich vielen suchenden Menschen – auch mir – einen faszinierenden Übungsweg gezeigt hat und noch zeigen wird. Es ist nicht meine Aufgabe, Eugen Herrigel zu verteidigen, und mein Dank bleibt lebendig, das Denkmal, das in meinem Herzen entstand, ist auch durch Kritik, auch nicht an seiner Person, zu zerstören. Trotzdem muss uns um der Sache willen das Thema beschäftigen, weil es an einen zentralen Nerv des Zen und insbesondere unseres Zen-Bogenschießens rührt.

Natürlich wäre es leicht zu sagen, die Verwendung dieses Begriffes „Es“ sei ein klarer Beweis dafür, dass der Autor – wie behauptet – keine eigene Zen-Praxis hat, dass es sich um eine Überinterpretation oder um einen Übersetzungsfehler handelt. Punkt!

Es wäre aber auch vorstellbar, dass Eugen Herrigel diesen Begriff „Es" verwendet hat, um bewusst alle Begrifflichkeiten zu durchschneiden, wohl wissend, dass damit die Tür für Missverständnisse und Fehlinterpretationen neu geöffnet wird, was immer geschieht, sobald wir beginnen, darüber zu sprechen. Darum heißt es bei Mumon: *Du bist wie ein Stummer, der einen Traum gehabt hat, nur der Träumende kennt ihn.*

Trotz der fast Unmöglichkeit des Redens wollen wir den Begriff des „Es" noch einmal betrachten, um unser eigenes Verständnis zu vertiefen.

„ES ist das innerste Wesen des Zen", (Shibayam, Z:. *Zen und Haiku.* Reclam ,1997.) Dieses Zitat wäre den Ausführungen Eugen Herrigels nahtlos hinzuzufügen. Aber auch wenn diese Formulierungen richtig sind, zeigen sie gleichzeitig die Gefahr, die alle Aussagen in sich bergen. Denn wenn es ein „innerstes Wesen" gibt, muss es auch ein äußeres geben. Damit sind wir in einem dualistischen Denksystem. „Es" ist damit nicht nur ein Begriff, sondern wird zur Sache, „Es wird etwas" ist eine hilflose Umschreibung für ein im Grunde unbeschreibliches, unaussprechliches Phänomen ... und entspricht damit nicht der Zen-Erfahrung.

Sollen wir deshalb völlig schweigen? Auch ich begebe mich auf das glatte Eis der Fehlinterpretationen – aber es gibt keine Möglichkeit, dies zu vermeiden. Mit aller Zurückhaltung möchte ich versuchen, meine Erfahrung zu beschreiben:

Auch das ES ist völlig leer, hat keine eigene Substanz, kann nicht erwartet und nicht erreicht werden, „weil es nichts zu erreichen gibt" (Sutra vom Herzen der vollkommenen Weisheit). Alle Vorstellungen sind Illusionen, sind Produkte unseres Geistes, sind Konstruktionen eines Ich, das sich an irgendetwas festklammern möchte. Wenn nicht Gott, dann ES. Das Nichts schlüpft in eine neue Haut und wird zum Etwas, wird materialisiert. Doch auch dieses ist loszulassen.

Was bleibt übrig von „Es schießt!"? Fällt das ES weg, bleibt eben nur „schießt", „zieht", „ankert", „atmet" usw. Da bleibt nichts als das reine Sein des Augenblicks, da ist kein Bogen, kein Pfeil, kein Schütze und kein Ziel. *Wenn der Bogen zerbrochen ist und du keine Pfeile hast, dann schieß – schieß mit deinem ganzen Sein!*

Dieses Sein ist die Sicht der Wirklichkeit, die das Absolute im Konkreten erfährt, ohne daraus ein Etwas, ein ES zu machen.

Da ist weder Verstehen noch Nicht-Verstehen, kein Konzept, aber auch kein Nicht-Konzept. Ausschließlich Sein! Das ist Zen! Und Robert Aitken formuliert es, wunderschön und treffend, so: *Kein Prinzip – kein Ziel. Kein Zentrum – konzentrier dich drauf!*

Ist es das? Ist in dieser Übung aus *„Zen im Weg des Bogens"* Zen-Bogenschießen geworden?

Während ich dies schreibe, bewegt mich die Frage, warum wir so oft der Gefahr verfallen, auch aus dem ES, aus dem Nichts, noch etwas machen zu wollen, über das wir verfügen oder an das wir uns klammern können. Spiegelt dieses Verhalten unseren Geist, der nicht eigenständig, selbständig werden möchte? Zeigt sich darin das kleine Kind, das die Hand des Übervaters nicht loslassen will? Manchmal brauchen wir ziemlich lange, bis wir endlich erwachsen sind und den Mut aufbringen, Verantwortung für uns selbst zu übernehmen – ohne Angst, ins Nichts zu stürzen, im Vertrauen darauf, getragen zu werden, auch wenn die Frage, wer uns trägt, nur mit Schweigen beantwortet werden kann.

## Der Bogen eine Waffe?!

Als Pazifist und Wehrdienstverweigerer hat mich diese Frage immer wieder beschäftigt und ganz oft werde ich von Übenden damit konfrontiert.

Schauen wir also stichwortartig in die Biographie von Pfeil und Bogen, ohne auf Details einzugehen, und gehen wir weiter bis in die heutige Zeit.

Die Archäologen sprechen davon, dass die Geschichte des Bogens vor etwa 64000 Jahren begonnen hat. Die ältesten Funde stammen aus Afrika und es ist davon auszugehen, dass auf diesem Kontinent der Bogen weit verbreitet war. Funde gibt es, die aus der ausgehenden Altsteinzeit, also 30.000 – bis 10.000 vor Chr. stammen. In dieser Zeit galt der Bogen als Jagdwaffe und erst in der Jungsteinzeit wurde er als Waffe bei kriegerischen Auseinandersetzungen eingesetzt.

In Ägypten um 2000 v.Chr. war der Bogen weit verbreitet und zahlreiche Mythen bildeten sich um ihn.

Die Wikinger, Normannen, Alemannen und Waliser haben den Bogen perfektioniert.

Die alten Griechen fanden den Umgang mit Pfeil und Bogen als „feige" oder „heimtückisch", in orientalischen und ostasiatischen Regionen galt er als königlich.

In Indien war die Kunst des Bogenschießens so weit entwickelt, dass die Engländer den Umgang damit streng verboten haben.

In Japan wurden mit dem Bogen nicht nur Tiere gejagt und Feinde besiegt, sondern nach dem Volksglauben auch Kinder gezeugt, Kranke geheilt, Dämonen vertrieben, gute Ernten gesichert, Botschaften der Götter übermittelt und die Zukunft vorhergesagt.

Dass die Indianer Nordamerikas im Umgang mit Pfeil und Bogen Meister waren, ist historisch belegt und keine Erfindung von Karl May.

Im europäischen Mittelalter erreichte der Bogen als Kriegswaffe einen Höhepunkt, insbesondere durch die englischen Langbogenschützen.

Neben den Bogenschützen von den britischen Inseln haben die Reitervölker des Ostens, die Mongolen, Perser, Skythen, Hunnen einen speziellen Bogen, den Komposit- bzw. Reiterbogen entwickelt.

Zusammenfassend lässt sich sagen, dass sich der Bogen praktisch in allen Kulturen findet. Er hat in tausenden von Jahren einen wesentlichen Beitrag zur Ernährung und damit zum Überleben der Menschen geleistet, gleichzeitig aber bei kriegerischen Auseinandersetzungen Weltgeschichte gemacht und mehr Menschen getötet als jede andere, zur jeweiligen Zeit, übliche Waffe. Die Art des Bogens entsprach den materiellen Möglichkeiten und den Bedürfnissen ihrer Erbauer.

Während in Amerika der Bogen heute auch als Jagdwaffe erlaubt ist, kommt er in Deutschland ausschließlich als Freizeit-Sportgerät zur Anwendung. Im Einsatz sind Nachbildungen historischer oder Primitivbögen, Lang- bzw. Blankbögen, Reiterbögen, Recurve, Compound- bzw. der japanische Kyudobogen.

Gerade die sogenannten traditionellen Bögen, ohne Pfeilauflage oder anderer technischer Hilfsmittel erfreuen sich in den letzten Jahrzehnten größter Beliebtheit und die Anzahl der Übenden nimmt stetig zu.

Wie erwähnt, haben sich aufgrund unserer indisch geprägten Übung die Reiter- und Langbögen besonders bewährt und wir üben ausschließlich damit.

Keine Frage: Der Bogen ist eine Waffe. Pfeile können Leid verursachen. Wir sollten uns immer bewusst sein, dass auch der Bogen uns selbst und anderen weh tun kann. Daraus jedoch den Schluss zu ziehen, ein solches Gerät nicht zu benutzen, ist für mich nicht zwingend. „Es kommt darauf an, was man damit macht", lautete vor Jahren ein Werbespruch. Mit einem Skalpell kann ich töten, aber auch Leben retten. Mit einem Bogen kann ich töten, aber ich kann damit auch mein Leben sinnvoll verändern. Wenn wir lernen, uns unseren Verletzungen zu stellen, werden wir daran wachsen und fähig werden, für andere stark zu sein.

## Die Himmlischen Verweilungen

Wir haben gelernt, dass der Bogen eine Waffe ist, ein Sportgerät, aber auch ein Medium, mit dessen Hilfe wir unser Leben verändern können, indem wir Unheilsames verringern und Heilsames stärken. Wie konkret solche Veränderungen aussehen und was sie bei uns bewirken, wird deutlich, wenn wir die *Vier Himmlischen Verweilungen* des frühen Buddhismus betrachten und sie in Verbindung zu unserer Bogenpraxis bringen. Und buddhistisch ist zutiefst menschlich! Verweilung meint, in einem Zustand sein, der keine momentane Euphorie ist, kein kurzes Aufleuchten eines Idealzustandes, sondern ein Niederlassen in einem Sein, als Zustand, niemals in Vollkommenheit erreicht, immer von Bemühen geprägt und doch als Grundsubstanz vorhanden und gelebt. *Himmlisch,* weil es uns selbst glücklich macht, weil es nicht geprägt ist von moralischen Prinzipien oder Ängsten. Es geht nicht um asketische Entsagung oder um Gottgefälligkeit, sondern um ein menschliches Verhalten. Die Verweilungen sind:

- liebevolle Zuwendung
- Mitgefühl
- Mitfreude
- Gleichmut

In meinen bisherigen Ausführungen kam immer wieder der Begriff *Achtsamkeit* vor. Es ist dabei deutlich geworden, dass Achtsamkeit nicht philosophisch, sondern immer in ganz konkreten Situationen gelebt werden kann. Aber auch Achtsamkeit hat ihre Untiefen:

Die Beschäftigung mit sich selbst kann das Ego in den Mittelpunkt stellen, wird zu einem modernen Individualismus. Wenn wir Achtsamkeit verstehen als „ganz wach im Augenblick“, dann kann es nicht ausbleiben, dass wir unsere Unzulänglichkeiten, unsere Nichtpräsenz erschreckend wahrnehmen. Aber auch die Gedankenlosigkeit, die Schlamperei, Fehlleistungen bei mit uns Übenden oder bei der Arbeit fallen uns mehr auf als bisher. Das Ergebnis ist Unzufriedenheit, Schuldzuweisungen gegen uns selbst oder andere. Darum muss Achtsamkeit gepaart sein mit *liebevoller Zuwendung* zu uns selbst, den Menschen um uns, aber auch Dingen, Gegenständen. Achtsamkeit ohne Liebe ist eine falsch verstandene Lehre. Liebevolle Zuwendung ist aktives Handeln, nicht bei mir stehen bleiben, sondern den Anderen, das Andere, liebevoll im Auge und im Herzen haben. Das gilt uneingeschränkt auch für *Mitgefühl*. Empathie! Mit welchen Gefühlen begleite ich eine übende Person, die sich heute oder überhaupt besonders schwer tut? „Merkt die nicht, wie ungeeignet sie ist für diesen Weg?“ oder: „Was ist mit dem heute los, der stellt sich ja ganz blöd an!!“ *Mitgefühl* meint eine Situation, aber auch einen Konflikt, unterschiedliche Meinungen, einmal nicht allein aus meinem Blickwinkel, mit meiner Brille und meinen Erfahrungen zu beurteilen, sondern ernsthaft zu versuchen, mein Gegenüber mit seinem subjektiven Erleben ganz ernst zu nehmen, vielleicht sogar etwas mit seinen Augen, Gefühlen, seinem Herzen zu sehen. Könnten nicht viele unbequeme Entscheidungen leichter akzeptiert werden, wenn sie von Empathie begleitet wären? *Mitgefühl* verändert meine Perspektive, schafft Raum für Ängste und Versagen, aber auch für *Mitfreude,* einer weiteren Stufe der göttlichen Verweilungen. Mit welchen Gefühlen begleite ich das Gelingen? Da gibt es eine sehr bunte Palette: Desinteresse, Neid, Aggression – alles ist möglich. Obwohl wir spüren, dass solche Empfindungen uns selbst herunterziehen und den ganzen Raum vergiften, ist es gar nicht selbstverständlich, uns wirklich zu freuen über das Gelingen bei anderen, da wir uns ganz häufig doch in einem inneren Wettbewerb befinden. Damit kommt der vierte Begriff der buddhistischen Geistesschulung in unseren Sinn: *Gleichmut.* Das hat nichts zu tun mit Untätigkeit, Nichtbeteiligung oder Kälte, jedoch mit Gelassenheit, auch wenn ich mich heute als nicht konzentriert erlebe. Es hat zu tun mit Mut, sich mit wachem Geist diesen Augenblick zu betrachten und zu lernen, ihn zu akzeptieren. Gleichmut ist kein „Mut der Verzweiflung“, sondern ist eine Quelle der Kraft.

## Schließe die Augen und schau…

Häufig heißt unsere Übung: Schießen mit geschlossenen Augen: Wir stehen in kurzer Entfernung zur Scheibe und führen unsere Übung zunächst wie gelernt durch. Unsere Augen sind geöffnet und wir schauen sehr intensiv auf den Zielpunkt, versuchen, ihn in die Phase der Dunkelheit hineinzunehmen. In dem Augenblick, in dem der Auszug beginnt, schließen wir die Augen, und der weitere Übungsverlauf wird mit geschlossenen Augen zu Ende gebracht. Ziel dieser Übung ist es, den Blick ganz und gar nach innen zu richten. Wir haben die Chance, unser inneres Auge genau sehen zu lassen, ob wir z.B. den Mittelfinger präzise zum Ankerpunkt bringen oder unser Ablass entspannt ist.

Diese Übung kann zu einer wahren Offenbarung werden, denn wir entdecken, was geschieht, wenn unsere vermeintliche Kontrolle, die Augenkontrolle, entfällt und unser Körper und Bogen sich unbeobachtet, frei bewegen können.

Sind die Pfeile über die Scheibe verstreut, kann das bedeuten, dass wir noch keine stabile Körperhaltung gefunden haben, und unser Bogenarm oder Oberkörper mal diese, mal jene andere Bewegung durchführt.

Vielleicht ist auch das Finden des Ankerpunktes noch nicht so weit automatisiert, dass die Hand wie von selbst sauber landet und löst.

Entweder wir versuchen schwerpunktmäßig zu üben und vernachlässigen andere Schritte, oder wir brechen für diesen Tag oder für längere Zeit unsere Übung bei Dunkelheit ab.

Ganz anders verhält es sich, wenn die Pfeile zwar nicht an dem gewollten Punkt, aber doch einigermaßen in einer sichtbaren Gruppierung landen. Das hat meist mit dem Bogenarm zu tun, der die kontrollierenden Augen braucht. Die Korrektur geschieht unbewusst, und bedeutet, dass immer Energien zur Korrektur einer Fehlhaltung verschwendet werden müssen, die dann dem eigentlichen Übungsverlauf fehlen.

Manchmal führt diese Übung zu erstaunlichen, äußerst wichtigen Erkenntnissen, wie z. B.: „Ich bin dauernd dabei, mich zu kontrollieren, ich will oder kann mich einfach nicht meinem Inneren überlassen.“

Aber es gibt auch die Erfahrung, dass die mit geschlossenen Augen gelösten Pfeile besser ankommen als die mit geöffneten. Das könnte ein Zeichen dafür sein, dass unsere innere Fixierung, treffen zu wollen, uns im Wege steht, um unsere Pfeile gut zu setzen. Mit Kindern habe ich erlebt, dass ihre Übung wunderschön verlief, aber sich sofort verschlechterte, als wir damit begannen, auf eine Scheibe mit Ringen zu schießen, und damit Punkte zählten.

In die gleiche Richtung geht es, wenn Leistungsbogenschützen bei mir anrufen oder zu einem Sesshin kommen, die darüber klagen, dass sie zu zittern beginnen, sobald das „Gold“ ins Visier kommt.

Es ist verständlich, dass wir angesichts der Ergebnisse auf der Scheibe Rückschlüsse ziehen auf Lebenssituationen, Verhaltensmuster usw. . Ich weise jedoch nachdrücklich darauf hin, dass dieses Bild immer nur den *augenblicklichen* Stand zeigt, ein Blitzlicht ist, und wir nicht voreilig generelle Schlüsse ziehen dürfen. Sollten sich die Bilder wiederholen, kann über die Technik hinaus etwas tiefer geschaut werden – der Bogen wird uns einmal mehr zum Spiegel unseres inneren Zustandes.

## Üben in der Dunkelheit

Eine weitere sehr aufschlussreiche Erfahrung ist das „Nachtschießen“. Dieses kann auch in einem komplett zu verdunkelnden Raum simuliert werden: Mit einem Laser-Pointier wird auf der Scheibe, die im Dunkeln nicht zu sehen ist, ein Punkt, etwa 1 Zentimeter Durchmesser, kräftig angestrahlt. Während das Licht noch eingeschaltet ist, bewegt sich die Gruppe in dem üblichen Ritual vorwärts, jeder Übende findet seinen Standort. Jetzt wird das Licht gelöscht, und Dunkelheit hüllt uns ein. Kein Bogen ist zu sehen, keine Sehne, kein Pfeil. Unsere ganze Aufmerksamkeit gilt dem Tastsinn, mit dem wir die Sehne finden müssen, den Nockpunkt, Führungsfeder, Pfeilauflage. In äußerster Konzentration verläuft unsere Übung, bis der Pfeil mit einem „Blup“ auf der Scheibe ankommt. Erst wenn die Übung zum Abschluss gebracht ist – in der Regel nach drei Pfeilen pro Person –, wird das Licht eingeschaltet. Voller Spannung schauen wir nach dem Ergebnis...

Nicht immer steht ein geeigneter Raum zur Verfügung. Dann verlagern wir unsere Übung in die Natur:

Im Tal des Hasenbachs, an unserem Bogenübungsplatz, finden wir uns bei Anbruch der Dunkelheit ein, erleben somit intensiv den allmählichen Übergang zur Nacht, die zwischen Bäumen und Felsen besonders eindrucksvoll gespürt wird. Denn auch wenn es in unserem Tal immer still zu sein scheint, so wird doch die Abendstille zu einem außergewöhnlichen Erlebnis. Die Vogelstimmen werden seltener und leiser, bis sie ganz verstummen, die ersten Fledermäuse schwirren um uns, es ist, als begebe sich die Natur zur Ruhe.

Obwohl wir als Gruppe immer schweigen, überträgt sich hier eine tiefere Stille auf uns und wird erfahrbar. Unsere Schritte werden leiser, unsere Bewegungen langsamer, achtsamer. Und in dem Maße, wie unsere Konturen sich immer mehr auflösen, eins werden mit der „schweigenden" Natur – die uns umgibt, öffnen sich unsere Herzen, tritt Alltägliches zurück – und wir betreten einen weiten Raum.

Sowohl das Üben mit geschlossenen Augen als auch das Nachtschießen verlaufen in völliger Dunkelheit – und doch ist unsere Wahrnehmung jeweils eine andere: Halten wir die Augen aktiv geschlossen, gibt es für uns keinen sichtbaren Zielpunkt. Er besteht nur noch in der Erinnerung und insofern als innere Orientierungshilfe für die Auf- und Ausrichtung unseres Körpers, unseres Bogen- und Zugarmes. Schwerpunkt ist der Blick nach innen und das genaue Erfühlen dessen, was geschieht.

Anders verhält es sich beim Nachtschießen. Die „dunkle Übungsphase" beginnt viel früher, und es gibt einen konkreten Zielpunkt, auf den unsere Augen gerichtet sind. Unser Blick konzentriert sich entschlossen nach außen auf diesen kleinen Punkt. Gleichzeitig ist unser Tastsinn intensiv gefordert, um den Pfeil präzise einzulegen. Wir müssen also wieder einmal lernen, erst eine, dann die nächste Aufgabe zu erfüllen, wir können es uns nicht leisten, zwei Aufgaben gleichzeitig erledigen zu wollen, da dies fatale Folgen haben könnte. Was wir auch beim normalen Üben lernen wollen und müssen, nämlich eine klare Abfolge der Übungsschritte einzuhalten, dazu sind wir beim Nachtschießen durch die Umstände regelrecht gezwungen. Also: Zunächst einen Schritt, dann den nächsten und so weiter... Nichts überhasten, denn jeder Schritt verlangt von uns Aufmerksamkeit, sonst gelangen wir nicht zu einem befriedigenden Ende.

Im Folgenden möchte ich Reaktionen und Erfahrungen der Übenden zusammenfassen:

Grundsätzlich wird die Aufgabe, im Dunkeln zu schießen, als sportliche Herausforderung empfunden. Werde ich nach dem Ablass das „Blup" meines Pfeils auf der Scheibe hören, oder landet mein Pfeil in der Sandaufschüttung unseres Pfeilfanghauses? Mit jedem Pfeil erhöht sich die Spannung, steigert sich, bis wir bei Licht endlich das Ergebnis betrachten können. Es ist völlig in Ordnung, den sportlichen Aspekt zu sehen, diese Seite in uns kennen zu lernen und zu schauen, wie wir damit umgehen können. Sie gehört zu unserem Lebensbild, ist eine Saite unseres individuellen Musikinstrumentes, das wir bewusst gestalten wollen und das wir *Leben* nennen. Diese Saite gehört dazu, und es geht nur darum, uns einzuüben, dass sie die ihr gebührende Spannung erhält. Nicht zu viel und nicht zu wenig.

Während es bei unserer Übung am Tag äußerst schwierig ist, den Fokus möglichst klein zu machen – also: erst das Pfeilfanghaus ausblenden, dann die ganze Scheibe ... bis auf den Zielpunkt, um diesen letztlich so ausschließlich im Auge zu behalten, dass er unmittelbar vor uns zu sein scheint –, fällt dieses Programm der bewussten Fokussierung bei der Nachtübung völlig weg. Es gibt nur den einen Punkt. Und wir entdecken in dieser klaren Ausschließlichkeit und Unmittelbarkeit eine große Kraft, ahnen Möglichkeiten, die sich uns eröffnen, wenn wir alles Hinderliche einfach weglassen. Die Erfahrung erinnert an zwei Liebende, die bei ihrer Umarmung gerne gedämpftes, schummriges oder gar kein Licht mögen, um, völlig frei von Ablenkungen, nur den Augenblick in seiner ganzen Schönheit und Fülle wahrnehmen zu können.

Manche Menschen empfinden eine starke Verunsicherung beim Wegfall all jener Stützen, die uns sonst helfen, durchs Leben zu gehen und unsere Aufgabe zu erfüllen. Wir sehen vor uns keinen Boden, müssen ihn erst bewusst wahrnehmen, müssen erspüren, ob wir auf festem Grund stehen. Alle Formen, die Wände eines Raums, Bäume oder Felsen, die mir die Orientierung ermöglichen, sind nicht mehr sofort wahrnehmbar. Auch die Präsenz des Lehrers entfällt. Nicht dass er nicht anwesend sei, er ist schon da, aber auch er sieht nichts. Besonders reizend verdeutlicht dies folgende Szene: Eine Frau, eine recht geübte Schützin, ist völlig frustriert beim Nachtschießen, weil kein einziger ihrer Pfeile die Scheibe trifft. Sie spürt das Wegbrechen all ihrer Kontrollinstanzen, kommt ganz verstört zu mir und meint: „Sag mir, was mache ich falsch?“ „Ich weiß es nicht, ich sehe dich ja nicht!“, antworte ich lachend, und wir spüren, dass es nun nichts mehr gibt, worauf zu bauen ist – auch keine Kontrollinstanz, die befragt werden kann.

Was bleibt, wenn alle vertrauten Kontrollen wegfallen? Ich werde ganz und gar auf mich geworfen, darf lernen, meine daraus resultierende Angst zu durchschreiten. Bleibe gleichsam allein übrig. Ich spüre, dass die einzige Brücke, die verlässlich trägt, meine Achtsamkeit ist, gelebt in diesem Moment. In diese Achtsamkeit muss ich mich unter den Bedingungen der Dunkelheit um mich herum viel stärker als sonst einüben – aber ich kann ihr auch vertrauen.

Wie sehr unsere Sinne im Dunkeln geschärft waren, erlebten wir an Umweltgeräuschen, die wir als störend empfanden. Jedes leise Flüstern beansprucht zusätzliche Energie, um ganz konzentriert zu meiner Übung zurückzukehren ... Es wurde uns bewusst, wie sehr äußerer und auch innerer Lärm – z.B. so viel Unerledigtes, Ärger und Enttäuschungen, Hindernisse darstellen, die Kräfte beanspruchen, die wir dringend zur Erledigung unserer Aufgaben brauchen. Interessant dabei ist die Beobachtung, dass das Rauschen oder Plätschern des Bachs, also ein Naturgeräusch, überhaupt nicht als Störung empfunden wurde, ganz im Gegensatz zu den unnatürlich entstandenen Geräuschen. Es lohnt sich, diese einfache Beobachtung auf Arbeitsplatzsituationen zu übertragen. Ist es wirklich so, dass der laufende Fernseher uns nicht stört oder das eingeschaltete Radio unsere Konzentration unterstützt? Es ist eine Überprüfung wert, zu schauen, ob sich Vokabeln mit lauter Popmusik leichter lernen – wie manche Jugendliche glauben – als in großer Stille.

Zu einer Herausforderung und zu einem wundervollen Geschenk wird der zwangsläufig neue Umgang mit der Zeit. Wenn wir nur auf unseren Tastsinn angewiesen sind, benötigen wir Zeit. Jede Bewegung wird in Zeitlupe ausgeführt. Achtsamkeit, Hingabe braucht Zeit – und Zeit ermöglicht Hingabe und Liebe.

## Die Rolle des Lehrers

In dem bereits erwähnten kleinen Büchlein von Paulo Coelho „Der Weg des Bogens“wird die Frage gestellt: „Was ist ein Meister?“ Die Antwort lautet: „Ein Meister ist nicht derjenige, der etwas lehrt, sondern jemand, der seinen Schüler dazu anregt, sein Bestes zu geben, um ein Wissen zu entdecken, das er bereits in seiner Seele trägt.“

Was ist das Beste?

Wenn ich mit meinen Schülern übe, spüre ich natürlich den Ehrgeiz, gut zu sein, möglichst der Beste zu sein. Der Beste bei der Trefferquote, der Beste in seiner Anmut, seiner Leichtigkeit, also seiner Gelassenheit oder Eleganz? Muss ich das als Lehrer perfekt verwirklichen? Gibt es im Fußball nicht sehr gute Trainer, die jedoch keine guten Fußballspieler waren oder sind? Bin ich nur dann ein guter Lehrer, wenn ich besser bin als meine Schüler, oder könnte es nicht umgekehrt sein, dass der gute Lehrer, der wirkliche Meister, sich dadurch auszeichnet, dass er seinen Schülern hilft, vielleicht über ihn hinauszuwachsen? Ist es so, wie im Neuen Testament der Evangelist Matthäus Jesus sagen lässt: „Der Jünger ist nicht über seinem Meister!?“ Gibt es eine Grenze des Wachstums? Diese Frage kann ich nicht beantworten. Aber wenn ich in mich hineinhöre, erfahre ich, dass es mein Wunsch ist, dem Schüler zur eigenen Meisterschaft zu verhelfen. Der Lehrer bleibt immer der Lehrer, aber der Lehrer ist auch immer der Schüler. Es kommt zu einer Begegnung gegenseitiger Meisterschaft und Vervollkommnung des Weges in einem respektvollen Miteinander. Ein Übender antwortet mir auf meine diesbezügliche Frage in einem Brief so:

> Für mich drängt sich ein klares „Ja“ auf. Wenn der Meister nicht mehr besser ist als sein Schüler, kann er ihm nichts mehr beibringen. Der Schüler wird zum Meister. Der Lehrer bleibt auf Ewigkeit sein Lehrer, der Schüler bleibt auf Ewigkeit sein Schüler, aber das Über- und Unterordnungsverhältnis besteht nicht mehr. Man begegnet sich auf der Basis gegenseitiger Meisterschaft und kann sich gegenseitig helfen, sich weiter zu vervollkommnen...Die für mich interessantere Frage ist eigentlich, ob Du Deine Frage nur beziehst auf die Frage des Bogens und der Fähigkeit, Pfeile

zu schießen?...Wenn also einer Deiner Schüler diese Fähigkeit erreichen sollte (gemeint ist, die Du hast), dann wäre er wohl, was das Bogenschießen angeht, kein Schüler mehr. Wie in allen alten deutschen Märchen: Wenn der Meister merkt, dass er seinem Schüler nichts mehr beibringen kann, schickt er ihn hinaus in die Welt, wo dieser dann viele Abenteuer erlebt.

Zunächst besteht meine Aufgabe darin, immer wieder möglichst exakt den Übungsverlauf zu zeigen. Dazu ist eine wichtige Voraussetzung meine eigene Praxis, mit hunderten, vielleicht tausenden von geschossenen Pfeilen. Dazu gehören auch, neue Erfahrungen, die ich dauernd mache, zu präsentieren und zu ermutigen, es damit auszuprobieren, d.h. auch die Zumutung, Gewohntes zu verlassen und sich auf Neues einzulassen.

Als Lehrer habe ich die Aufgabe zur Ermutigung, d.h. anzuhalten, durch Tages- oder Formtiefen hindurchzugehen und bei der Übung zu bleiben. „Wiederholung ist die Mutter der Weisheit!" Egal, ob meine Übung gelingt oder nicht gelingt, es muss weiter geübt, wiederholt werden, und weil dies nicht reicht, muss wiederholt und geübt werden. Wir werden als Bogenschützen erst lernen, wie wichtig der Bogen, die Haltung, die Atmung, die Sehne und das Ziel sind, nachdem wir tausendmal wiederholt haben. Nur so kommen wir zu einer Routine, die die Technik so verinnerlicht, dass wir über sie hinausgehen können. Unsere Übung geschieht. Das ist der Augenblick, an dem wir nicht mehr darüber nachdenken müssen, was wir tun. Nur so kann sich realisieren, was es heißt: „Sei Pfeil, Bogen und Ziel! So übten die alten Meister!" Das ist Zen im Weg des Bogens.

Der Lehrer wird niemals kritisieren, sondern die Augen öffnen und selbst zeigen und in diesem Zeigen immer wieder die Begeisterung wecken und die Freude nähren. Es ist gut und hilfreich, in dieser oft schwierigen Lernphase, in der die Entmutigung und Resignation schnell nach uns greift, den Lehrer an der Seite zu haben, aber auch in einem geschützten Rahmen mit einer Gruppe üben zu können, in einer Atmosphäre, die frei ist von Missgunst und Neid oder Überheblichkeit und damit frei von Angst, auch in der Erfahrung, dass auf ein Ziel in der Ferne zu schießen paradoxerweise zu einer Rückkehr und damit einer Begegnung mit sich selbst führt.

Mit dem Hinweis darauf, dass es nicht nur Aufgabe des Meisters ist, eine bessere „Technik" zu haben, berührt der Briefschreiber den viel sensibleren und schwierigeren Bereich der inneren Begleitung, der nach meinem Verständnis ein zentraler Bestandteil unseres Weges ist. Ich kann sehr gut an „alte Hasen" oder Bogenbauer delegieren wie eine Sehne repariert, wie ein Bogen bandagiert oder eine fehlende Feder auf dem Pfeil angebracht wird. Ich bin sehr dankbar, dass ich mich um all diese technischen Dinge überhaupt nicht kümmern muss, sondern sie vertrauensvoll abgeben kann. Auch das Zeigen des Übungsablaufs kann an Erfahrene übergeben werden. Die Begleitung jedoch ist meine – und nur meine – Angelegenheit. Und die größte Herausforderung an mich, den Lehrer oder die Lehrerin besteht darin, ehrlich, demütig und mitfühlend zu sein. Paradoxerweise muss ich mitfühlend und sehr direkt und klar sein und beides nebeneinander. Als Lehrer muss ich wissen, wann nur Mitfühlen angebracht ist oder wo nicht, und die hohe Kunst besteht darin, beides nebeneinander zu praktizieren. Nur so kann ich meinen SchülerInnen bei ihren Problemen helfen.

Damit wird klar:

Die Aufgabe des Meisters besteht nicht nur darin, das Beste an Leistung mit dem Schüler zu entdecken, sondern vielmehr ihm zu einem erfüllten Weg des Bogens zu verhelfen, der nie enden kann.

## Statuen – Momente des Innehaltens (Berührtwerdens)

Das Anliegen meines Buches war es, Sie in Zen im Weg des Bogens einzuführen, Ihnen vielleicht Lust zu machen, es einmal konkret zu probieren, vor allem aber ging es mir darum, Ihnen mit oder ohne Bogen inspirierende Möglichkeiten zu zeigen, um Ihr Leben mit Mut und Vertrauen zu gestalten.

Nun möchte ich den Bogen noch etwas weiter spannen und Sie anfreunden mit ein paar Gestalten, Statuen, denen Sie in verschiedenen Räumen unseres Hauses, in Ecken und Nischen im Gelände begegnen. Wie der Bogen können Sie eine Quelle des Erkennens und der Inspiration werden. Aber schauen Sie selbst!

In einem klassischen Zendo steht auf dem Altar nur eine Statue, nämlich der *Buddha Shakyamuni,* mit der für ihn bezeichnenden Bewegung der rechten Hand in Richtung Erde. Mit dieser Geste ruft er die Erde (als Mutter des Lebens) als Zeugin an für sein Erwachen. Er strahlt Stille aus, wirkt asketisch, lächelt, entrückt und zugewandt.

Auf unserem Altar gibt es zwei weitere Statuen, die im Zen große Bedeutung haben:

*Avalokiteshvara,* der Bodhisattva des universellen Mitgefühls. Er ist der Hörer der Klagen der leidenden Wesen. Das entspricht auch der chinesischen Übersetzung Guanyin. In Japan wird er verehrt als Kannon oder Kanzeon. Obwohl ursprünglich männlich, haben sich in China, Japan und Vietnam auch weibliche Darstellungen entwickelt und wurden sehr populär. Die bis zu 1000 Arme und Augen symbolisieren seine mitfühlende Aktivität.

*Manjushri,* der von lieblicher Schönheit. Er ist der Bodhisattva der Weisheit. Entsprechend hält er in der rechten Hand das Schwert der Weisheit, mit dem er alle Formen des Anhaftens abschneidet, in seiner linken das Buch, das Literatur und Erkenntniskraft bedeutet.

Wir gehen in unserem Übungsraum etwas untraditionell vor und stellen abwechselnd zwei weitere Statuen an die Seite des Shakyamuni:

*Vajraraga,* der Bogenschütze. Er wurde nach einer alten Fotographie speziell für uns in Kathmandu gefertigt und zeigt einen Übenden, der mit großer Leichtigkeit, fast tanzend, spielerisch, anmutig den Bogen führt. Und als zweiten:

*Dipankara,* Sanskrit „Lampenträger". Meist stehend mit einer erhobenen Hand, symbolisiert er den Schutz, insbesondere für Händler und Seeleute, deren Leben in damaliger Zeit besonders gefährdet war.

Sein Attribut: Verursacher oder Bringer des Lichts. Er steht auf unserem Altar neben dem Shakyamuni Buddha, an der Stelle des Bogenschützen, wenn kein Bogenschießen stattfindet.

Wenn Sie durch unseren Tempelgarten spazieren oder den Yogaraum betreten, begegnen Sie dort weiteren Statuen.

*Krishna* mit Flöte aus der hinduistischen Tradition. Er steht für Freude, Kunst, Kreativität, Leichtigkeit, Lustigkeit. Seine Flöte symbolisiert die Fähigkeit, ein Instrument des Göttlichen zu sein.

*Amithaba,* einer der Urbuddhas, der vor Shakyamuni gewesen ist. Er ist der Buddha der umfassenden Liebe und arbeitet für die Erleuchtung aller Wesen.

*Hotei,* der lachende Buddha. Er wird im Westen irrtümlich häufig als der Buddha im Sinne des historischen Buddha, also des Shakyamuni, angesehen. Tatsächlich ist es eine historische Gestalt aus dem 8. Jh. in China. Lachend, lebensfreudig, dickbäuchig unterhaltsam, arm, aber zufrieden und als solcher reich, dem Volk zugewandt, mit den Kindern spielend, ist er auch Symbol für den sozial engagierten Buddhismus.

*Nirvana-Buddha:* Es ist der liegende Buddha. Diese Gestalt erinnert zwar an den Tod, das Verlöschen des historischen Gautama Shakyamuni, macht aber zugleich deutlich, was Nirvana ist, nämlich nicht ein Jenseits, sondern ein Seinszustand in dieser Welt, der erreicht wird im Loslassen von allen Anhaftungen an die Bedingungen dieser Welt. Die Gestalt ist Ausdruck des absoluten Friedens.

*Hanuman,* der Affengott. Von ihm wird erzählt, dass er liebevolle Streiche ausführt, unkonventionell und spontan sein kann, er steht für Kraft, Freude und Liebe. Als Affe symbolisiert er, dass jedes Geschöpf Buddha-Wesen ist.

*Tara,* im Sanskrit „Stern", übersetzt auch als Befreierin oder Freie Frau. Sie ist eine weibliche Bodhisattva und besteht aus fünf Grundformen (grüne, weiße, blaue, rote und gelbe), ist Lehrerin der Weisheit und gilt als Ausstrahlung des Avalokiteshvara und ist aus einer seiner Tränen entstanden, die er aus Mitgefühl mit allen Wesen vergossen hat. Deshalb gilt Tara als Essenz des Mitgefühls. Mit ihrem Sein setzt sie ein Zeichen dafür, dass ein weiblicher Körper in gleicher Weise zur Erlangung der Erleuchtung fähig ist wie ein männlicher. Sie hat nicht nur die Funktion des Schützens, sondern ist für viele in der Frauenarbeit und Frauenbefreiungsbewegung tätigen Menschen eine wichtige Gestalt der Verehrung und Inspiration.

In einer Ikonen-Malerwerkstatt habe ich folgenden Satz gefunden: *Es reicht nicht, eine Ikone anzusehen, man muss sich von ihr ansehen lassen!*.

Das gilt uneingeschränkt für das Betrachten einer Statue, wobei ich *ansehen* gerne als *inspirieren lassen*, verstehen möchte. An anderer Stelle haben wir schon festgestellt, dass Statuen kein Gegenstand der Anbetung sind, jedoch zu einer lebendigen Quelle mit frischem Wasser werden können, wenn wir uns von ihrer Botschaft erneuern lassen. Wenn Sie mit dieser Motivation nun noch einmal alle beschriebenen Figuren auf sich wirken lassen, dann erkennen Sie, dass nicht nur jede Gestalt eine eigene Botschaft hat, sondern etwas darstellt, etwas verkörpert, was als Potential auch in Ihnen vorhanden ist, aber überhaupt oder zur Zeit vielleicht nicht gelebt wird, was Ihnen jedoch gut täte, wenn es gelebt würde. D.h., alle Eigenschaften in der Fülle der Gestaltwerdungen sind sozusagen gebündelt in Ihnen vorhanden, nichts fehlt! Sie sind vollkommen! Es geht nur darum, auf Ihre Möglichkeiten, Fähigkeiten und Kompetenzen zu vertrauen und sie zu leben.

Nehmen Sie das Beispiel *Stille,* die der historische Buddha verkörpert, ausstrahlt und als Botschaft an Sie weitergeben möchte. In unserem hektischen Leben verspüren wir eine tiefe Sehnsucht nach Stille. Der Buddha sagt zu uns: *Du, in dir ist ein großes Potential an Stille. Lebst du es? Du hast keine Zeit? Die Zeit ist da, um dir zu dienen. Sei nicht der Sklave der Zeit! Du, schau nicht so grimmig! Schenke dir ein Lächeln!*

(Ich bin sehr glücklich darüber, einen geistigen Lehrer, den Shakyamuni, zu haben, der lächelt. Dadurch fühle ich mich liebevoll angenommen, werde willkommen geheißen, unabhängig davon, wie es mir geht.)

Wenn wir diese Botschaft vernehmen, wurden wir von dieser Statue nicht nur angeschaut, nein, wir sind tief in ihr Geheimnis eingetaucht, haben uns von ihr berühren und vielleicht verändern lassen.

Ich schlage Ihnen vor, dass Sie sich die nächsten Minuten die Zeit nehmen und gedanklich vor jede Gestalt, die ich oben beschrieben habe, treten und fragen: *Was hast du mir zu sagen?* Oder vielleicht werden Sie gefragt: „Lebst du das, was ich verkörpere oder nur ganz wenig oder gar nicht mehr?“ Sie werden feststellen, dass das eine spannende und befruchtende Entdeckungsreise wird. Verstehen Sie, dass wir nach solchen Anstößen, wie sie von den Statuen ausgehen können, kein Problem damit haben, einen Moment davor stehen zu bleiben, innezuhalten, uns erneut berühren zu lassen oder uns einfach mit einem „danke“ , einer Verneigung, zu verabschieden?

## Schlusswort

Sie haben erkennen dürfen, dass es unendlich viele Wege gibt, wach zu werden. Manche fallen uns leicht, mit anderen tun wir uns schwer, manche gelingen vielleicht gar nicht. Lassen Sie sich durch nichts entmutigen. Was wir uns mühsam erarbeiten müssen, wird für uns besonders kostbar. Immer geht es um den Zauber des Anfangs, um die Gegenwärtigkeit des gelebten Augenblicks, der uns das größte Geheimnis von Leben und Tod öffnet, von Immanent und Transzendenz, von Zeit und Ewigkeit.

Abschließend möchte ich mich bedanken bei meinen Vorfahren und Ahnen, meiner lieben Frau GenKi, bei unseren Söhnen und Familien.

Mein besonderer Dank gilt meinem Schüler Jochen JakuDo Querbach, MEDIADesign, für alle Hilfe, allen Schülerinnen und Schülern, den Büschen und Gräsern, den Bäumen und Felsen, dem Bach hinter unserer Mühle. Mit ihnen allen darf ich üben und von ihnen allen darf ich lernen.

Damit möchte ich mich von Ihnen verabschieden und mich bei Ihnen bedanken, dass Sie den Weg des Bogens mit mir gegangen sind. Mögen Sie glücklich sein – wo immer und wie immer – Sie Ihren Bogen spannen.

# Glossar

**Bodhi-Baum:** Ist der Ort der Erleuchtung des historischen Shakyamuni-Buddha, ist auch ein Synonym für den Ort des Erwachens Hier und Jetzt.

**Bodhisattva:** Ein Erleuchtungswesen, das auf das Eingehen ins Nirvana verzichtet, um durch sein Erbarmen tätige Hilfe zu leisten zur Errettung aller Wesen.

**Dharma:** Gesamtheit aller kosmischen gesetzlichen Entwicklungen und die sich daraus entwickelnde Lehre, die der Buddha erkannt hat. Zu diesem Dharma nimmt der Buddhist „Zuflucht."

**Dharmator:** Alle Phänomene, Dinge, Sachverhalte, Gefühle, Ideen an denen wir haften. Sie sind wie Tore, und es geht darum, sie hinter sich zu lassen.

**Dogen Zenji:** Einer der größten Lehrer der Soto-Schule (1200-1253). Er betonte, dass Shikantaza (reines Sitzen) die höchste und eigentliche Form des Zazen darstellt. Er ist der Verfasser bis heute wichtiger Schriften.

**Dojo:** Ein Ort, an dem der Weg geübt wird.

**Dokusan:** Das persönliche (Einzel-) Gespräch mit dem Meister, bei dem alle Fragen und Probleme, die aus der Übungspraxis entstehen, besprochen werden können. Dokusan ist in unserer Schule ein wichtiger Bestandteil des Zen.

**Gassho:** Zusammenlegen der Handflächen, verbunden mit einer Verneigung des Oberkörpers. Es ist eine Geste des Grußes, der Dankbarkeit, Verehrung und Sammlung.

**Han:** Holzbrett, das in einem bestimmten Rhythmus geschlagen wird. Je nach Veranstaltung 5 oder 15 Minuten. Er ruft die Übenden ins Dojo.

**Koan:** Jap., wörtl.: „öffentlicher Aushang". Ist ein Satz aus einem Sutra oder eine Episode aus der Zen-Tradition. Es geht immer darum, auf das Wesen hinzudeuten. Was als „Rätsel" oder Paradoxon erscheint, löst sich bei der Meditation auf und ist in sich völlig schlüssig und klar.

**Mokugyo:** Holzfisch, der beim Rezitieren mit einem Schlegel angeschlagen wird und den Rhythmus gibt.

**Nirvana:** Skrt. „Verlöschen". Es geht nicht nur um das Ausscheiden aus dem Kreislauf der Wiedergeburt, sondern bedeutet auch Zustand der Glückseligkeit im Hier und Jetzt durch die Befreiung vom Leid.

**Ochs und Hirte:** Bilderzyklus, der den Weg eines Übenden bis zum Betreten des Marktplatzes als erwachtes Wesen zeigt, wobei die Stationen nicht als Stufen zu verstehen sind.

**Prajna:** Bewusstsein oder Weisheit und ist ein zentraler Begriff für die unmittelbar erfahrene, intuitive Weisheit. Sie ist eine der „Vollkommenheiten“, die ein Erwachter verwirklicht.

**Rakusu:** Viereckiges, aus kleinen Teilen genähtes Stück Stoff, das um den Hals getragen wird und das Flickengewand des Buddha Shakyamuni symbolisiert. Es wird in der Regel selbst genäht und beim Übertragen der buddhistischen Gelübde verliehen.

**Samsara:** Entsteht durch das Verhaftetsein in den drei Giften: Gier, Zorn und Blindheit. Ziel der Übung ist es, Nirvana und Samsara nicht als Gegensätze zu erleben.

**Shobogenzo:** „Die Schatzkammer des wahren Dharma-Auges“ Ein mehrbändiges Hauptwerk des großen jap. Zen-Meisters Dogen Zenji.

**Zazen:** Sitzen im Zen, ohne Meditationsobjekt, Verweilen in einem Zustand gedankenfreier Aufmerksamkeit.

---

## Weitere Bücher aus dem Verlag Via Nova:

### Vom leuchtenden Grund des Seins

**Augenblicke der Ewigkeit**

**Stefanie Spessart-Evers**

Paperback, 288 Seiten, ISBN 978-3-86616-364-5

Manchmal fühlen wir es: das Unaussprechbare und Unbegreifliche, das hinter unserer gesamten Existenz wirkt. Haben Sie diesen mystischen Zauber auch schon mal erlebt? Der Klang des Lebendigen, der leuchtende Grund des Seins, Augenblicke der Ewigkeit in der Natur und in der Liebe, in Dichtung, Musik und Tanz, im mystischen Erleben? Dann wird Sie dieses Buch im Herzen tief berühren und Ihre Seele „erheben" lassen. Denn in allen Aspekten unseres Seins spürt die Autorin mit großer Hingabe diesem Phänomen nach, lässt uns mit bewegenden Beispielen, Geschichten, Reflektionen und Anregungen daran teilhaben und motiviert uns, es bewusst und konkret in unser Alltagsleben einzuladen. Die tiefe Erfahrung vollkommener Verbundenheit kann in unserem Leben alles verändern, und vielleicht kann es dieses Buch auch! Wirklich ein spirituelles Leseerlebnis!

### Sein Bewusstsein auf eine höhere Seinsebene bringen

**Geführte Meditationen**

**Werner Vogel**

CD, Laufzeit: 70 Minuten, ISBN 978-3-86616-123-8

Die Grundübung aller spirituellen Wege ist die Meditation. Das Ziel der Meditation in allen spirituellen Traditionen ist die Erfahrung eines nicht-dualistischen Bewusstseinszustands. Um in den Zustand des Geistes in der bewussten Erfahrung des „ewigen Hier und Jetzt" zu kommen, bedarf es einer stufenweise aufgebauten Übungspraxis. Geführte Meditationen können helfen, den zerstreuten Geist zu sammeln und auszurichten. Dadurch kommt der Übende zur Ruhe und zur Erfahrung der inneren Stille. Der Geist beruhigt sich und wird klar wie die Oberfläche eines aufgewühlten Sees, auf dessen Grund man sehen kann. Schließlich tritt der Zustand der gesammelten inhaltslosen Wachheit im Geist ein und der Übende wird offen und frei für ein höheres Bewusstsein. In der CD werden 3 Meditationsübungen angeboten, teilweise unterlegt mit meditativer Musik.

### Über den eigenen Schatten springen

**Vom Ego in die Liebe zum Leben**

**Claus Eurich**

Hardcover, 224 Seiten, ISBN 978-3-86616-315-7

Leben wir in einer Zeit des Übergangs? Vieles spricht dafür! Alte Denkweisen und Handlungsstrategien scheinen den heutigen Herausforderungen der Menschheit nicht mehr gerecht zu werden. Was braucht es also für den nächsten Schritt der menschlichen Evolution? Jedenfalls ein grundlegend neues Verständnis über das Menschsein, der psychologischen, philosophischen und spirituellen Hintergründe seiner bisherigen Entwicklung und vor allem: heilsame Einsichten und Erkenntnisse! Dies alles finden Sie in diesem Buch, das uns im Tiefsten erinnern lässt an die großartigen schöpferischen Potentiale, die in uns stecken, wenn wir nur lernen, unser Ego-Bewusstsein zu transzendieren. Entdecken Sie notwendig neue und heilsame geistig-spirituelle Horizonte – tiefgründig, empathisch, hoffnungsvoll!